岩波現代文庫

学術 156

山口 定

ファシズム

岩波書店

新版への序言

本書は、一九七九年に有斐閣選書の一冊として刊行された旧著(『ファシズム　その比較研究のために』有斐閣)の岩波現代文庫版である。旧著は読者の方々の御支持をえて一九九四年の初版第一九刷まで刊行されてきていたが、この度、岩波現代文庫編集部のお勧めにしたがって、同文庫の一冊として装いを新たに刊行されることとなった。その間、旧著には版をあらためるような変更は加えられなかったので、初版第一刷が世に出てから現在までにすでに四半世紀を経たことになる。そしてその間の現実世界の激変並びに「ファシズム」研究への内外の研究者たちの寄与の累積には大変なものがある。したがって著者には、旧著を初版刊行時の形のままであらためて出版することについての当然の迷いがある。

しかし、今回あらためて旧著を読み返してみると、旧著で私が展開した比較ファシズム論に含まれるさまざまの、当時としては新しい諸概念や比較のための基本的な枠組につい ては今日あらためてその意義を強調したいものが確実に存在している。また、それらの諸概念や枠組の適用による「ファシズム」現象の多様性の整理と位置づけは、戦後日本の政治学と社会科学が六〇年代後半以降の国際的な「ファシズム論ルネッサンス」の時代に到達した水準をそれなりに体現しているといえる。また、今あらためて世界的にも、またわが国の内部においても、「想定外の事態」の突発と多発を含めての問題錯綜の中で、広範な人々の間に混迷、すなわち方向感覚の喪失と「不安」の浸透を内容とする「時代転換」の感覚が広がり、論壇では新たな「ファシズム」論再生の気配もある。そしてその中で、過去の「ファシズム」とファシズム研究をどう総括するかという問題もあらためて確実に重要性を増しつつある。そのような状況においては、旧著の再出版もあながち無駄なことでもないかもしれないとも思われる。

こうした判断に立って旧著の再版に踏み切る決心をした私がこの新版で果せたことは、一つには、この四半世紀の間にわが国で出版された膨大な「ファシズム」研究の研究書並びに研究論文を、私が旧著で提示した枠組と七〇年代末までの文献の配列に追加した文献目録を作成し、提示することであった。この作業は、旧著刊行の時代には極めて困難であったが、コンピュータの導入によって今日では可能となっている。今国立国会図書館のデータベース(書誌検索、雑誌記事索引等)によって、「ファシズム」・「ナチズム」・「全体主義」・「軍国主義」等をキーワードとして検索すれば、われわれは日本語のものだけで二〇〇〇点を越える関連文献の存在をしることができる。私が私の比較ファシズム論の枠組に乗せて整理して——それはそれなりの作業であった——本書で提示できたのは、その中の約五六〇点に過ぎないが、それでも旧著の参考文献(一八四点)のほぼ三倍という、通常の書籍では考えられない規模のものとなった。また、私は、この文献目録の作成の過程で、「ファシズム」研究の数々の問題点を発見し、新しい課題を確認することができた。

私がこの新版で追加的に提示できた二つ目は、末尾の「補説」である。そこには絶滅政策とゴールドハーゲン論争、近代化論とポスト・モダニズム、「戦争責任」問題の展開と人々の「歴史認識」の変容並びに管理社会論と新右翼の擡頭の諸問題に関して、旧著では取り上げることのできなかった新しい論点の整理が試みられている。これらの論点は、私の旧著の刊行の時代にはまだ存在しなかったか、私には充分には見えなかった論点であり、その後の「時代転換」の進行によって見えるようになった論点である。ただ、私は旧著刊行以降も、さまざまの機会に、さまざまの形で自分の考えを開陳してきた。その要点を中心にしての論点提示であるが、いずれも次の世代の今後の本格的な解明を期待したいところである。

ところで思い起こせば、旧著が刊行された頃は、一方では、社会主義陣営内部の国際的混乱と日本の「経済大国」化を背景として旧「左翼」の思想潮流が社会科学の中で信用を喪失するという状況が顕在化してきていた。その中で、一方では、「イデオロギー」的負荷の強い「ファシズム」の概念そのものを歴史学や社会科学や一般の教科書の中から追放しようとする歴史意識の保守化の動向がジャーナリズムや論壇に擡頭してきていた。しかし同時に他方では、六〇年代末以降の大学紛争の余韻がなお残るなかで、さまざまの狭隘な党派的イデオロギーを拠り所とする新左翼の「運動」が大学の内外に生き残り、本書のようなテーマを正面から掲げた社会科学書を企てる者は、下手すればその種の、あらためて先鋭化したイデオロギー闘争に巻き込まれ、自らをことあらたに非学問的で不毛な争いの渦中におくことになりかねない状況があった。

本書の中には明記されていないが、私は、そうした状況への私なりの対応として、いつの頃からか一つの原則を立てていた。それは、「ファシズム」概念を現代史の分析や教科書の記述の中から追放しようとする動きには徹底してあらがうこと、しかし、いわゆる現状分析の一環としては、「ファシズム」概念はできるだけ使用しないようにすること、つまり、相手に対する批判と告発の中で「ファシズム」や「ファシスト」というレッテル貼りを行いたくなったときには、その言葉で言おうとした内容そのものをできるだけパラフレーズして表現すること、というのが、その原則である。

現在、わが国では、新自由主義的改革を強引に推進しようとする小泉首相の「独裁者」的言動や、さまざまの無惨な事件を続発させている家族と社会の解体現象、さらには市場原理の礼賛と「競争」の煽り立てが生んだ一般的「不安感」の広がりの中で「ファシズム」という概念の適用の可否(「何がファシズム」か、「誰がファシスト」かという問いかけの浮上)を性急に行う「時代転換」の感覚が浸透しはじめている。

しかし私は結局、今回もまた、前記の原則通りに振る舞うことにさせていただくことにした。すなわちわれわれの過去の誤りを自覚しつづけ、それをわれわれの未来のために生かすことを可能にする歴史概念としての「ファシズム」概念の意味を否定しようとする動きにははっきりとあらがいながら、他方では、われわれと同時代の人々を直接に評価することになる現状分析の中では、「ファシスト」や「ファシズム」というレッテル貼りについてはできるだけ慎重でありたいと思うのである。

現在のわれわれを取り巻く危険な状況についての性急な解答を求める人々にはもどかしく思われるかもしれないが、私がこうしたスタンスを取りつづける背景には、われわれ昭和一桁世代(私は一九三四年、つまり昭和九年の生まれである)の歴史感覚とそれに支えられた価値観があるように思われる。

われわれは第二次世界大戦末期と戦後初期の悲惨な事態の中で少年期を過ごし、「平和と民主主義」を強烈に押し出す新しい憲法を輝かしくも誇らしく思って育った世代(戦後民主主義の第一世代)である。その世代にとって、「ファシズム」と「軍国主義」そして戦争はいわば絶対悪であり、これを克服し、わが国に「新しい民主主義」を創出することは人生の夢でもあった。実際には、戦後政治の展開の中で現実の「民主主義」にさまざまの深刻な問題があることを教えられたが、それでも、私どもの前の世代(戦中派)である丸山眞男氏が言ったように「戦後民主主義の虚妄に賭ける」こと以外に道はないと信じつづけてきた。

それで、このこととの関係だが、本書では、かつての独・伊・日三国を中心とするファシズム体制にまでいたった国々の悲劇は、一九世紀中葉以降、アングロ・サクソン諸国に代表される「先進諸国」に対抗する中で迷い込んだ「後発国型近代化の悲劇」(＝「ファシズム体制」)という共通の脈絡で世界史的な構図の中に位置づけるほかはないと考えられているし、今日でもそのように考えている。

そしてその中で、同じ「ファシズム国家」と言いながらこれらの国々の間に生まれた相違、並びに「ファシズム国家」にまではいたらなかったが、ファシズム諸国の影響下に生まれたさまざまの類似の「思想」と「運動」の比較が、比較ファシズム論の課題となるのである。この比較のために、私は「思想」・「運動」・「体制」の三つの区別の必要性(現在の私なら、これに「政策」を加えて四つとしたいところである)を強調した。これが当時はまだ未開発であった比較政治体制論の前進に一定の寄与をおこなったし、旧著における基本的な章別構成をも生んだと思っている。

それはそれとして、ここでことさらに強調しておきたい中心的な問題の一つは、ファシズム体制成立の基本的構図にかかわる「権威主義的反動」と「擬似革命」という二つの概念とこの両者間の抗争と提携という構図である。これが私だけの創造ではなく、学生時代からの友人である東京大学西洋史出身の西川正雄氏からの摂取(西川、一九六七年)であり、また丸山眞男氏の「上からのファシズム」と「下からのファシズム」論(丸山、一九五二年)からの摂取と同氏への一定の批判の上に成り立っているものであることも熱心な読者には読みとって欲しい。そして現在の私がさらに強調しておきたいのは、この二つの概念が、自覚的に使用されているかどうかは別として、私ども昭和一桁世代の価値観の自ずからなる表現になっているのではないかということである。つまりわれわれ戦後第一世代の「戦後民主主義」派が拒否したい対象が、(エリートによる上意下達の体制を強権的に維持し回復しようとする)「権威主義的反動」であり、(民衆の願望を悪用して観念的な急進主義を扇動しようとする)「擬似革命」(「ファシズム」現象に関連しての、それぞれの厳密な意味については、本書の該当箇所を点検してから判断して欲しい)なのである。

そしてわれわれの世代の価値観の問題点は、拒否すべき対象についてはかなり明晰に指摘しながら、実現すべき目標としての「自由」・「民主主義」・「平和」を保障する体制像については、今日にいたるまで必ずしも明確にできていないということではないかと考える。私自身、研究者としての三段階の歩み(「ファシズム」研究→「政治体制とネオ・コーポラティズム」研究→「政策研究」の中で、旧著の刊行以降、「政治体制」論へと移行しながら、今日までその課題を充分に果しえていないことを無念に思う。しかしそれでも、いわゆる現状分析の舞台で論敵を性急にけなしつけるよりも、とにかくこれを機会に、さしあたりはまず、われわれが拒否すべき二つの体制像の意味と、その世界史的背景について、次の世代の人々と語り合って行きたいと考える。

二〇〇六年二月

山口　定

旧版への序言

著者はかつて、一九六〇年代後半以降の内外の学界において顕在化したファシズム論への関心の高まりの背景として、次の三つの事情を指摘したことがある。一つは、六〇年代後半以降の先進資本主義社会における危機の顕在化であり、もう一つはほぼ同じ時期に明らかになって来た発展途上国の行詰りであり、そして最後に、スターリン批判に始まり中ソ対立で促進された社会主義イデオロギーの危機である。そして、このような三重の危機は、その後もひたすらに深まりつつあるかに見えるのが、今日の状況である。

実際、今日のファシズム論への関心の中味をすこし検討しただけでわかることだが、そこには、先進資本主義国の危機を背景にしての左右両翼からのファシズム問題の再検討の気運がうかがえるだけでなく、今日の発展途上国に登場したさまざまの独裁体制をどのように評価したらよいのかという問題意識がからまりこんでおり、さらには、――とくにわが国の場合には――戦後民主主義の価値体系の重要な部分を支えて来た広い意味でのマルクス主義の社会科学の基本概念に対する疑問までが入りこんで来ている。

そしてそのようなかで、ファシズム研究は、歴史学や社会科学一般のさまざまの研究分野のなかでも、今日の歴史的転換期特有の混迷状態がもっとも強く表出される分野となってしまったように思われる。そこにはこれまでの左翼の歴史学の「神話」から「解放」されて「血も涙もあるヒトラー」や「近代化の推進者」としてのムッソリーニを再発見したとする研究書が脚光を浴びたかと思うと、戦前の日本では自由の抑圧などなかったとする無茶な評論が登場する。また、一九三〇年代の歴史とのアナロジーでしか今日の状況を分析する能力がなく、ひたすらに「暗黒の過去」の再現の可能性という形で警鐘を鳴らすことに終始する歴史学があり、さらには、神経過敏にありとあらゆる反動化現象にファシズムのレッテルをはろうとする評論が見うけられる。そして、このような状況に直面してアカデミズムの堅実さを守らんがために、さしあたりは「ファシズム」概念を社会科学の基本的分析道具のなかから排除することまでを正面から提起する現代史家たちが登場し、最後に、このような混乱のなかで判断に迷って途方に暮れるか、それとも、要するにそんなことはどうでも良いと斜めにかまえて「私生活」にとじこもる学生諸君がいる。

そのようななかで、ファシズムに関する概説書を書くことは非常な冒険である。著者にとっては、ファシズムに関する著作は、これで四冊目であり、その過程で、ファシズム研究の基本的動向の解明(『現代ファシズム論の諸潮流』有斐閣、一九七六年)や、ナチズムに関する実証的研究の今日の水準の確認(『ナチ・エリート』中公新書、一九七六年)といった中間的手続きはそれなりに済まして来たつもりである。しかしそれにもかかわらず、「ファシズム」概念の正面切っての解明と、この十数年のあいだに噴出したさまざまの国々のファシズムに関する実証研究の成果の摂取と整理、そして全体の構図の比較史的視点からの設定という三つの要素をもった本書の執筆は、正直いって荷の重い作業であった。そして実際に仕事に着手してみると、これまでの内外のファシズム研究の成果をただ正確に配列すればすむものではなく、当然のことながら、配列の基準を模索するなかで、さまざまの新たな類型化やそのための新しい概念の創出に苦労しなければならないことも多く、さらにはまた、自分にとってはなお未知の分野に鍬を入れて、しかも強引な断定を下さざるをえない場面もあった。ささやかな著作ではあるが、この種の著作をものするには、自らの日頃の専門家主義の信条に目をつぶり、蛮勇をふるう気持をふるいたたせねばならないこともしばしばであった。

ともあれ、本書では強引に、今後のファシズム研究の一層の発展のための「たたき台」となるものをつくりあげたつもりである。そしてそうした無理をしてみる気に私を駆り立てたものがあったことは事実である。それはやはり、本書で扱ったようなことを自らの体験に即してはなかなか理解しえない新しい世代の登場であり、われわれの世代——それはともかくも研究者の体験と切れない次元でのファシズムの歴史的総括が課題として設定されていた世代であった——の経験を次の世代にどのようにかして引継いでおきたいというある種の焦燥感である。

ところで、ファシズムに関する研究は、実際には、上述のような、その外見上の混迷にもかかわらず、第二次大戦後三五年のあいだにそれなりに着実に前進して来ている。そしてその他の分野と同様に、ここでも研究の前進を支えたのは、執拗で徹底的な実証精神と、歴史的総体性の視点を見失わない形での構造分析を求め続けた人々の努力である。ここで強引につくりあげた「たたき台」が、これまでのファシズム研究者たちの営みのいわばエッセンスになる部分と、それを支えた批判精神を的確に伝えるものになっているかどうかは心許ないが、せめて若い人々の知的関心をいくらかでも刺戟し、それを通じて、わが国におけるリベラルな批判精神の継承・発展になんらかの寄与を果しうることになれば、著者にとって幸いこれにすぎるものはない。

末筆ながら、本書は上述のような性格のものであるがゆえに、有斐閣編集部の大前誠氏の執拗な督励がなかったら生まれなかったかもしれない。厚く御礼申しあげておきたい。

一九七九年七月

山口　定

目　次

※本書中でファシズム関係資料として掲載した写真は、左記の文献によった。

Hitler——*Aufstieg und Untergang des Dritten Reiches, Ein Dokument in Bildern von Robert Neumann*, Verlag Kurt Desch, München 1961. (→「ヒトラー」と略)

Ernst Nolte, *Faschismus*——*Von Mussolini zu Hitler, Texte, Bilder und Dokumente*, Verlag Kurt Desch, München 1968. (→「ノルテ」と略)

Otto-Ernst Schüddekopf, *Bis alles in Scherben fällt*——*Die Geschichte des Faschismus*, C. Bertelsmann Verlag, München 1973. (→「シュデコップ」と略)

I　ファシズムとは何か

「ローマ進軍」(ファシストの宣伝映画より．ノルテ 49 頁)

1　世界現代史のなかのファシズム

「ファシズムの時代」

西ドイツの有名なファシズム研究者E・ノルテは、一九六三年に発表された大著『ファシズムとその時代』のなかで、第一次世界大戦終結の翌年の一九一九年から、第二次世界大戦がナチス・ドイツの敗北によって終った一九四五年までを「ファシズムの時代」と呼んでいる。そして、このような時代規定の仕方は、厳密な意味でこれを承認するかどうかは別として、今日では、ファシズム研究者の間では国際的にも広く知られるにいたっている。

実際、この時代に世界のファシズム運動の二つの中心であったイタリアのベニート・ムッソリーニ(Benito Mussolini, 1883-1945)のファシズモ(fascismo)と、ドイツのアドルフ・ヒトラー(Adolf Hitler, 1889-1945)のナチズム(＝国民社会主義 Nationalsozialismus)がその運動体としての誕生を見たのは、ともに第一次大戦の硝煙まだ消えやらぬ一九一九年の春のことであった。(イタリアの場合、ムッソリーニによる「参戦兵士のファッシ」〔fasci di combattimento〕の結成が一九一九年三月二三日、ドイツの場合、ナチ党の前身である「ドイツ労働者党」〔Deutsche Arbeiterpartei〕の結成が一九一九年一月五日、ヒトラーの同党への入党が同年九月一六日である。ついでにいえば、日本で北一輝が『国家改造案原理大綱』〔のちの『日本改造法案大綱』〕を脱稿したのもこの一九一九年夏である。）そして、その後、三年半余りでまずイタリアでムッソリーニ政権が誕生し（一九二二年一〇月三一日）、さらに世界恐慌の勃発を経て一九三三年一月三〇日にはドイツでヒトラー政権が登場するという具合に、ファシズムは、その誕生後最初の十数年間で早くも当時のヨーロッパの四大強国（英独仏伊）中の二国を制覇することになる。そしてそれからさらに一〇年足らずを経た一九四二年夏には、ナチス・ドイツの軍事力を背景にして、ファシズムはほとんど全ヨーロッパ大陸を支配下におさめてしまったかに見えたものである。

ファシズムを生んだ世界現代史的状況

このように、一九一九―四五年には、ファシズムこそがヨーロッパの諸事件の中心部に位置していて圧倒的な影響力を行使したのであって、その結果、ファシズムは、自由主義陣営や共産主義の陣営など、「その敵手たちに対しても数世代にわたる痛切な自己再評価を強いることになった」とするノルテの主張は、それ自体としてはもちろん誤りとはいえない。しかしこの場合のノルテを含めて一般にヨーロッパのファシズム研究者の場合には、どうしても視野がヨーロッパに限定されてしまうという「ヨーロッパ中心主義」的な偏り

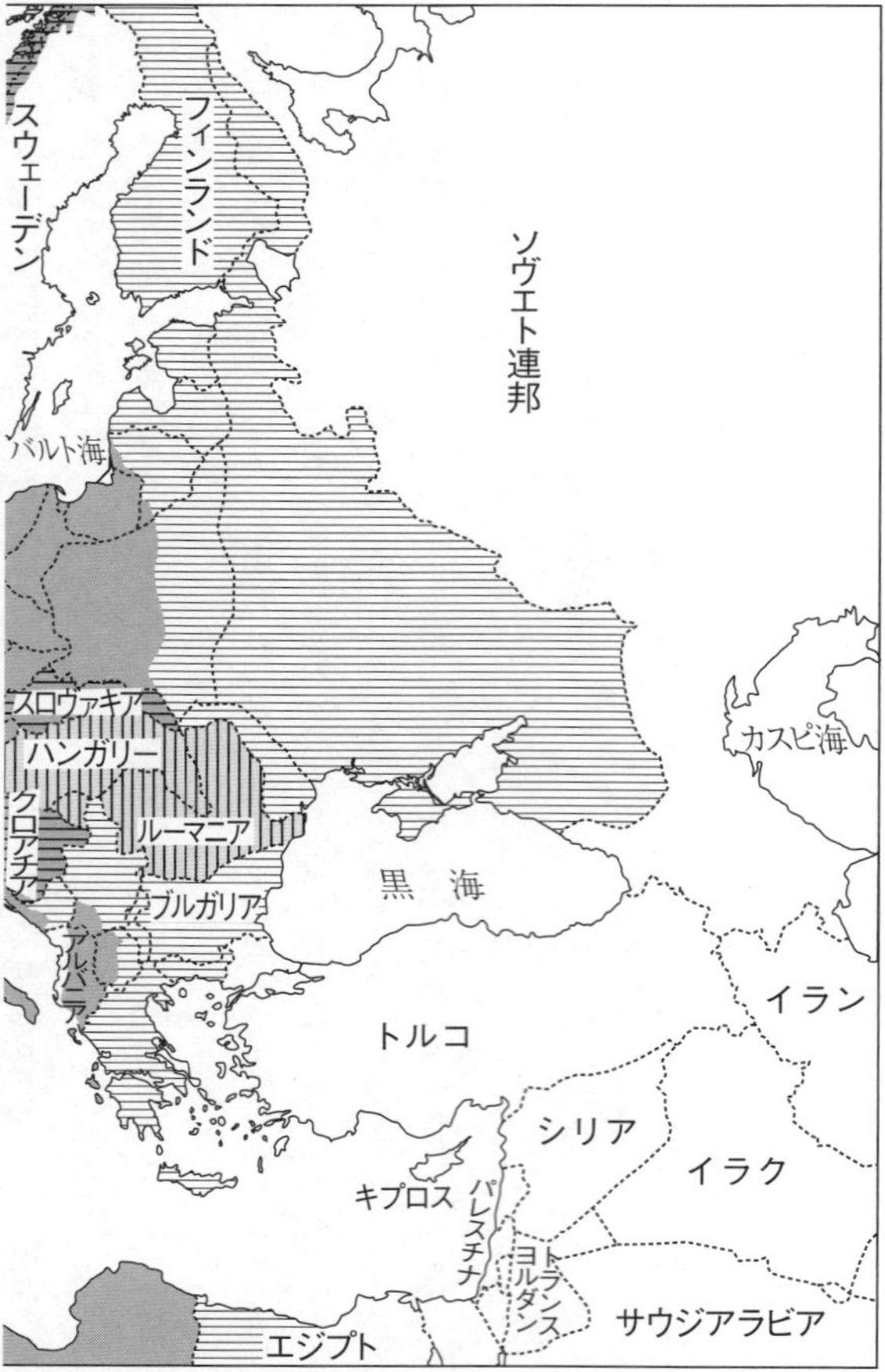

（1942 年秋，黒がファシズム国家，タテジマテ 348・349 頁）

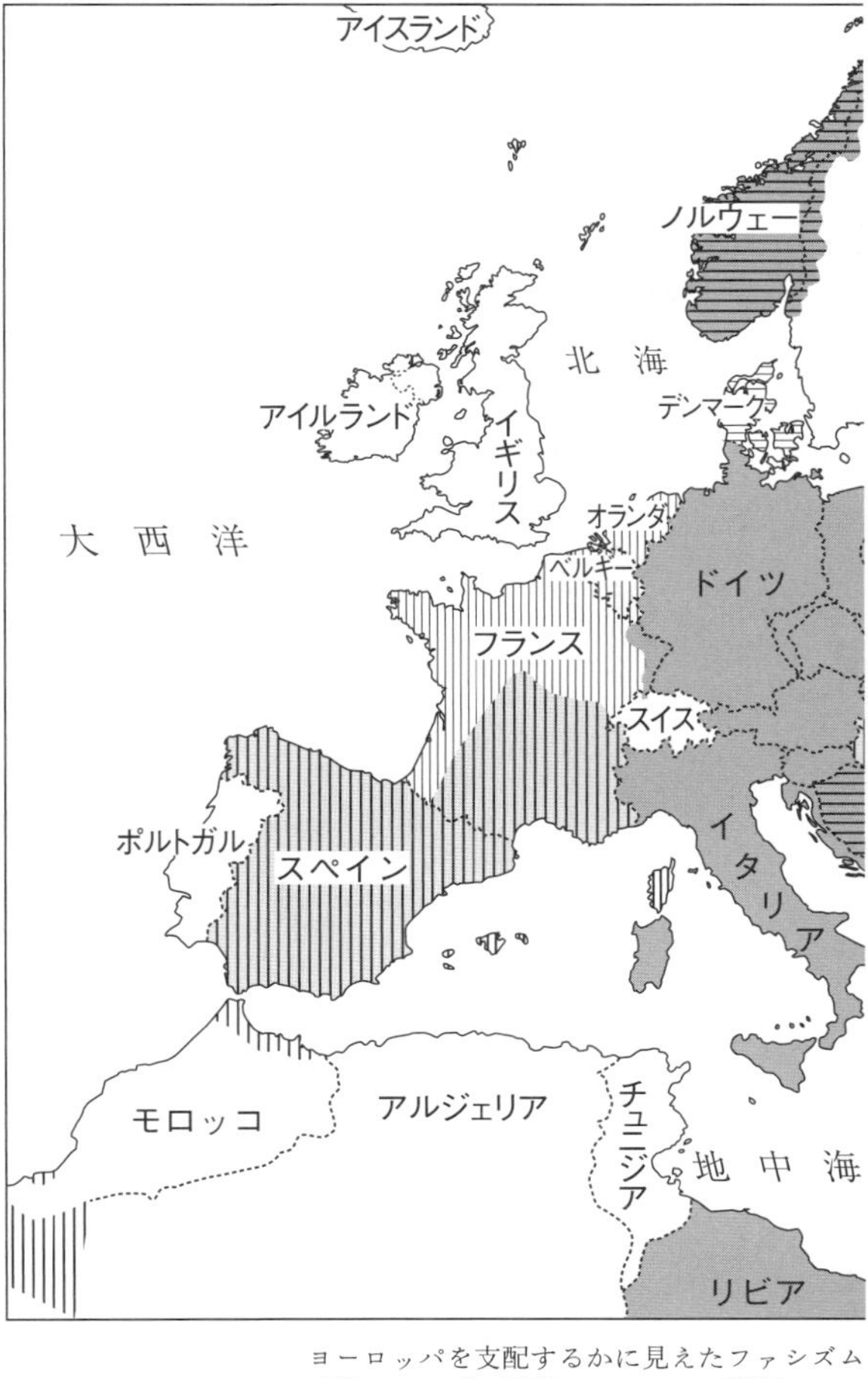

ヨーロッパを支配するかに見えたファシズム
が親ファシズム国家――ノルテの説明. ノル

がある。

われわれにとっては、その意味で、ファシズムの歴史的位置を確かめるためには、例えばわが国の古屋哲夫氏によるファシズム形成の三つの歴史的(世界現代史的)前提条件という説明の仕方(「日本ファシズム論」『岩波講座日本歴史20、近代7』一九七六年、八一―三頁)の方がなじみやすい。古屋氏が指摘する三つの歴史的条件とは、まず第一に、「第一次大戦後の資本主義社会の動揺」であり、第二には、「ベルサイユ＝ワシントン体制と呼ばれた資本主義国家間の国際的関係」、そして第三には、「ロシア革命につづくコミンテルン型世界革命運動の展開」である。

ベルサイユ＝ワシントン体制への攻撃

この説明の場合には、ファシズムは、世界現代史の舞台において眺める時には、「ベルサイユ体制と、極東においてそれを補完するワシントン体制に対する攻撃」であったととらえられているのであって、ノルテに代表されるように、ドイツやイタリアにおけるベルサイユの講和に対する抗議や不満が「ファシズム形成の基盤」となったのだ、とするヨーロッパだけに視野を限定した見方はのりこえられている。すなわち、ここでは「日本においてもまた、米英本位の平和を白人帝国主義の支配と捉えなおしながら、ベルサイユ＝ワシントン体制への反感や憎悪を引き出し動員することが、ファッショ化過程の基底をなしていた」とされ、ヨーロッパ―独伊の軸に、極東―日本の軸が付加されている。その分だけ、ファシズム論の視野は世界史的視野へと拡大されているわけである。そして、独伊日を中心とする各国のファシズムは、「ベルサイユ体制の柱である国際連盟からの離脱（日本の国連脱退が最も早く一九三三年三月二七日、ドイツは同年一〇月一四日、イタリアは一九三七年一一月六日の日独伊防共協定成立を経た後の同年一二月一一日――著者補足）という形で、連動しながら成長するのであった」とされている。

要するに、ここでいわれていることは、著者なりに整理すると、ファシズムの問題は、世界現代史的に見ると、第一次大戦後に樹立された米英仏に代表される先進的帝国主義諸国（いわゆる「持てる国」）中心の平和主義、国際協調主義を建前とする世界秩序（ベルサイユ＝ワシントン体制）に対する独伊日などの後発的帝国主義諸国の実力による挑戦という文脈のなかに位置づけられるべきであるということであろう。

コミンテルン型世界革命運動への対抗

ところで、先述のファシズム形成の歴史的（世界現代史的）前提条件のなかにはもう一つ、コミンテルン（共産主義インターナショナルもしくは第三インター――一九一九年三月二日、モスクワで結成、一九四三年五月一五日解散）の問題がくみいれられている。そして古屋氏は、この問題の説明のなかで、ファシズムが多くの論者によって「反革命」あるいは「予防的反革命」と評されているが、その場合のファシズムの「反革命性」とは、単なる「革命一般への敵対ではなく、コミンテルンという単一指導部によって指導される世界革命運動への敵対を軸として形成されていることに注目しておかなくてはならない」と強調されている。

このように、ファシズムが単なる革命一般ではなくて、コミンテルン型世界革命運動への対抗運動としての側面を強く有していたことは否定できないことである。そして、ここでも古屋氏が強調されるように、「各国共産党を支部として世界革命を展望しようというコミンテルンの出現は、世界史のうえに全く新しい局面をつくり出したものであった」し、このコミンテルンが「その世界革命戦略に見合う形で各国の革命党の組織化を積極的に指導しようとした」ことが、「各国の革命運動を一国内の自生的な運動の場合には予想できない程のスピードで発展させるという場合が起りえた反面、自国の外に最高指導部をもつという組織のあり方が、それぞれの国の支配層にその実勢力以上に自国の革命運動をおそれさせ、憎悪させることになり、またナショナルな形で存在した大衆感覚からの反発をひきおこすことにも」なった、という事情がファシズム論にとっては重要な意味をもつ。

その意味で、ここではさしあたり、「世界革命」運動の推進母体としてのコミンテルンのもつ「世界性」(＝国際主義)が、これに対抗する「反革命」運動としてのファシズムの「世界性」(単なる模倣形態までを含めて世界中の諸国への伝播と拡散)をある程度まで規定していることを確認しておくことにしたい。つまり、運動としてのファシズムが、前述の後発帝国主義諸国にとどまらず、まだいかなる意味においても帝国主義国家とはいえない東南欧の後進諸国やイギリス、フランスなどの先進的帝国主義諸国にまで拡散した事情の一半は、この点から説明できると思われるのである。ちなみに、当時、コミンテルンに結集しようとした革命運動の世界的な広がりの程度を知るための手がかりとして、コミンテルン世界大会への代表参加国の数を調べてみると次の通りになる。まず一九一九年三月の第一回大会がヨーロッパ、アメリカ、アジアの二一カ国であり、その後大会ごとに着実に増えて、一九二二年一一―一二月の第四回大会では五八カ国にまでなる。そして、コミンテルンの運動が最初の壁にぶつかった第五回大会、第六回大会は、この数に及ばないが、反ファシズム人民戦線戦術への転換で有名な一九三五年七―八月の第七回大会では実に六五カ国参加というピークに達するのである。

ファシズムの世界的広がり

以上で指摘したことは、ファシズムは世界現代史的に見ると、一九一九―四五年の時期に主として当時の後発資本主義諸国を舞台にして登場し、反ベルサイユ＝ワシントン体制と反コミンテルンという基本的な二面性（いいかえると、先進帝国主義諸国による、多かれ少なかれリベラルで「平和主義」的な形態による世界支配とコミンテルン型世界革命の双方に反対という二面性）を特徴としており、そのような二重の意味での「世界性」を有していたということである。しかし、そのことの指摘だけでは、ファシズム論はまだ出発点に立ったとさえいえない。

なぜなら、この規定だけでは、まず第一に、まだ単なる保守反動とファシズムとの区別が不可能である。つまり、反ベルサイユ＝ワシントン体制と反コミンテルンだけならば、固有の意味のファシストに限らず当時の後発資本主義諸国の一般の保守的支配層の間にも広汎に存在していたといえるからである。そして第二に、確かに「ファシズム」が勝利しえた国は、後発帝国主義諸国を先頭にして一般に後発国に限られていたといえても、ファシズムの運動体そのものは、イギリス、フランスを初めとする先進帝国主義諸国においても、そしてまた、コミンテルン(共産党)の直接的脅威がさほど見られなかったところでも、さまざまの形で見受けられたからである。そして、この二つの問題を解くためには、先述の古屋氏によるファシズム形成の三つの歴史的(世界現代史的)条件の第一にあげられている「第一次大戦後の(正確には「戦間期」というべきであろうが)資本主義社会の動揺」の問題のグローバルなレベルでの検討に入らなければならない。しかし、ここでは、さしあたり、ノルテのいう「ファシズムの時代」におけるファシズム現象の世界的広がりを確認するだけにしておきたい。

ファシズムの二つの原型とその歴史的新奇性

これまでの説明では、欧米の研究者がファシズムをヨーロッパに限定して説明しようとする傾向があるのに対して、日本の研究者による整理を手がかりにして、ファシズム現象の世界史的広がりを強調することに主眼がおかれた。

しかしそのことから、ファシズムがヨーロッパ、しかも中部ヨーロッパの二つの大国――イタリアとドイツ――を突破口として世界史の舞台に登場した事実の意味を軽視することになってはならない。イタリアでの一九二二年一〇月三一日のムッソリーニ内閣の登場は、いうまでもなく第一次大戦直後の資本主義世界の混乱のなかで一挙に直接的な政権掌握にまで到達した「ファシズムの第一波」の突破口であったし、ドイツでの一九三三年一月三〇日のヒトラー内閣の登場は、三〇年代初頭の世界恐慌による資本主義社会の全面的混乱のなかで始まった「ファシズムの第二波」の突破口であった。このようにして、ファシズムは、――第一次大戦以後の資本主義世界の再度の深刻な動揺の時期にそれぞれ見合って――他ならぬこの二つの突破口においてその原型を形成したのである。その際、この二つの原型の間には、厳密にいえばさまざまな点で重大な相違があり、その意味でこの二つの原型のうちのいずれがファシズムのモデルとして一層適切であるのか、という議論さえ生じているのがファシズム研究の現状であるが、その問題はここではさておき、さしあたり、この両者を通じて現われるファシズムという現象の歴史的新奇性だけを簡単に確認しておきたい。

まず、――これはノルテも強調していることだが――「ファシズムの時代」のヨーロッパには、ファシズムの他にも主要な政治的・イデオロギー的潮流として、自由主義、保守主義(カトリシズムを含む)、社会主義の三つが存在していたが、注目すべきことには、そのなかで第一次大戦以前には存在しなかったものは、もしくは存在していたとしても単なる萌芽的な形でしかなかったものは、ファシズムしかない。つまり歴史的に見れば自由主義は「ブルジョアジーの勃興の表現」であり、保守主義は本来的には「脅かされた貴族的支配階級の反応」を示すものであり、さらに社会主義は、ロシア革命後のボリシェヴィズム(共産主義)も含めて「工業化過程から生まれたプロレタリアート」の政治的意志の表現として、いずれも第一次大戦前の所産なのに、ファシズムだけがそうではなくて、第一次大戦直後の時点での所産なのである。それでは、どういう意味でそうなのか。

突破口としてのイタリアとドイツ

実はノルテは、自由主義、保守主義、社会主義についての上述のような説明の後に、ファシズムの歴史的新奇性については、それが、第一次大戦という「戦争の嫡出子であり、その内在的法則によってさらに新たな戦争をひき起こす方向に向って作用した戦争の子」という説明をしている。この説明は確かにこれまでのファシズム研究が、とくにわが国の場合、ファシズムの根源を資本主義体制の矛盾一般に還元する傾きがあったのに対して、第一次世界大戦自体の意味という問題を強調するというメリットを有している。そしてそのことは、あちこちのファシズム運動のなかで極めて重要な役割を果した退役軍人もしくは「軍人くずれ」の問題を後で扱うときにあらためて、検討するはずである。

しかしここで結論を先取りしていえば、ファシズムの突破口が、上述のようにイタリアとドイツであったということは、この突破が可能になったのは、少なくとも次の四つの条件の重なり合いがあったためであることを示している。それは、(1)総力戦(もしくは激烈な恐慌)の過重負荷による国家と社会の全面的混乱、(2)敗戦(ドイツ)もしくは「片輪の勝利」(イタリア)のなかで露呈することになった後発帝国主義における内外の諸矛盾の特有の歴史的集積(それは、国内における「アンバランスな近代化」に起因する独特の緊張と、対外的発展の可能性の閉塞による危機意識の昂進の二つに集約できる)、(3)民衆の中途半端な解放を意味する「民主主義のひ弱さ」、(4)ロシア革命の衝撃によって触発され、以上の三条件によってその帰趨を規定されることになった「革命的危機」の発生、の四つである。つまり前述のノルテの説明は、以上の四つの条件のうちの第一のものについてしか提起していないのである。また、この基準に照して見れば、先の古屋氏の説明もまた、「第一次大戦直後の資本主義社会の動揺」という一般的な表現で終っていて、ここでいう「突破口」の問題をたてて、この四つの条件を区別して検討する形にはなっていないのである。

ファシズムの多様性

ところで以上の四条件の具体的内容については次章での説明に委ねることにして、ここでは、先に確認したようなファシズムの世界的広がりが、ここでいう四条件の重なりが最も典型的に見られたイタリアとドイツを突破口として、そこから後発帝国主義国に限らず先進帝国主義国家や全くの後進国までも含めた世界中の国々へ拡散、伝播した結果として生まれたものであること、そしてその場合、この二つの突破口で生まれた二つの原型は、その拡散、伝播のなかで当然、変型、希釈、場合によっては単なる外見的模倣という形で受容され、その結果として、いわば万華鏡的多様性を生み出すことになったことを強調しておきたい。ただし、その場合の「ファシズム」現象の多様性はもちろん客観的根拠を全く欠いたものなどではありえず、むしろ前記四条件の全て、もしくはいくつかの組合せがその多様性の背後に存在していたわけである。

そしてまた、そこでは、前記四条件の重なり合いによる危機が典型的であればあるほど、単なる保守反動とファシズムとの相違も鮮明に浮び出るが、条件の組合せによっては、もはやこの両者の相違はそれほど明確ではないという事態もありうるであろうし、また、第二以下の諸条件を一見欠いているように見える先進帝国主義国家においても、革命運動の高揚のきざしが見られたり、その社会構造の一部に「アンバランスな近代化」に起因する

「負の遺産」をなお残している場合には、弱体ではあれ、それなりにファシズムの運動体の局部的発生が見られることになろう。

しかしそれでもなお、前記四条件のなかでも、とりわけ第二の条件こそが、最終的には世界史的規模でのファシスト同盟(日独伊三国同盟)の結成へと状況を収斂させる基本的な条件であったことが確認されるべきである。その意味では、個々の国々をバラバラにしてそこでの政治体制が果してファシズムであるか否かを検討する議論は、最終的には世界史的位置づけによるファシズム現象の説明へと席を譲るべきものであろう。

2　ファシズム概念の明確化のために

ファシズムとは何か

ファシズムとは何か、という問題は、ファシズム研究においてもまた、最初にして、かつ最後の問題である。そして皮肉なことには、他ならぬファシズム研究者の間で、しかも実証的なファシズム研究が着実に前進するなかで、この問いに対する回答は次第に不明確になって来ているのが最近の状況である。そしてそのなかで、近年、ドイツでもイタリアでも、そしてまた日本においても、「ファシズム」という概念を一時棚上げにすることが、一部の研究者の間から本気で主張されて来ている。その際の理由は、一般には、この言葉が政治の世界で政敵を弾劾するための表現としてあまりにも無限定に使用されすぎてしまっていること(ファシズム概念のインフレ現象)、そしてそのことと密接に関連して、「ファシズム」という言葉があまりにも多義的でもはやその意味するところを一義的に確定しえなくなっていることなどである。

しかし考えてみると、肯定的に使われるか、否定的に使われるかは別として、現実政治の世界で濫用され、それとの関連で意味内容が多義的で不明確になるという事態が起っているのは、「ファシズム」だけではない。「民主主義」「自由主義」「社会主義」などもすべてそうである。そしてこれらの言葉が今日すべて再定義を要求されているというのは、今日の歴史的転換期における価値意識混迷の状況の社会科学への反映と見なされるべきである。さらにまた、これらの言葉がいずれも今日再定義を要請されながらも、その言葉自体の棚上げは一般にはそれほど求められていない、ということは、「ファシズム」概念についてもなお、いいうることである。「民主主義」「自由主義」「社会主義」に現代に生きる人間のポジティヴな価値がなお仮託されているとするならば、「ファシズム」は、その逆であって、われわれにとっての起りうる危険を認識しようとする要請がそこにこめられているのである。

そうはいっても、実際にはファシズム概念の混乱と不明確さは相当なものである。自己の立場を絶対化してそれに支障となるものをすべて「ファシズム」としたり、国家権力による抑圧や、一般に暴力の発動そのものに直ちに「ファシズム」をみたりする立場は論外だとしても、わが国では、保守反動一般を「ファシズム」としてしまうことによって、保守主義とファシズムとの区別がつかなくなってしまう発想は社会科学者の間でさえなお顕著である。またそれとは逆に、ファシズムの擬似革命的様相に幻惑されて、ファシズムと「社会革命」の区別がつかなくなる立場も今日では一部に存在する。さらにいわゆる「管理社会」的体制の強化とファシズムの関連という極めて今日的な問題もまた登場して来ている。

ファシズム概念の明確化のために

著者には、これらの問題に対する回答を直ちにここで提示するつもりはない。むしろ「ファシズムの時代」に「ファシズム」と呼ばれて来たものの実態を、その多様性を整理する努力ともども、まず充分に知っていただくのが本書の主たる目標だからである。ただそのためにも、この入り口で若干の問題整理をしておくことは不可欠である。広くとれば、「比較ファシズム体制論の枠組のために」という次の一節全体が、この問題整理の道具立ての提示ということになるが、ここではさらにその前提となることを、二、三指摘しておきたい。

(1)　まず第一に必要なことは、ファシズムとは何か、という包括的な問いの前に、運動、思想、体制という三つの問題のレベルを区別することである。つまり、まず①政治運動としてのファシズムの特性は？　②思想としてのファシズムの特性は？　そして、③政治体制としてのファシズムの特性は？　と問うべきなのである。そしてこのように問題を仕分けすると、このなかで一番回答がしやすいのは、①の問いであることが直ちに明らかになる。例えば、①についてその形態学的特性に着目する視点から以下のように答えても、この回答自体に対してはそれほどの反論は予想できない。——政治運動としてのファシズムの特性は、「指導者原理」を組織原理とし、制服を着用した武装組織を党組織の不可欠の要素として、街頭の暴力支配と示威行進・大衆集会とを結合した運動を展開する政治的大衆運動であることにある。しかし、②と③については、これと同じレベルでの簡明な定義をうることは困難であるし、実は、①についても、運動のスタイルや形態の問題を越えて、この運動の「社会的機能」や大衆的基盤を問題にすることになると途端に問題は複雑になる。

(2)　第二に、近年のファシズム研究の蓄積のなかで、およそファシズムについて論じる場合には、少なくとも次の四つの基本的な問題領域があることが、広く承認されるようになって来ている。それは、①ファシズム発生の前提条件の分析、②ファシズムの社会的基礎もしくは大衆的基盤の分析、③ファシズムの果す「社会的機能」の分析、④ファシズムが追求した「究極目標」(Telos) の解明。この四つの大きな問題群の意識的な仕分けなしに一般的にファシズムを論じても、論点は明確にならないし、ファシズムの全体像を把握することも不可能であるといってよい。

(3)　そして第三に、ファシズムと一口にいっても、それは、その誕生から死滅にいたるまでの展開のなかで、識別できるさまざまの局面をもっているのであり、しかも、そのなかのどの局面が当面の問題とされているのかによって、前述の四つの問題に対する回答にも違いがありうるのである。したがって、政権を掌握するところまでいったファシズムの場合であれば、まず次の六つの局面を区別し、そのうえでファシズムの全体像と歴史のなかでのその位置を確認し、その「本質」が検討されるという手続きがとられる必要がある。その六つの局面とは、まず①誕生、②大衆運動への発展、③政権掌握、④体制の地固め、⑤体制の爛熟、⑥崩壊過程である。（そして、この六つの局面は、①②③からなる「運動」の段階と、④⑤⑥からなる「体制」の段階に二分して、単純化することもできる。）

一般概念としてのファシズム

「ファシズムとは何か」という問題を検討する場合に考慮すべき最低限度の問題点を以上のように整理したうえで、先に述べたファシズムの二つの突破口と二つの原型の問題に戻る。その際、いわばイタリア・モデルとドイツ・モデルの間に相違がありうることもすでに示唆したが、少なくとも歴史的経過を念頭におく時には、やはり否応なしにイタリア・モデルがファシズムの原型(Ⅰ)ということになろう。それは、要するに、一九二二年一〇月の「ローマ進軍」を背景としたムッソリーニ政権の成立が歴史上最初のファシズムの政権掌握であり、したがって、それ以後、類似の運動、思想、体制が、このイタリアの運動の名を冠せられて「ファシズム」と称されることになったからである。ここで「ファシズム」という語は、特殊イタリアのファシズムを称する場合と、広く各国の類似の現象を指す場合との二重の意味をもつことになるが、この後の場合の使い方を指して、今日のファシズム研究者の間では、「一般概念としてのファシズム」とか「類概念としてのファシズム」という表現が用いられている。

ファシズムの原型(Ⅰ)――イタリアの場合

さて、この原型(Ⅰ)としてのイタリア・ファシズムの特徴を前に述べた三つの問題点のうちの初めの二つに照して簡単に整理しておくと次の通りになる。

(1)　運動、思想、体制――まず運動についていえば、そこでは大衆運動といっても、直接行動による街頭支配(=大衆的突撃主義)という特色が、社会党系の農業労働者の運動や民主的自治体に対する暴力的破壊を内容とする「懲罰遠征」から組織労働者のゼネストの実力行使による粉砕を経て「ローマ進軍」にいたるまで一貫している。

「ローマ進軍」による政権掌握は、このような運動の展開と国家機構の麻痺、国王、軍

演説するムッソリーニ（ノルテ 97 頁）

部など支配層のなかの反動派の呼応の合作によるものであって、その意味では、大衆運動の展開に着目していえばなお「早熟的な政権掌握」であった。そのことは、体制の地固めの過程をも規定することになる。すなわち、政権掌握後ファシストによる一党独裁の完成までイタリアの場合には四年余を要したのが実情であったし、さらにまた、その過程で、実は、イタリア独特の「ナショナリスト」の政党とファシスト党との合体による真性ファシズムの希釈化（もしくは「溶鉱炉」（サルティ）としてのファシズムというあり方）が起っている。したがって、一党独裁といっても、イタリアの場合、ファシスト以外のさまざまの要素をはらんだ連合支配的色彩が強い。

さらにまた、イタリア・ファシズムにおける直接行動主義の特色はその思想のあり方にも関連している。ファシズムの無思想性もしくは思想的機会主義はイタリアの場合最も顕著であり、ある程度体系的な思想的根拠づけは、政権掌握の後に、しかもあとから参加した「ナショナリスト」の代表者（ロッコ)によってなされるのである。ただ、初期のファシスト指導部の多くがサンディカリストくずれであったこともあって、その国家理論は、サンディカリズムの換骨奪胎としての「組合国家」の理論を特徴とする。また、人種主義、反ユダヤ主義はイタリアの場合極めて希薄である。

(2)　発生条件、社会的基礎、社会的機能、究極目標——ファシズム運動の発生条件については、イタリアの場合、前節の末尾にあげた四条件(戦争による混乱、後発帝国主義における資本主義の危機、民主主義の未成熟、「革命的危機」)の重なり合いが典型的であるが、社会的基礎については、とくにファシスト下級指導者のレベルで後述のいわゆる「人文主義的小市民」(下級官吏、知識人、学生)など一般に新中間層的要素が顕著である。そして社会的機能については、近年、いわゆる「近代化」論の立場から、イタリア・ファシズムの政治権力がイタリアにおける工業資本主義の確立に積極的役割を果した側面が強調され、なかには、今日の発展途上国によく見受けられる「近代化」を軌道にのせるための独裁(「近代化推進」独裁)の先駆的形態と見るものさえあらわれている。究極目標についても、このこととの関連で、国民的生産力の上昇によってイタリアを「国際社会におけるプロレタリア国家」の地位から脱却させようとした「生産主義」の主張が重視されている。

このように、実は他ならぬファシズムの原型(I)が、今日では、かつてのようにファシズムを「資本主義の断末魔のあがきの表現」であり、「イタリア経済の近代化を阻止した暗黒の勢力もしくは権力」とした既往のファシズム論の場合とはかなり異なったイメージで見られているのが現実である。

ファシズムの原型(Ⅱ)――ドイツの場合

以上のような特色をもったイタリアのファシズムに対して、ドイツのナチズムが、もう一つのファシズムの原型(原型(Ⅱ))をなしていることを否定することは困難であろう。それどころか、イタリアのファシズムの方が確かに政権掌握においては歴史的に先行したし、それ以降出現する一連の類似の現象に「ファシズム」という共通の呼称が生まれるもとにもなったが、それにもかかわらず、この世界史的に全く新しい現象が全面的な展開を見せたのはむしろドイツのナチズムの方ではないかという見解は、少なくとも潜在的には相当の広がりを示しているといえよう。

そこでこの原型(Ⅱ)の特色をイタリアの場合と同じやり方で整理してみると次のようになる。

(1)　運動、思想、体制――まず運動についてみると、ここでは大衆運動の展開という点でみるとイタリアよりもはるかに徹底したものがみられる。それは、イタリアと異なり、その政権掌握が世界恐慌を背景にした「ファシズムの第二波」まで延ばされたこと、そして、戦術的にも、ナチズムは、突撃隊による街頭でのテロは併用したものの、選挙闘争で

ナチ党首脳部（ヒトラーの右がフリック，ゲーリング，左がG. シュトラッサー，背後にゲッベルス．シュデコップ184頁）

の勝利を中軸にすえていわば一種の議会主義路線（「ファシスト議会主義」）を採用したことによる。とにかくドイツの場合、ナチ党は、一〇〇万を越える党員と三五％の得票率を誇る議会第一党にまで成長し、かつその中で、党付属の各種大衆団体のネットワークをつくりあげたのである。そしてこの大衆運動としての成熟を背景にして、政権を掌握すると約半年で一党独裁体制を樹立し、しかもその後も伝統的保守主義勢力に対するナチズムの優位を着実に確立していったのである。確かに、ナチス・ドイツ（「第三帝国」）の場合も、その支配体制を分析すると、従来全体主義理論の立場から主張されたような意味でのナチ党によるあらゆる領域の一枚岩的全面支配という事態は、とくにその体制の前半期（一九三七年末）までは見受けられなかったといってよい。しかし、それでも、それ以後の局面になると、イタリアにおいて王室、教会、軍部などの伝統的支配勢力がファシスト党と並んでなおその地位を維持できたような事態は、ドイツでは見られなくなる。また、これと関連して、ドイツの場合、ナチ党の経済政策は、当初に比して重大な修正を見たものの、思想レベル、とくに国民統合のイデオロギーに関しては、初期にはその本質部分を構成するものでありながら、通常の宣伝のなかではそれほど前面に押し出されることのなかった人種主義思想が、統合イデオロギーとしても、また現実政策の面でも、時とともに強烈に貫いてゆく。国家論もまたその一環として次第に人種主義的文脈で展開されることになる。

(2)　発生条件、社会的基礎、社会的機能、究極目標――ファシズム運動の発生条件については、イタリアとのさまざまの差はあっても、基本的、類型的相違を示しているようには見えない。しかし社会的基礎については、近年の研究のなかで、イタリアとは対照的に、旧中間層的性格があらためて確認されて来ている。そして社会的機能については、イタリアとはいわば発展段階を異にする高度資本主義国家として、高い生産力水準と国外市場の狭隘さとの矛盾、組織された労働者階級の力に支えられた一定水準の賃金と社会保障の体系が国内的に資本にとっての制約とうけとられた事情など、要するに対外的進出と国内における抑圧体制の確立への要請がファシズムの政治支配の樹立に不可分にからまり合っている、といえる。究極目標についても、高度資本主義に見合う社会体制の合理化(「近代化」）という要請や強大な生産力の一層の拡大という要請を満たす広域支配圏の確立と、国内の過剰人口（とくに農民）の植民による農本主義の再確立という要請との、複雑なからまり合いが見受けられる。

運動としてのファシズムの一般的特性

このようにファシズムの二つの原型自体の間にすでにさまざまの相違が見られるのだが、それにもかかわらず、ここですでにこの両者に共通に見られるものを手がかりにして、ある程度までファシズムの一般的特性について語ることが可能である。つまり、さしあたりは運動と思想のレベルにおいて、ファシズムの一般的特性を次のような形で抽出できるのではないかと考えられる。

まず運動については、イタリアのファシストの場合も、ドイツのナチスの場合も、(1)「指導者原理」を組織原理とし、(2)制服を着用した政治的暴力の専門部隊（イタリアの「突撃団」〔squadre〕、ドイツの場合の「突撃隊《エスアー》」〔SA〕）を不可欠の一環とした新しいタイプの政治運動をつくり出しているし、しかもその際、(3)この大衆運動の主たる基盤を、巨大資本と社会主義的労働者運動に挟撃された広義の中間的諸階層に見出している。さらに、(4)運動の指導者層には、第一次大戦の落し子としての「軍人くずれ」を中心として、その他さまざまのタイプの社会からの「脱落者」集団を集めている。そして、運動の形態学的特性と社会的性格についての以上のような特性は、イタリアとドイツの運動ばかりでなく、一般に「ファシズム」と規定しうる大衆運動の運動体の共通の特性とみなすことができる。そして、以上のような特性をもった新しい運動体がイタリアとドイツに出現したことこそが、およそ「ファシズム」と呼ばれる現象が世界史上に登場したその歴史的原点なのだから、以上の特性を全く欠いた運動をファシズム運動と呼ぶことは——定義の根拠を歴史のなかに求めようとする限り——不可能である。

思想としてのファシズムの一般的特性

しかし、ファシズムの一般的規定をさらに進んで思想と体制のレベルでも求めようとすると、それは、かなり困難になる。そのうち「体制としてのファシズム」については次節に譲ることになっているので、ここでは「思想としてのファシズム」についてだけ簡単に検討しておくと——

すでに述べたように、イタリア・ファシズムとドイツ・ナチズムの間においても、その具体的、積極的な思想内容には相当の違いがある。とくに国家論と人種主義においてその違いは著しい。そもそも、ファシズムの場合には、一般に強烈な急進的ナショナリズムをその基本的特性とするところから、それぞれの国の歴史的・文化的条件の相違を反映して具体的思想内容の点で国別に顕著な相違が出て来るのはむしろ不可避である。しかしそれにもかかわらず、われわれは次のような意味で、――いわば思想の質ともいうべきレベルにおいて――イタリア・ファシズムとドイツ・ナチズムの間に共通性があり、それがさまざまのファシズムにおいてもまた共通に見出せる特質になっていると考える。

つまり、ファシズムの思想は、(1)まず第一に、その国民社会が陥った深刻な「統合の危機」を、ナショナリズムの激しい高揚と強烈な「指導者」崇拝によって克服しようとする試みである。(2)ただ、ファシズムが単なる保守反動と異なるところは、単なるナショナリズムと「指導者」崇拝の称揚にとどまらず、既成の伝統的支配体制のかなり思い切った――しかし権威主義的な――再編成を求めることにある。そしてその場合の再編成の構想は、マルクス主義的社会主義運動に対する激しい敵対と既成の伝統的支配層への反発に由来する独特の二面性(もしくは両義性)を示すことになる。(3)そしてそうなるのは、ファシズムの思想が、その国の支配層の危機意識ばかりでなく、政治的・社会的没落の危機に瀕した中間的諸階層の危機意識をも強烈に反映しているからである。

以上のような特質に規定されて、ファシズムは、その思想の内容としても、一般に次の三つのものを共通にしているといえる。その第一は前記(1)に対応するものであって、「民族共同体の解体を図る者」に対する暴力の肯定、「指導者」原理による国家と社会の再編成、「民族性」の強調と「民族共同体」の再建、強大な「権力国家」の建設と、「民族の活力を引き出し、民族の生存の維持とそのさらなる発展を図る」ための戦争の肯定と賛美である。そして第二には、――前記(2)に対応して――一方で反社会主義（反マルクス主義）、反自由主義（反議会主義）、反国際主義であると同時に、他方では多くの場合、単なる保守主義、伝統主義にも、そして金権主義的な「資本主義」にも反対するという「既成思想の全面否定」（「ネガティヴィズム」）が、ファシズムの思想の共通の内容となっている。そして最後に、前記(3)に対応して、①心情、感性、直観、行動、暴力の理性に対する優位を説く「生の哲学」と、②差別を合理化し「強者の権利」を説く「社会ダーウィン主義」という二つの要素を混合したファシスト特有の人生哲学と社会哲学が、合理主義と啓蒙主義、要するに「フランス革命の精神」に対置される。

以上、運動と思想の二つのレベルで、ファシズムの一般的特性が、イタリア、ドイツの例を越えて広く指摘しうるのではないか、という仮説を提示したことになるが、その具体的検証は、第Ⅱ章と第Ⅲ章の課題である。

3　比較ファシズム体制論の枠組のために

思想・運動概念と体制概念の区別の必要性

「ファシズムの時代」に世界のさまざまの国々に発生した「ファシズム」の比較研究を

する場合に、思想・運動・体制という三つのレベルを区別することが必要であることはすでに指摘した。ところが、これもまたすでに明らかにしたように、そのうちの思想と運動のレベルでは、二つの突破口としてのイタリアとドイツの場合を手がかりにして、ファシズムとは何かということもかなりの程度まで明確にできる。そして、それに基づいて当時の世界の各国に発生した思想、運動のなかにそれにあたるものを見出し確認することができる。しかし、支配体制としてのファシズムということになると、事柄ははるかに複雑になる。ドイツ、イタリアにおいてファシズムの支配体制が確立されたとすることに異論を唱える人は少ないが、戦前の日本やスペイン、ポルトガル、ポーランドなどになると途端に研究者たちの見解は分れるし、ましてアルゼンチンのペロニズムになると、見解は実にさまざまである。

思想・運動のレベルでの概念と体制概念との相違という問題は、実はファシズムに限らないことかもしれない。一般に思想や運動が単なる個人の思想、個人の行動のレベルを越えて大衆的広がりをもつなかで、つまり普及したり、大規模になったりするなかで微妙に変質してその初発の純粋型からの歪みが生じるのは、ファシズムの場合に限らないことであろうし、まして、政治権力を掌握して新しい体制を構築するということになると、そこに生まれたものが、周囲の諸条件との妥協や、その周囲の諸条件の有形無形の逆規定を受けて、当初の推進者による体制構想とは大きく異なったものになることは、ある意味では避けがたいことである(これは、成功した革命の結果生まれる社会主義国家の場合でも大同小異であろう)。

「ファシズム」体制の多様性の原因

ただファシズムの場合には、このことがとりわけて顕著にあらわれるのであって、そこにまたファシズムの特色があるともいえるのである。そしてファシズムの場合にそうなる原因は基本的に二つあるといえる。それは、一つには、ファシズムが政権掌握に成功した戦間期の後発帝国主義もしくは後発国民国家の場合、その国内体制の危機の深刻さが、結局は、その国の伝統的支配層をして、少なくとも「必要悪」としてのファシスト勢力との止むをえざる同盟への道を歩ませるからである。いいかえると、これらの場合、「ファシズム体制」といわれるものは、新興のファシスト勢力と伝統的支配勢力との妥協による提携の所産なのであり、このことが、場合によっては真性ファシズムの理念とは著しく相違した体制を生み出すのである。イタリアとドイツの二つの原型においてさえそうであったことは、すでに述べたとおりである。

そして第二には、イタリア、ドイツ、日本など有力な後発帝国主義国家におけるファシズム体制の成立は、これらの国々が先進帝国主義やソヴエトに対抗して世界的支配権の新たな争奪戦に乗り出し、そのことによって、国際政治における再編成が進行していくという事態を生み出す。この新しい世界政治の動向のなかで、弱小国は、イデオロギー・レベルというよりはむしろパワー・ポリティックスの論理にしたがって自国の利害を維持しようとするが、そこで、この観点からの国際ファシスト陣営への参加という事態が出て来る。そこでは、ファシズムは多かれ少なかれ模倣性を帯びてその国の政治体制に浸透し、これを潤色していく。こうして、そこから、さまざまの模倣性の程度を異にした「ファシズム」体制が出現する。

以上、二つの要因によって、当時「ファシズム」体制と呼ばれたもののなかには、その実体としてイタリア、ドイツの原型に近いものから、単なるシンボル・レベルの模倣にすぎないものまで多様な姿が見られることになるのである。

ファシズム体制の特質

それでは、この「ファシズム」体制の多様性を整理し、そのなかから、イタリアとドイツの二つの原型とはさまざまの点でなお性格を異にするが、それでも一応ファシズムと規定してよいさまざまのタイプの支配体制を選りわけたり、あるいは「ファシズム」と自称していても到底その範疇に入れるわけにはいかないものを排除するための基準はどこに見出したらよいであろうか。今日さまざまの立場のファシズム研究者がファシズム体制識別のために提示している主要な指標は、著者なりに整理すると、次の四つである。――(1)一党独裁とそれを可能にするための「強制的同質化」(Gleichschaltung)と呼ばれる画一的で全面的な組織化の強行、(2)自由主義的諸権利の全面的抑圧と政治警察を中核とするテロの全面的制度化、(3)(前述のようなファシズムの思想を体現した)「新しい秩序」と「新しい人間」の形成に向けての大衆の「動員」(mobilization)、そして最後に、(4)軍、官僚機構、財界、教会などの既成の支配層の反動化した部分(いわゆる「権威主義的反動」――後述)と、広義の中間的諸階層を基盤とした急進的大衆運動の指導者層やそれに代替する「革新将校」や「革新官僚」(いわゆる「擬似革命」――後述)との政治的同盟。(研究者の間では、この四つの基準のうち、(1)(2)(3)の三つだけが強調される場合が多いが、それでは問題が結局は支配様式論のレベルに押しこめられてしまい、ファシズムと既往のソヴエト型共産主義体制〔とくにその「スターリン段階」〕との区別が不可能になり、いわゆる全体主義理論になってしまう。その意味では著者は、第四の基準をとくに重視したい〔そして、本来ならば、歴史的にも論理的にもこれが第一の基準とされるべきであると考えている〕。他方、これまでのマルクス主義のファシズム論に見られたように、いわばこの第四の基準にあたるものを、「独占資本」や「金融資本」の一元的支配に単純化したり、さらには、これを歴史発展の一定の段階に図式的、固定的に関連づける立場にも、著者は同意できない。その点は後であらためて検討する。)

中間層に起源をもつファシズム・イデオロギー

ところで、この第四の基準は、いわゆる「ファシズムに関する同盟理論」に由来するものである。この同盟理論そのものに関する理論史的紹介は他の場所に譲るほかはない(拙著『現代ファシズム論の諸潮流』有斐閣、一九七六年、第五章。同『ナチ・エリート』中公新書、一九七六年、四四―六頁)が、ここでは、前述の意味での「ファシズムの時代」におけるファシズムが、第四の基準をいわばその「階級的本質」としつつも、その支配体制を支える統合イデオロギーの中核部分においては、急進化した中間層イデオロギーに由来する思想要素が極めて色濃く存在していたことを強調しておきたい。イデオロギー現象としていえば、思想としてのファシズムは、本来中間的諸階層を基盤とする自立的大衆運動のイデオロギーであり、そのようなものとして新しい体制を「下から」形成する力をも有しているかに見えたのであったが、それがやがて前述のようなファシスト指導者層と伝統的支配層のなかの反動派との政治的同盟を生み出した時点から、今度はそこに生まれた新しい「ファシズム体制」の単なる統合イデオロギーへと機能転換してゆくというのが、イタリアとドイツの二つの原型に見られた共通の事態であった。そして、それがさらに、世界的規模で拡散していったときには、ファシズム・イデオロギーは、往々にして、もはや「下からの」新しい秩序形成力をもったものとしてではなく、逆に既存の支配層によるいわゆる「上からのファッショ化」のための補助的統合イデオロギーでしかありえないという状況があちこちに現出したのである。そしてその際には、ファシズム・イデオロギーの中間層的性格もまた、その出自を示す単なる「母斑」以上のものではありえなかったのである。

具体的にいえば、イタリアとドイツという二つの原型においては、ファシズムの支配体制のもとで国民的統合を実現するための基本的イデオロギーは、前述のような内容のファシズム思想、なかでもとくに、「非国民的」もしくは「非生産的な」巨大資本と「マルクス主義的」労働運動の双方に見られる「横暴」と「国際主義的」逸脱を完全に除去した「民族共同体」の実現をはかる、ということにあった。そして、このイデオロギーはイタリアとドイツの場合においてさえも、本来は現実の中間的諸階層の大衆運動のなかから押し出されて来たものでありながら、ファシズム体制の成立とともに、単に中間層のみならず、社会的底辺層に対しても、そしてまた労働者階級に対しても新たな政治的方向づけを与えるものになりえたのだが、その他の「ファシズム」国家の場合には、こうした強力な中間層運動は未成熟もしくは不在のままで、これが国民諸階層に対する主要な、もしくは副次的な統合イデオロギーに組みこまれたのである。

こうして著者は、先述の第四の基準を若干緩和して、そこに伝統的支配層との政治的同盟を云々しうるような有力で自立的なファシスト指導者層が形成されていない場合でも、先述の(1)(2)(3)の指標を満たしたうえで、さらに前述のようなファシズムの思想、なかでもとくに、「非国民的」「非生産的」な巨大資本と「マルクス主義的」で「国際主義的な」労働運動の双方を完全に除去した「民族共同体の建設」という主張をその体制の基本的な統合イデオロギーに組みこんでいる場合には、その度合に応じて、その体制の「ファシズム」的性格を論じうると考えている。

比較ファシズム論の意義

しかし、このようなファシズム体制の規定によっても、問題はまだすべて解決されたわけではない。具体的にいって、ピウスーツキのポーランド、サラザールのポルトガル、フランコのスペイン、それになによりもまず戦前・戦時の日本が、果してどのような意味で、そしてどの程度にファシズム体制と呼べるのか、という厄介な問題が残されているからである。しかし、これらの問題は、ここでまず抽象的概念規定のレベルで解決を与えられるべきものではない。したがって本書では、以下の各章において、歴史的具体的説明を行なったのちに、あらためてこの問題に立向うほかはない。

それに、本来われわれが必要としているのは、実はファシズムであるものとファシズムでないものとを截然と区別する基準を発見することではない。ここで要請されているのは、多くの場合そのどちらとも機械的に区別することはできないが、いずれにせよ何らかの意味と程度において「ファシズム」的性格は否定できないような現代の反動的、反民主主義的政治体制のそれぞれの特質をできるだけ類型化してとらえるための整理の枠組なのである。それは、一口に「比較ファシズム論」と呼ぶことができるが、この「比較ファシズム論」の理論的な枠組を考える場合には、これまでの研究のなかですでにどの程度の手がかりが提供されているかをここで点検しておく必要がある。

「下からのファシズム」と「上からのファシズム」

その点でわれわれ日本の研究者の場合にまず念頭に浮ぶのは、丸山真男氏が、敗戦直後の時期の一連の珠玉のような論文のなかで提示し、そのまま、政治学界を中心にわが国のファシズム研究の共有財産として定着した「下からのファシズム」と「上からのファシズム」という比較の基準である(丸山真男『現代政治の思想と行動』増補版、未来社、二五七頁以下)。この丸山氏の枠組は、本来はなによりもまず日独のファッショ化過程の特性を問題にするものであったが、実際には、この意味での二類型の区別は、さらに進んで、そのまま、日独双方の「ファシズム体制」の比較にも延長して適用された。つまり、氏によれば、主として「下からのファシズム」によって生み出されたナチス・ドイツの支配体制は、ファシズムの大衆運動のダイナミズムに支えられた強力な一元的政治指導体制の完成を特徴とするのに対して、「上からのファシズム」によるなしくずし的ファッショ化が生み落した日本の「天皇制ファシズム」の体制は、その統治機構内部における多元主義的分裂を克服する契機をもたず、いわゆる「無責任の体系」と一元的政治指導の欠如を特徴とし続けたというわけである。

このようなとらえ方は、今日の実証的研究の到達点からいえば、とくにナチス・ドイツに関してはすでに示唆したように無条件には受け入れがたいものがある。しかし、ファシズム体制の性格がそれを生み落したファッショ化過程の特質によって規定されるという把握は――その射程の程度は検討を要するとしても――それ自体として極めて有益である。それだけではなく、後述するように「上からのファシズム」という概念は、どこの国のファッショ化過程にでも見受けられる「支配層のファッショ化」の指摘として読みかえられるときには、欧米の一般のファシズム研究にはあまり見受けられない独特の寄与ということができる。その意味で丸山氏の枠組をさらに詳しく紹介しておきたい。

丸山氏の整理によると、まずドイツの場合には、革命的状況のなかで叢生する新しいタイプのさまざまの反革命的極右団体がやがてナチ党によって吸収統合され、そこから巨大なファシズムの大衆運動が登場する。そしてそのヒトラーを中心とする大衆運動の指導者団が政治権力を掌握することによってファシズムの支配体制が確立するとする。これがつまり、「下からのファシズム」によるファッショ化過程の特徴であるとされる。それに対して、「上からのファシズム」のモデル・ケースになるのが、戦前・戦中の日本の天皇制ファシズムである。そこでもまた、体制の危機的状況を敏感に反映して極右団体の叢生が見られるが、そこではこれらの群小団体を統合しようとする動きは失敗を重ねるばかりであり、巨大なファシスト大衆運動への発展は見られない。そのなかで急進化した軍の青年将校(皇道派)と一部の民間右翼が結びついた形でクーデタ的なファシストの突撃が敢行される。しかしこの急進ファシストの突撃はすべて挫折し、むしろその後に、この突撃によって醸成された状況を利用しつつ、「既存の支配機構の内部から」発する「上からの」なしくずし的ファッショ化が着実に進行し、その結果やがてファシズム体制へと移行する、とされるのである。

「権威主義的反動」と「擬似革命」の同盟

しかし、すでに述べたように、この貴重な図式もこれをそのまま無条件に受け入れることはできない。もし、これがドイツでは「上からのファシズム」(=既成支配層のファッショ化)がなかったとされたり、また逆に、日本の場合、急進ファシストの突撃の挫折とともに「下からのファシズム」の契機は消失したとされるならば、両方ともに誤った事実認識につながることになりかねないからである。

つまり、いわゆる「ファッショ化過程」には、つねに「上からのファシズム」と「下からのファシズム」の双方の契機が存在するのである。そうすると、われわれは、「ファッショ化過程」の二つの類型という図式に安易に依存するよりも先に、それぞれの国における、支配層のファッショ化と大衆レベルのファッショ化の二つの契機をともに明確に抽出し、そのうえで両者の間の複雑な対抗、競合、提携の関係を分析する必要がある。

その意味で、上述の丸山理論とハルガルテンの仕事(『独裁者』西川正雄訳、岩波書店、一九六七年)の双方からヒントを得て、伝統的支配層のファッショ化を「権威主義的反動」、ファシズムの大衆運動を「擬似革命」と概念化する西川正雄氏の提起は有意義である(西川正雄「ヒトラーの政権掌握」『思想』五一二号、一九六七年)。それはファッショ化過程における二つの主要な契機を概念化したにとどまらず、その具体的表現のなかに、その双方の契機の特色を巧みにとりいれているからである。とくに、ファシズムの大衆運動に対する「擬似革命」という規定は、丸山理論におけるファシズムの「反革命性」の強調――「ファシズムは二十世紀における反革命の最も尖鋭な最も戦闘的な形態である」(前掲書、二五〇頁)――のゆえに一つの思わざる弱点となっていたファシズムの「革命性」(正確には擬似革命性)の問題を再提起する結果にもなっている。

しかしとにかく、ここでは、それぞれの国における「権威主義的反動」と「擬似革命」のあり方、そしてその双方の間のからまり合いの特質の解明といったことが比較ファシズム体制論の重要な枠組になることだけを確認すれば足る。

そしてこのことは、著者が、本書でもすでに言及した、ファシズムに関する「同盟理論」の立場に立つということである。それぞれの国のファシズム体制の多様性を解く鍵は、確かにこの「権威主義的反動」と「擬似革命」という二つの契機、二つの勢力の間の力関係や、両者の関係の国ごとの特性の解明にあるといってよい。そしてさらにいえば、ここに示されている支配層の動向と民衆の動向の関連構造という問題こそ、単なるファシズム論の枠を越えてそれぞれの国々の資本主義の発展や「近代化」の過程の特質を探るためにも重要な意味をもった入り口であろう。

全体主義理論と近代化理論

比較ファシズム論のための理論的枠組は、以上の他に、最近の全体主義理論と近代化理論の新展開のなかからもえられる。

まず全体主義理論の立場からは、早くから「全体主義」(totalitarianism)体制と「権威主義」(authoritarianism)体制という二つの概念の区別が行なわれて来た。そして近年においては、とくにナチス第三帝国の支配構造に関する実証的分析の進展が、従来の全体主義理論にいくつかの点で重要な修正を迫っている反面、他方では「権威主義」体制の研究においてもかなりの前進が見られ、これらの動向とファシズム研究とのあらたな交錯が問題となって来ている。しかしこれらの問題点は第V章で扱うことになるので、ここではただ一つ、比較ファシズム論にとっての最も基本的な問題点を指摘するだけにしておきたい。それは「全体主義」と「権威主義」という二つの一応包括的な体制概念と「ファシズム体制」という概念とのかかわり合いの問題である。これまでの全体主義理論の立場からすれば、ファシズム体制は共産主義体制と同じく「全体主義体制」ということになっていた。したがって、例えば、フランコのスペインが「全体主義」ではなくて「権威主義」の体制であったとされる場合には、それは当然「ファシズム体制」でもなかったという意味を含んでいる場合が多かった。しかしそれで良いのだろうか、という問題があるわけである。そして著者には――フランコのスペインがファシズムでなかったかどうかは後で扱うとして――とにかく、ファシズム体制には、「全体主義」的体制もあれば「権威主義」的体制もあったし、あるいはまた同じ国のファシズム体制でも、その発展のなかで「全体主義」的局面もあれば「権威主義」的局面もあるという整理をした方が良いように思われる。つまり、ファシズムと「全体主義」・「権威主義」とは扱う問題のレベルを異にする概念であって、いわゆる全体主義理論の立場に立つことなしに、この理論が開発した基本概念を比較ファシズム論の枠内で有意義に用いることが可能ではないかと考えられるのである。

　基本的に同じようなことが、「近代化」理論に関してもいいうる。「近代化」理論の立場からのファシズム論の場合には、イタリア・ファシズムをモデルとして、ファシズムのいわゆる「近代化効果」を強調し、この観点から、アメリカのグリゴアという学者のように、ファシズムを「大衆動員的発展独裁」(mass-mobilizing, developmental dictatorship)と規定するものさえ出ている。この観点は、これまでのファシズム論が、ファシズムはその国の社会的・経済的発展もしくは「近代化」を阻止したとするイメージにあまりにもこだわりすぎたことに対するアンチ・テーゼとして一定の意味をもつものであるが、とにかく、ここでも、ファシズムがその国の「近代化」に対してどのようなかかわりを持ったかという、比較ファシズム論にとっての重要な問題が指摘されていることになる。そして、この点をめぐってのファシズム体制の類型化が可能ではないかという問題が出て来ている。

ただ、ここであげた最後の二つの問題は、論点の理論的整理と、理論と実証のつき合せという二重の手続きを必要とする、ファシズム研究の先端をゆく問題であり、ここでこれ以上、先取り的に展開するのは適切ではないであろう。

II　運動としてのファシズム

ナチスの大衆集会(ベルリン，1927年．ノルテ141頁)

1　「前ファシズム」運動の諸類型

ファシズムへの胎動――「前ファシズム」

ファシズムの運動を考える場合に、すでにイタリアとドイツの二つの原型に即して明らかにしたようないわば純粋型だけに着目するのは正しくない。そのような観点に立てば、ファシズムの運動体は意外に数が少なく、その大衆的影響力も思いの外に小さかったということになりかねないが、それでは、「ファシズム」と呼ばれる危険な現象から学問的定義によって「本物のファシズム」とみなしうるもののみを抽出し、その周辺現象を無罪放免するという結果に陥って、「ファシズム」の過小評価を生むことになる。しかし、これから説明するように、第一次大戦直後のヨーロッパには、厳密な意味での「ファシズム」には入らないが、すでにファシズムの諸特徴のいくつかを萌芽的に示しているか、それともそれ自体として顕著なファッショ化の道を歩み始めており、そこからやがて本物のファシズムの運動が分離、独立することになるような、しかも場合によっては極めて強大な力をもった運動体があちこちに見出された。それは多くの場合、「第一次大戦の落し子」として、軍事的もしくは準軍事的な性格を強くもってはいたが、場合によっては伝統的な意味での右翼的な潮流にも限定されないさまざまの由来、背景をもっており、やがてそこから、「現代における反動的なるものの精髄」としてのファシズムの運動体を結晶させることになるようなさまざまの要素をそのうちに秘めていた。われわれは、これらの諸運動を本物のファシズムの運動体と区別して「前ファシズム」の運動と呼ぶことにしたい。

この「前ファシズム」の諸運動は、本物のファシズムの運動が主流となったイタリアとドイツの場合でも、その本物のファシズムの形成過程で大きな役割を果すことになるが、それ以外の国々ではむしろこの「前ファシズム」の運動が反動的運動の主流であり続けたり、さらには、そのなかから結局は本物のファシズムの運動が結晶することになった場合でも、それはなかなか一人立ちできず、せいぜい既成の支配体制のファッショ化過程の補助的要素であるにとどまったり、あるいはまた——とくにヨーロッパの諸国の場合——ナチス・ドイツの占領軍の後楯によってどうにか政権の座につくという場合が多かった。

この「前ファシズム」の運動のあり方は、国によって、またこれを生み出す危機状況の特性によってさまざまであったが、それをここでは次の五つの形態に区別し、以下、順を追って簡単に説明を加えることにする。

(1)第一次大戦の終了にともなう正規軍の動員解除にもかかわらず、さまざまの理由から生き残り存続しつづけた不正規の軍事団体としての〈軍団〉組織、(2)同じく大戦直後の混乱のなかで、革命運動や他国からの不正規軍の侵入に対抗するために生まれた地域住民のいわば〈自警団〉的組織、(3)ナショナリスト団体（さらには一部サンディカリスト団体）のなかで時勢に対応して新たな急進化の様相を示し始めたもの、(4)在郷軍人会のような退役軍人の組織が政治化したもの、(5)カトリシズムの政治組織の部分的ファッショ化傾向の所産。

〈軍団〉型「前ファシズム」

「前ファシズム」の第一のタイプは、第一次大戦の終了時の混乱のなかで生まれた不正規軍としての〈軍団〉組織である。その具体例としては、大戦終了後も、ロシア革命のバルト諸国への波及に対抗して転戦を続けたドイツのフォン・デア・ゴルツ将軍のバルト義勇軍団、同じくドイツの国内で革命派の鎮圧の主役となったいわゆる反革命義勇軍《フライコール》、一九一九年一一月にハンガリー革命を実力で粉砕したホルティの「国民軍」、一九一八年五月にソヴエト・ロシアの支援をうける赤衛軍を国内戦によって撃破したフィンランドの白衛軍関係者が戦後もそのまま維持し続けた「防衛隊《スオイエルスクンタ》」(SK)、そして最後に以上の諸団体とは性格をかなり異にするところのあるポーランドのピウスーツキの〈軍団〉組織を一応あげることができる。

このなかのポーランドを除くすべての例は、ロシア革命の直接的波及に実力で対抗した保守的民族主義者の軍事団体という共通の特徴をもっていたが、そのなかのいくつかには、同時に単なる保守反動派の軍事団体というにとどまらず、ファシズムの前兆ともいうべき

ドイツ革命を鎮圧した反革命義勇軍(ミュンヘン，1919年．ノルテ62頁)

新しい現象が芽生えていた。それは、生死をともにする行動のなかで生まれた「指導者」を中心とする同志的結合の意識であって、ドイツの反革命義勇軍の一部やフィンランドのSKの場合にとくに顕著であった。後者の場合には、幹部＝「指導者」が一般隊員によって選出されることさえ行なわれたというが、とにかくここには、反ボリシェヴィズムの保守主義的行動団体のなかで伝統主義的な権威のあり方が否定されているという意味で、ファシズムへの移行期的現象が確認できる。ただ、この種の〈軍団〉では、一般にファシズムへの心情形成への契機は見られても、社会思想、政治思想のレベルでのファシズム形成の芽としては、強烈な反共主義以上のものはまだ見られない。

それに対して、ポーランドのピウスーツキの「ポーランド軍団」の場合は、(1)それが本来ポーランド社会党民族派の軍事組織から発達したものであったことと、(2)その任務が直接的には、第一次大戦開戦時にはなおロシア、ドイツ、オーストリアの三国に分割統治されていたために存在していなかった国民国家としてのポーランドの建国とその定着を支える軍事力たることに置かれていた点で、上記の保守派民族主義者の軍団とは性格を異にする。この特異な軍事力を基礎にして生まれたピウスーツキ体制の下では、少数民族——とくにユダヤ人——に対する激しい迫害が行なわれ、「防衛部」と呼ばれる秘密警察が恐怖政治を行なったし、ムッソリーニもまたこの体制に対する親近感を度々表明したところから、通常イタリアに次いで「地上第二番目のファシスト国家」とされている。

しかし、実は、このピウスーツキの軍団による一九二六年五月のクーデタ(「ワルシャワ進軍」)は、社会党系の労働組合——とくに鉄道労働組合——の支援ストに支えられたものであったし、当時、非合法化されていたポーランド共産党もまたこれに同調したのであった。このポーランド共産党の行動はすぐ後でコミンテルンによって批判されたのだが、前述のような事情があり、さらにポーランドが、ピウスーツキの死(一九三五年五月)後その後継者となったシミグリ・リッツ元帥(彼もまた第一次大戦中はポーランド軍団第一旅団の指導者だった)の統治下においても、ナチス・ドイツと共和国フランスの間に二股政策をとったことも合せて考えると、これを単純にファシズムとみなすことには疑問が残る。それが社会党右派からファシズムへの発展のルートを内在させていたとしても、なお全体としてみるとむしろ、これは誕生したばかりの不安定な国民国家を支える軍事組織だったのであり、ファシズムというよりは、例えば第二次大戦後のエジプトのナセルの「自由将校団」に類する存在だったといえよう。

〈自警団〉型「前ファシズム」

このタイプは、一見したところ第一の〈軍団〉型「前ファシズム」と区別しにくいかもしれない。しかし、このタイプは、既成の国家機構の麻痺状態のなかで、「超党派」的(といっても保守的な諸党派の間での「超党派」なのだが)な立場から、「郷土の防衛」を目的として地域住民を武装させる形で生まれたものであり、その点で、ナショナルなレベルで軍事的プロを組織する〈軍団〉とは性格を異にする。またこの種の運動体は国内の革命派に対抗して形成される場合と、外敵に対抗する防衛組織として生まれる場合とがある。具体例としては、一九一八―九年のドイツ革命のなかで前述の反革命義勇軍《フライコール》と混り合った形で登場するさまざまの「住民防衛隊」(Einwohnerwehren)もあるが、何よりもまず、オーストリアの「郷土防衛隊」(Heimatschutz)をあげることができる。

これは、第一次大戦の敗北によるオーストリア帝国の解体のなかで登場する。そこには確かに隣接するドイツのミュンヘンを一時支配した労兵評議会《レーテ》運動の波及に対処しようとして生まれたチロルの「郷土防衛隊」の例もあるが、その他はむしろ、ユーゴスラヴィアからの侵入に対抗するケルンテンの組織、ハンガリーからの侵入に対抗するシュタイエルマルクの組織など、多民族国家オーストリアの解体にともなう特有の国家的危機の所産であり、本来の政治的反革命組織ではなかった。

オーストリアのこの運動はまもなく「反マルクス主義」を標語にしてファッショ化の道を辿ることになるが、その場合、注目すべきは、当時、強力なオーストリア社会民主党の勢力が圧倒的にウィーンに集中しており、その結果、一九二九年にこの地方ごとに異なる「郷土防衛隊」運動を基盤にして発足した「護国団」(Heimwehr)運動がこれと対抗する形で展開していったということである。つまり、この「護国団」運動における「反マルクス主義」は、確かに「反マルクス主義」ではあるにしても、なお、都市に対する農村の対抗関係を体現する農村的・農民的性格のものであり、その点で、後に登場するオーストリア・ナチ党の都市小市民的性格とは対照的であった。

ナショナリズム団体の急進化

前ファシズムの第一と第二のタイプが、第一次大戦直後の混乱と国家機構の麻痺のなかで発生し、その多くはロシア革命の直接的衝撃のなかで革命派や他国軍事力との武力抗争に突入することになった行動主義的団体であったのに対して、残された四つのタイプは、思想運動としての性格を強くもつ。そしてそのような性格の運動として、これらのタイプの前ファシズム運動は、ロシア革命以前、第一次大戦以前の世界に出発点をもっており、そのファッショ化の動きも、イタリアの例を除けば、比較的漸進的かつ緩慢な形をとっている。

まず第三のタイプの前ファシズムにあたる急進化したナショナリズム団体の代表的な例となるのは、イタリアの「国家主義者協会《ナショナリスト》」とフランスの「アクション・フランセーズ」そしてドイツの「全ドイツ連盟」の三つであろう。(その他にスペインのカルリスタとフランスのモラスの影響を受けたポルトガルの「ルジタニア統合主義」の運動がこれに入るものと思われる。)

イタリアの「国家主義者協会《ナショナリスト》」は、大戦前の一九一〇年一二月に、コルラディーニ(E. Corradini, 1865-1931)とフェデルゾーニ(L. Federzoni, 1878-1967)を中心にして文化人やジャーナリストの集合体として発足し、やがて造船や製鉄の重工業資本家から支援されることになった。これが最終的には、「ローマ進軍」の翌年の一九二三年三月にファシスト党と合流するのだが、その後のファシズム体制のもとでも、このグループの中心人物たちは、大臣や上院議員、大学教授やアカデミーの会員として重要な位置を占めることになる。イタリアで文化人やジャーナリストの間でナショナリズムが先鋭化したのは、一八九六年にアドワの戦いでイタリアがエチオピアに敗北するという「屈辱」を味わい、さらに二〇世紀初頭以来の社会党の進出による国内の混乱が顕著になるなかでのことであった。「国家主義者協会」は、そのなかで、国家主義の立場は、まず民主主義、フリーメーソン、自由主義とは両立しえないことを宣言して出発するが、この他に、同協会の創立大会にあたる一九一〇年の国家主義者会議の席でおこなわれたコルラディーニの冒頭演説のなかで、イタリアは「物質的にも道徳的にも国際社会におけるプロレタリアート」であるという位置づけがなされたことが重要である。つまり、ここでは、ナショナリストといっても単純な伝統主義的保守主義を内容とするものではなく、フランスのソレルの思想を手がかりにして、社会主義思想の換骨奪胎による吸収がはかられていたのであり、事実、このナショナリズム運動は、最初から、革命的サンディカリズムからの転向者をもつつみこんだ運動として発展していったのである。また、同党は、戦後は青シャツの「セムプレ・プロンティ」と称する行動隊までもっていた点で、ファシズムへの傾斜は行動形態にも一部あらわれていたが、王権擁護の立場に立つ点で、ファシスト党とはなお異なっており、そのため、両者の対立は、国王とムッソリーニの妥協までは続いていた。

フランスの「アクション・フランセーズ」(Action Française)は政党ではないが、内容的には、このイタリアの「国家主義者協会」に類似した存在といえる。

「アクション・フランセーズ」の創設は、一八九九年、ドレフュス事件の昂奮のなかでのことであり、この事件を通じての共和主義的民主派の高揚に煽られた保守派の危機感の所産であった。ここでもイタリアのコルラディーニにあたるシャルル・モラス(Ch. Maurras, 1868–1952)という思想家の影響力が運動を支配する。そしてここでも、王党主義という原則的立場は動かないが、他方で、この君主制擁護の立場は、伝統的権威を強調して正統主義的に主張されるのではなく、秩序と位階制と規律の回復という目的に照して機能論的「科学的」に立論され(「新王党主義」)、そのなかで労働者層との協調の道も模索された。

フランスのアクション・フランセーズの理論家，モラス(シュデコップ 25 頁)

また革命的サンディカリズムとの結合をはかろうとする試みは、一時、ジョルジュ・ソレル(G. Sorel, 1847–1922)をも魅了したといわれる。さらに「カムロ・デュ・ロア」(王党青年団)という街頭の行動隊も設立された。そして、この運動を母胎としてやがて一般に「フランスにおける最初のファシスト・グループ」とされているジョルジュ・ヴァロワの「参戦兵士と生産者のフェーソー(ファッショ)」や、一九三六年の人民戦線政府の成立後フランスに登場した二つの「真性ファシズム」の一つとされる「カグラール団」なども生まれ落ちることになった。

第三のドイツの「全ドイツ連盟」(Alldeutscher Verband)は、一八九〇年に生まれナチス第三帝国の爛熟期に、もはやその歴史的任務を達成したとしてヒトラーによって解散させられた(一九三九年三月)保守的＝超党派的民族主義団体である。それは、長期目標としては、一八七一年のドイツ第二帝政の成立の際になおドイツ国家の国境の外(とくに中東欧諸国)にとり残されていたあらゆるドイツ人の総結集とそのための「ドイツ民族性」の涵養(「全ドイツ主義」)を主張し、当面の行動としては、国内の反民族主義的傾向(とくに「ユダヤ的」傾向)との闘争と海外植民地の獲得を精力的に呼びかけ続けた。そして具体的には、第二帝政の末期にはクーデタによって帝国議会の普通選挙制を廃止して皇帝独裁体制を樹立することを要求したし(一九一二年)、その後のヴァイマル共和制に対しては、ユダヤ人に対して国家の最高の地位にのぼる道を開き、国際連盟や永久平和といった〝たわごと〟を信じているとして、その成立当初から原則的否認の態度を宣言した(一九一九年二月の「バムベルク宣言」)。また注目すべきことには、この団体の「指導権は、独占資本、ユンカー、高級軍人、官僚など伝統的支配層の手にあった」にせよ、そのメンバー(一九一四年で約一万八〇〇〇人)のなかには、多くの小市民的背景をもった教授、教師、ジャーナリストが含まれていた。

なおドイツには、これ以外にも、「フェルキッシュ」(völkisch——一応「民族至上主義」と訳しておく)な運動として総括される小市民＝中間層の危機意識をもっと直接的に体現した強烈な「反ユダヤ主義」の諸団体が一八九〇年代初頭から存在していたが、これはもはやここでいう「前ファシズム」の概念からもはみ出た、もっと直接的なファシズムの萌芽形態とみなしうるので、後にあらためて扱うことにする。

〈政治化した在郷軍人会〉型の「前ファシズム」

第四のタイプに属するものでは、ドイツの「鉄兜団《シュタールヘルム》」とフランスの「火の十字団《クロワ・ド・フー》」が有名であろう。ともに退役軍人の団体から出発し、それが政治運動化したものである。ドイツの「鉄兜団」(Stahlhelm)は、ヴァイマル共和制期の保守反動派で帝政派のドイツ国家人民党(DNVP)の行動組織として一九一九年九月に成立したものであり、当時の国防軍の支持も受けていた。その勢力は一九三〇年には四〇―五〇万人に達したが、その後はナチス突撃隊と競合してのび悩み、ヒトラー内閣成立後、やがて国防軍首脳部のナチスとの取引の結果帝政復活の展望が喪失していくなかで、ナチスの突撃隊と衝突し、敗北して突撃隊に吸収されてしまう(一九三三年一一月)。

それに対して、フランスの「火の十字団」(Croix de Feu)の方は、ナチスの突撃隊に見合う真性ファシズムの強大な行動組織はフランスの場合登場しなかったこともあって、人民戦線政府の登場の前夜に、「ファシズムの脅威」の中心をなすものとして脚光を浴びる。しかしこれは大筋において、ドイツの鉄兜団と同じ性質のものであった。ただ、「火の十字団」の場合には、最初退役軍人一般ではなくて、前線で抜群の功績をあげた人々だけを迎え入れる「エリート組織」として地固めをしたという特徴があった。確かに三〇年代初めになると、すべての前線兵士とその子息に門戸を開いて大衆化したものの、その後も、本来の組織の原型は残り、大量の自動車と飛行編隊、それに優秀な情報部と動員用の秘密電信略号までもつ文字通り軍隊に準じたずばぬけた組織力を保持していた。そして一九三五年頃には、この団体は、ド・ラ・ロック大佐の下に七〇万人の団員を擁していたといわれる。しかし、それでもファシズムと呼ぶには、この「火の十字団」には有産階級的反動の色彩が濃すぎた。

カトリシズムのファッショ化

前ファシズムの第五のタイプにあてはまるのは、オーストリアのキリスト教社会党とスペインの「自治右派連盟」(CEDA)、それにポルトガルの「ポルトガル・カトリック・センター」(CCP)である。

カトリシズムのファッショ化がまずオーストリアで現われたのは偶然ではない。当時のオーストリア共和国は、第一次大戦の敗北のなかで帝政が崩壊しただけでなく、スラヴ系諸民族の独立によってかつての大帝国としての版図を一挙に失って転落したばかりの弱小国であった。そしてそのなかで、キリスト教社会党は、ウィーンを中心に都市部に根をすえ、しかも強力な労働者の武装自衛組織「防衛団《シュツツブント》」をもつ社会民主党と対峙する立場にあった。さらに同国はやがて南のイタリア・ファシズムと北のナチス・ドイツに挟まれ、その双方からの政治的策動が国内政治に直接反映する立場におかれることになった。

そうしたなかでキリスト教社会党のファッショ化は、その三人の指導者――ザイペル (I. Seipel, 1876–1932)、ドルフス (F. Dollfuss, 1892–1934)、シュシュニック (K. v. Schuschnigg, 1897–1977)――の首相在任期間を通じて着実に進行する。まずザイペル(一九二二年五月―二四年一一月、二六年一〇月―二九年四月の間首相)は、社会民主党に対抗するために既述の「護国団」を重用するが、同時にやがて党内で自党直属の行動隊の結成を求める声が高まり、シュシュニックを指導者とする「オストマルク突撃隊」が結成される。次いでドルフス(首相一九三二年五月―三四年七月暗殺)は政治不安の解消を目指してまず一九三三年三月七日、クーデタで議会を停止し、共産党と先述の「防衛団《シュツツブント》」を禁止する。そして翌年二月一一―一五日には、有名なウィーンでの「防衛団《シュツツブント》」の蜂起を武力で鎮圧して社会民主党をも粉砕し、キリスト教社会党自体も解散してつくりあげた「祖国戦線党」の一党独裁に移行して、イタリア方式の「職能組合国家」の理念をもりこんだ新憲法を制定する。しかしこの時期には、オーストリアをナチス・ドイツに結びつけようとするザイス・インクワルトのオーストリア・ナチ党も急速に擡頭しており、ドルフスはその手にかかって暗殺される。その後を継いだシュシュニックは、「護国団」のシュターレンベルクと組んで体制の安定を図ろうとしたが、結局、ナチス・ドイツの謀略に引きずりまわされて、一九三八年の独墺合併にいたる。

このような経過は、通常「教権ファシズム」(clerico-fascism)と呼ばれている。しかし、これは正確には、キリスト教社会党とそれを支えているカトリシズムの特殊な条件のなかでのファッショ化の極限形態を示すものではあるが、真性ファシズムとはなお性格を異にする。それは、オーストリア・ナチ党に体現される真性ファシズムを引出す舞台を用意することにはなったが、それ自身としては、自己の支配体制の外見的整備を進めるにつれて、その基礎となる民衆レベルでのダイナミズムを喪失していったことが明らかである。カトリシズムの社会運動は、ファッショ化のある一線を越えると、自己本来の運動エネルギーを喪失するもののようである。

スペインの「自治右派連盟《セダ》」(CEDA)もまた、オーストリアの例と同じく、キリスト教民主主義政党のファッショ化の一例を示している。同党は若い弁護士ヒル・ロブレス(J. M. Gil Robles, 1898–1980)を指導者とするカトリック諸政党の連合体であり、一九三三年二月に結成されると、早くも同年一一月の選挙で一一〇議席を獲得して一挙に議会第一党になった。ここでも、ヒル・ロブレスがヒトラーやムッソリーニまがいに「指導者《ヘフエ》」(Vefe)と呼ばれるとか、同党の青年組織「人民行動団青年部」(JAP)が青シャツの制服を着て行進するとか、明らかにファシズムへの傾斜が見られた。実際、このヒル・ロブレスが一九三四年一〇月に入閣すると、当時のスペインの左翼は、この状勢をファシズムが権力を握ろうとしているととらえ、カタルニア人とアストゥリアス地方の鉱山労働者による巨大な蜂起(「十月闘争」)が起った。

しかし、この場合も、事態は、真性ファシズムの登場というよりは、カトリシズムの反動化、ファッショ化の極限形態であった。オーストリアの場合ともども、ムッソリーニへの親近性は明白であったが、それ以上に、ローマ法王庁がこの運動を支配していた。(なお、この種の「教権ファシズム」が体制化したものとしては、われわれは、オーストリアの他に、おそらくポルトガルのサラザール体制と第二次大戦中にナチスの支配下に入った時期のスロヴァキアをあげることができる。)

要するに、以上五つのタイプの「前ファシズム」の運動は、いずれもファシズムの指導者・活動家層を生み落すのに寄与したり、急進的な民族主義の宣伝によって大衆レベルでのファシズムの受容を可能にする道を拓いたり、あるいはファシズムまがいの行動形態から果ては一時的には一党独裁の体制までつくりあげてみせたが、それでもなお、真性ファシズムそのものではなかった。

日本の「前ファシズム」

戦前の日本におけるファッショ化過程は、前述の丸山真男氏の図式にしたがえば「上からのファッショ化」を基本的特徴としていた。いいかえれば、そこでは大衆的基礎をもったファシズムの自立的運動体の形成に向けての動きが決定的に弱体であり、現実のファッショ化過程は、基本的には、いわゆる「革新将校」や「革新官僚」など国家機構の一端を担い、国家機構を直接の依りどころとした人々によって推進されたのである。そしてこのような自立的運動体の弱さは、狭義のファシズムについてばかりでなく、ここでいう「前ファシズム」についてもあてはまることである。後の「ファシズム体制」の指導者となる人々を生み落したり、急進的な民族主義の宣伝によってファシズム・イデオロギーの下地をつくったりすることは、むしろ戦前の天皇制国家の国家機構一般と、とくにその教育制度が、直接に遂行したことであった。すなわち、第一次大戦直後の日本が、ドイツとイタリアにおいてファシズムへの突破口を用意することになった前述の四条件(一三頁参照)のうち、(1)総力戦による過重負荷、(2)強行された「近代化」のなかで蓄積された諸矛盾が爆発的に噴出する契機となる敗戦、(4)ロシア革命の衝撃による「革命的危機」の発生という三つまでも欠いていたことは、真性ファシズムはもちろん、大衆的基礎をもった「前ファシズム」の自立した運動体の登場をも不可能ならしめたのである。とくに、これまでヨーロッパの事例に即して説明して来た〈軍団〉型、〈自警団〉型、そして〈在郷軍人会〉型の「前ファシズム」は、日本の場合、その萌芽的形態はともかくとして、ここで特別にとりあげるほどのものは見あたらない。(日本の場合も、在郷軍人会の「前ファシズム」的活動が注目されるが、それが自立的運動体に転化することはなかった。）そのようななかで、ただ一つ問題になるのが、――既述の諸国の場合に比して大衆的基礎という点では比較にならないほどのものではあったが――ナショナリズム団体の急進化という事態である。

木下半治氏は、その労作『日本右翼の研究』（現代評論社、一九七七年）のなかで、「戦前の日本の右翼ファシスト運動（傍点は著者）には……二つの大きな基本的な流れがあった」とされ、「国粋主義的・復古的・封建的」で「旧式な日本主義」と、「革新的・近代的・社会的」な「国家社会主義」の系譜の区別を指摘しておられる（四四―五頁）が、玄洋社（一八八一年）、黒竜会（一九〇一年）以来のこの「封建的日本主義団体」の系列が、前述のイタリアの「国家主義者協会《ナショナリスト》」やドイツの「全ドイツ連盟」にあたる日本的「前ファシズム」運動の潮流ということになるものと思われる。

2　真性ファシズムの大衆運動

「前ファシズム」と真性ファシズム

大衆運動としてのファシズムの形態学的特性は、すでに述べた点をさらに整理していえば、それが、(1)「指導者原理」をその組織原理としていること、(2)制服を着用する暴力の専門部隊をその運動体の不可欠の一環として保持していること、(3)シンボル、パレード、大衆集会など大衆エネルギーの動員と誇示を運動の中心にすえていること、(4)それなりに巨大な大衆組織を、党とその付属団体という形態でつくりあげることにある。しかし、実は、これだけでは、前節で紹介した「前ファシズム」と本物のファシズム、つまり真性ファシズムの区別を行なうことは困難である。すでに明らかにしたように、前ファシズムの諸運動の場合でも形態学的にはこれらの特性をかなりの程度まで満たしている事例が見られたからである。したがって両者の区別は、さらに進んで、一つには、(1)政治思想、社会思想の展開の度合やその性質に、そして、さらにもう一つには、(2)その運動の社会的基礎の微妙な相違に求められるほかはないことになる。それに、実は歴史的な発展の跡を辿ると、真性ファシズム自体も初めからその全貌を明確にあらわしていたわけではない。それはむしろ前述のような「前ファシズム」を露払い役もしくは母胎として、次第に自己形成を行なって来たのであって、そのため、真性ファシズムも、その発展の初期の段階になればなるほど、「前ファシズム」との区別はそれだけ困難になるという関係にある。厳密にいえば、ナチ党の場合でも、その初期においては、「前ファシズム」の第一〈軍団〉型と第三(「急進化したナショナリスト団体」)のタイプのなかに埋れこんでいて判別しにくいし、イタリアのファシスト党にいたっては、その本来の姿を政権掌握後あらためて第一と第三のタイプの混合形態のなかに半分以上没し去ったかの感がある。しかしとにかく、ここでは、まず運動形態論に固執することにして、「前ファシズム」でも見られたが、真性ファシズムにおいてはもっと明瞭に見受けられる前述の諸特性を具体的に確認しておくことにしよう。

ナチ党——議会への進出と党員数

すでに述べたように、ファシズムが大衆運動として最大の成功を見せたのは、原型(I)のイタリア・ファシズムではなくて、原型(II)のドイツのナチズムの方である。そこでは、

ナチ党の得票率と議席数

1924年5月4日	6.6%	32議席
1924年12月7日	3.0	14
1928年5月20日	2.6	12
1930年9月14日	18.3	107
1932年7月31日	37.3	230
1932年11月6日	33.1	196
1933年3月5日	43.9	228

ナチ党の党員数

1925年4月	521人
1925年末	27,117
1926年末	49,523
1927年末	72,590
1928年末	108,717
1929年末	176,426
1930年9月14日	293,000
1930年末	389,000
1931年末	806,294
1932年3月	1,002,157
1932年末	1,378,000
1933年8月	3,900,000以上

(W. Schäfer, *NSDAP*, 1957, S. 17)

ナチス突撃隊の街頭行進(1928年, ノルテ129頁)

「突撃隊《エスアー》」(SA)という暴力の専門部隊も早くから(一九二一年一〇月結成)存在していたが、イタリアの「ローマ進軍」をまねた実力闘争による権力奪取が一九二三年一一月九日のミュンヘン一揆(ビアホール一揆ともいう)の失敗によって挫折するとまもなく方針転換が行なわれる。すなわち、この一揆の失敗の後捕えられてランツベルクの獄中にあったヒトラーが一九二四年一二月二〇日に釈放されると、その後は、選挙での勝利と議会活動をフルに利用することによって権力の座への接近をはかるファシスト型の「議会主義路線」が追求されることになる。そして最初は前途多難に思われたこの路線が、一九二九年以降の世界恐慌の混乱のなかで軌道にのり、一九三〇年九月一四日の歴史的な選挙で一挙に第二党(一二議席→一〇七議席)になり、続く一九三二年七月の選挙ではさらに議席を倍増し、社会民主党を抜いてついに第一党(二三〇議席)にまで成長する。その後、同年一一月の選挙では若干の後退が見られた(一九六議席)が、とにかく一九三三年一月三〇日の政権掌握は、ヒトラーが保守派の大統領ヒンデンブルクによって、第一党の党首として、形の上では憲法の規定にしたがって、首相に任命されたものであった。この時点でのナチ党の勢力は、国会の議席数一九六、得票率三三・一%で議会第一党、党員数は一四〇万前後、うち突撃隊員約四〇万という巨大なものになっていた。そして、このヒトラー内閣の成立後、つまりナチス「第三帝国」の成立後になると、ナチ党の党員数は、「バスに乗り遅れまい」とする出世主義者や保身のための処世術から入党するものが、とくに官吏や一般公務員を中心に殺到したために、さらに飛躍的にふえることになる。党の最後の公式発表の数字によると、それは最終的には、一九四三年五月で全人口の約一〇%にあたる七六〇万人にも達している。これは換算すると、当時のドイツ人の成人男子のおそらくは三、四人に一人が形式的にはナチ党員になったことを意味する。

ナチ党——暴力組織と大衆団体

次に、ナチスの場合の暴力組織の発展を見ると、それは最初一八歳から三二歳までの「戦闘能力ある」党員からなる「突撃隊《エスアー》」(SA＝Sturmabteilung)として発展し、次いでナチス「第三帝国」の定着後「親衛隊《エスエス》」(SS＝Schutzstaffel)がそれにとって代ることになる。

ナチス突撃隊(SA)の隊員数

1921 末	100 未満
1923. 11	約 3,000
1926. 7	約 5,000
1927. 8	8,500 以上
1929. 8	5 万
1930. 10	6 万
1931 末	20 万
1933. 1	約 70 万(うち基幹部隊 30-35 万)
1933 秋	250 万
1934. 1	450 万(現役 100 万, 予備隊 350 万)

(檜山良昭『ナチス突撃隊』白金書房, 1976 年より)

ナチス親衛隊(SS)の隊員数

1927	約 300	1935. 1	196,599
1927 末	1,000	1936. 1	201,041
1930 末	2,700	1937. 1	200,129
1933. 1	5,200	1937. 12	208,364
1934	140,000		

(J. M. Steiner, *Power Politics and Social Change in National Socialist Germany*, 1976, p. 376 ならびに前掲, 檜山氏の著書より)

最初の「突撃隊」(褐色のシャツ)は、街頭で他党派の集会やデモを「粉砕」するために出動した政治的暴力組織であった。政権掌握後、これを基礎に新しい「人民軍」を構築しようとする動きが顕わになったが、これは突撃隊の最高指導者(形式は参謀長)レーム(E. Röhm, 1887–1934)の失脚(一九三四年六月末)とともに挫折する。そしてそれに代って、ヒムラーのもとで秘密国家警察《ゲシュタポ》を中心に「第三帝国」における管理暴力の中核組織として発展するのが——身長五フィート八インチ以上で純粋の「アーリア人種」であることを入隊資格とした——「親衛隊」(黒シャツ)である。これは、もう大衆団体ではなくてエリート組織といってよいが、それでも、これが、正規の国家組織とは別に存在し、「第三帝国」の間を通じて、正規の国家組織にジリジリと浸透を続けたという意味でここで扱ってよいと思われる。

そして注目すべきことには、やがてこのなかから、正規軍とは別の存在としてナチ・イデオロギーを信奉する政治的軍隊としての「武装親衛隊」(Waffen-SS)までが登場するのである。

ナチ党の場合の大衆運動としての成功の程度を知るためには、もう一つ、別表に掲げたナチ党分肢組織と付属大衆団体の巨大さを見る必要がある。これはもちろん、ナチスの政権掌握後にいわば〝官製組織〟として初め

ナチ党分肢組織

突撃隊(SA)	4,500,000 人(1933 年末)
親衛隊(SS)	52,000 (1933 年)
ヒトラー・ユーゲント	3,577,565 (1934 年末)
ナチス婦人団	2,709,027 (1935 年 1 月)

ナチ党付属団体(1935 年 1 月)

ナチス・ドイツ医師同盟	15,500 人
ナチス・ドイツ法律家団	63,010
ナチス教師同盟	262,438
ナチス国民福祉団	3,836,328
ナチス戦争参加者福祉団	1,233,051
ドイツ官吏団	1,023,066
ナチス・ドイツ技術者同盟	33,127
ドイツ労働戦線(DAF)	14,131,734
帝国学生団	74,232
帝国食糧身分(農民組織)	2,922,410

(山口定『ナチ・エリート』中公新書, 1976 年, 36 頁より)

て巨大な発展をとげえたものである。しかし、そこに見られる職業別・分野別の大衆団体の組織化の方針はかなり早くから提起され、次に示すようにそれらの多くが、政権掌握以前にすでに結成されていたことが注目されるべきである。――ヒトラー少年団《ユーゲント》(一九二六年正式結成)、ドイツ幼年団《ユングフォルク》とドイツ少女団《ブント・ドイッチャー・メーデル》(一九三〇年結成)、民族婦人団《フエルキッシエ・フラウエンオルデン》(一九二六年結成、のちナチス婦人団《エヌ・エス・フラウエンシャフテン》)、ナチス生徒団《シューラーブント》(一九二九年結成)、バルドゥール・フォン・シーラッハのナチス学生団(一九二五年結成)、ナチス教師同盟(一九二七年結成)、ハンス・フランクを指導者とするナチス・ドイツ法律家団(一九二八年結成)、ナチス・ドイツ医師同盟(一九二九年結成)、アルフレート・ローゼンベルクを指導者とするドイツ文化擁護団(一九二七年結成)、ナチス官吏団(一九二六年結成)。

その他に、ナチ党は、ナチス経営細胞組織(NSBO――一九三一年一月全国組織として確立)という共産党まがいの名称をもった組織をつくって労働者階級の間にも浸透しようとした。この組織の先駆的形態は一九二七年頃からベルリンを中心に生まれており、政権掌握時にはほぼ四〇万の細胞員を有していたといわれるが、この数は、当時の社会民主党系のドイツ労働総同盟の四五〇万と比較すると、むしろナチスにとっての失敗を示している。しかもこの組織を媒介にしてナチスが獲得しえた労働者は、狭義の労働者ではなくホワイトカラーが中心であったといわれている。

イタリアの国家ファシスト党(PNF)の党員数

1919年夏	17,000人	1933年6月9日	1,099,626人
1920年夏	100,000	1933年10月28日	1,415,407
1921年9月	300,000	1934年10月28日	1,851,777
1922年夏	477,000	1936年10月28日	2,027,400
1925年9月	700,000	1937年10月28日	2,152,240
1926年10月15日	937,967	1938年10月28日	2,430,352
1927年9月6日	1,000,052	1939年10月28日	2,633,514
1928年10月25日	1,027,010	1940年10月28日	3,619,846
1930年2月28日	1,040,588	1943年6月10日	4,770,770

(D. L. Germino, *The Italian Fascist Party in Power*, 1959, p. 52)

イタリア・ファシズムの直接行動と党員数

イタリアのファシズム運動もまた――ドイツにはかなり劣るとはいえ――やはりかなり大きな大衆運動として発展した。ただ既に説明したような事情によって、イタリアの党は、選挙政党としては未成熟なまま、街頭における直接行動の党として発展して権力の座に入りこんだという特色がある。すなわち、イタリアのファシストが政権掌握前に得た議席は、五三五議席中のわずか三五議席(一九二一年五月)にすぎなかったのだが、党員数の方は、政権掌握時には少なくとも三〇万人ぐらいには達していて、党員数ではイタリア最大の党になっていたのである。一九二二年一〇月三一日のムッソリーニ内閣の誕生は、四万人の武装した黒シャツ隊の「ローマ進軍」に直面して、支配層の頂点部に混乱が起り、その結果、国王ヴィットリオ・エマヌエーレ三世が用意されていた戒厳令に署名することを拒否して、急拠ムッソリーニに組閣の大命を下した結果起ったものである。そして、イタリアの場合には、むしろこの後、既成の支配諸政党の無能と左翼諸政党の混乱と未成熟のなかで、国家ファシスト党の急速な膨脹が始まるのである。党員数は別表の示す通り、一九二四年のマテオッティ危機(同年六月一〇日、社会党の国会議員マテオッティがファシストによって暗殺されたのを契機にファシストへの反発が爆発して起ったムッソリーニ政権初期の最大の危機)を乗り切るなかで急上昇して初めて一〇〇万台に達し、次いで世界恐慌以降の「ファシズムの第二波」の高揚のなかで新たな増大が始まり、エチオピア戦争を契機にして一九三六年に二〇〇万台に乗る。その後は、第二次大戦への突入とともに最後の膨脹が始まり、最終的には一九四三年の時点で四七七万人にも及んでいる。この最後の数字は、当時のイタリアの全人口の約一一%で、ナチス・ドイツの場合に優るとも劣らない数字である。

イタリア・ファシズムの暴力組織

ところで、ナチスの「突撃隊」(SA)にあたるのは、イタリアの場合、「突撃団」(squadre)である。ただ、この「突撃団」の役割は、ドイツの場合のように、大衆集会や選挙闘争と結びつけられた補助的な武装闘争ではなく、社会党系の農業労働者の組織や民主的自治体や労働者のストライキを「粉砕」するため直接的・軍事的な行動(「大衆的突撃主義」)の担い手たることにあった。彼らの軍事行動の原型は――制服と集会の形式にいたるまで

ダヌンツィオとその軍団(ノルテ 37 頁)

――一九一九年九月のナショナリスト詩人ダヌンツィオ(G. D'Annunzio, 1863-1938)とその国民義勇兵による有名な「フィウーメ進軍」によって与えられたものであり、それが一九二〇年一一月二一日のボローニャ市庁舎に対する襲撃から始まってポー河平原一帯を荒れ狂った「懲罰遠征」を出発点に、一九二二年八月の社会党系労働組合によるゼネストに対する実力闘争の勝利まで発展したのである。

このようにムッソリーニの政権掌握への道を実力闘争で切り拓いた「突撃団」(「黒シャツ隊」)は、イタリアの場合には、ドイツとは異なり、政権掌握後まもなく(一九二三年一月)、「国防義勇軍」に改組され、正規軍と並ぶ別個の

イタリアの国防義勇軍の発展

1926年	211,000人
1927年	251,378
1929年	300,000
1934年	461,502
（専任将校	1,312）
〃 兵士	6,581
予備役将校	36,974
〃 兵士）	416,635）
1938年	763,904

(Germino, *op. cit.*, p. 109)

国家的軍事組織としての地位を確保した。そしてそのまま、切れ目なく発展し続けるのである。

イタリア・ファシズムの以上のような直接行動主義的な発展を念頭におけば、一般の党付属大衆団体の発展がほとんどすべて政権掌握後となったのは偶然ではない。イタリアにも有名な文化厚生運動「ドーポラヴォーロ」や、公務員を中心としたいくつかの職業別の党直属大衆団体の発展はあるが、それらは全て、「運動」よりは「体制」の問題として扱うのがふさわしい。ただ一つだけ、ドイツと異なり——イタリア・ファシズムの指導層のなかにサンディカリスト出身者が多いこととも関係して——イタリアの場合、ファシスト労働組合の発展が、政権掌握の前から若干目につく。「ローマ進軍」以前の一九二二年六月にミラノで開かれたファシスト労働組合会議では、サンジカリストから転向したロッソーニ(E. Rossoni, 1884-1965)を中心にして、ともかくも五五万人の労働組合員(その六〇%は農業労働者だったが)が代表されていたといわれる。

ルーマニアの鉄衛団——第三のタイプか?

ドイツとイタリアの例以外に、真性ファシズムと呼んでよい運動で、しかも自力で政権掌握を成功させる直前までいったファシズム運動といえるのは、ルーマニアの「鉄衛団」(Garda de Fier)だけである。この鉄衛団は陸軍を代表するアントネスク将軍と提携して一時は権力の一角に実際に喰いこむのに成功した(一九四〇年九月)のだが、これは、ナチス・ドイツの後楯があってのことであった。このように第二次世界大戦の経過のなかでのドイツ軍の一時的勝利に支えられ、その後楯によって政権の座に入りこむことができたファシズム運動といえば、フランス、ベルギー、ノルウェー(クヴィスリングの国民結集党――一九四二年)、ハンガリー(矢十字党――一九四四年)、スロヴァキア、クロアチア(ウスタシ――一九四一年)などにも見られるが、ルーマニアの場合は、ただ一つ、ドイツ軍の進撃が始まる前に――ドイツからの資金援助があったとは

ルーマニアの鉄衛団(ノルテ 239 頁)

いえ——とにかく、自力で政権の座の入り口にまで到達していたのである。また、政権の一角に喰いこみえたファシズム運動といえば、もう一つスペインのファランヘ党が有名であるが、この場合には、スペイン内乱への独伊ファシズム国家の介入という条件を無視することはできないし、それに加えて、スペイン内部においても、指導権を握っていたのは軍部を掌握するフランコであって、ファランヘ党ではなかった。

このようにして、ルーマニアの鉄衛団は、運動としてのファシズムということになれば、ドイツ、イタリアに次ぐ第三の地位を占めることになり、かつこの三つだけが他の真性ファシズムの諸運動に対して群をぬいていることになる。

鉄衛団が自力で獲得した最大の選挙戦での勝利は、一九三七年一二月の国会選挙での得票率一六%、議席数六六で、議会第三党というものである。この運動の中心は一九二七年にコドレアーヌによって創設された「大天使ミカエル軍団《レギオナリ》」であり、これが通常、聖像《イコン》と宗教的な旗をもった僧侶の一団を先頭に立て「緑色のシャツ」を着た青年たちの行列が続く「気味の悪い」示威行進を行なった。そして異民族の排除、「ユダヤ人問題」の解決、農民の解放（「一人に一エーカーの土地を」）を主張して貧しい農村地帯に支持者を獲得した。

この「軍団」の特色は、宗教的神秘主義の信奉と徹底した政治的な個人テロの遂行にあり、一九二四年から三七年にかけて時の首相を含む一一人の政治的重要人物を殺害し、自らも五〇〇人の軍団員を警察によって殺害されたといわれる。そして組織形態もそれに合せて、七―一二名からなる「房《ネスト》」と呼ばれる小グループを基本単位とした軍事的陰謀組織から成り立っていた。

　このように、鉄衛団のファシズム的特性は否定しようがないが、その支持基盤が、中間層といっても極めて農村的性格が強いこと、その教義がギリシャ正教を基盤にした特殊な宗教的神秘主義を中心にしていること、そしてまた、その暴力行動が、ドイツやイタリアとも異なり個人テロを中心にしている点で、いわば真性ファシズム運動の第三のタイプを代表しているといえる。このタイプに入るものとしては、この他に、クロアチアのウスタシ運動(カトリシズム)、そしてブルガリアのIMRO(ギリシャ正教)がある。つまり、このタイプは、バルカン諸国と、東欧のなかのバルカン型諸国の独特の社会構造に対応しているといえる。

その他の真性ファシズム運動

　真性ファシズムの自立的な大衆運動がかなりの程度まで発展し、一応自由な選挙を通じて議会レベルでも無視できない勢力になった例は、これまで述べて来たドイツ、イタリア、ルーマニアの他には、それほど多くない。あとは、ハンガリーの一九三九年五月の選挙で「矢十字党」が他の「国家社会主義」グループと合せて二五九議席中の四八議席を獲得したのと、ベルギーの一九三六年五月の選挙で「レクシスト」が得票率一一・五％で二一議

イギリス・ファシズムの指導者モーズリ
(ハイドパーク，シュデコップ36頁)

席(二七万票)を得たこと、オーストリア・ナチ党が一九三二年四月のウィーン市議会選挙で一五％の得票を得たこと、そしてフィンランドの一九三三年と一九三六年の選挙でいわゆるラプア運動から発展したＩＫＬ(「愛国国民運動」)が八・三％の得票率で一四議席を得たという事例がある程度である。

それ以外では、スペインのファランヘ党の場合でも党首のホセ・アントニオ・プリモ・デ・リヴェーラが一九三三年の選挙でただ一人当選(次の一九三六年二月の選挙では彼も落選)しただけであったし、イギリスのイギリス・ファシスト同盟の指導者モーズリは一九三一年一〇月の選挙で落選した。またフランスのさまざまのファシストならびに準ファシスト団体も議会への進出に成功したことはなく、ノルウェーのクヴィスリングの「国民結集党」も同様であった。ただオランダのムッセルトの「国民社会主義運動」(NSB)が、一九三七年の選挙で下院四議席、上院二議席を獲得しただけである。

しかし、それでも、これらの真性ファシズム運動が万単位の党員数を得た例は数多くあるし、また、そのいずれもがさまざまの色の制服を着用した武装行動隊を街頭に送り出して注目を浴びたことも事実である。

まず党員数については、スペインのファランヘ党が一九三六年選挙の直前で八〇〇〇―一万人の党員を有していたというし、ハンガリーの矢十字党はドイツ軍占領以前に一〇万人以上(一九四〇年末)に達しており、オーストリア・ナチ党は、一九三四年七月の失敗に帰した蜂起の時点で六万八五〇〇人の党員を獲得していた。あと、ノルウェーの国民結集党が一九三五年に一万五〇〇〇人、オランダの国民社会主義運動が一九三三年頃約二万人、イギリス・ファシスト同盟が一九三四―五年に二―四万人、フランスのドリオのフランス人民党が一九三八年一月に二九万五〇〇〇人、フランシストが一九三五年に三万人、カグラール団が一万二〇〇〇人、ポルトガルの民族サンディカリスト党は一九三二年の発足時で五万人と伝えられている。また、ラテン・アメリカで唯一、大衆運動として発展したサルガードのブラジル統一行動党《インテグラリスタ》も万単位の党員をもっていた。

また暴力組織とその制服については、鉄衛団と矢十字党とブラジル統一行動党が緑シャツ、フランスのフェーソーとスペインのファランへとポルトガルの民族サンディカリスト党が青シャツ、イギリス・ファシスト同盟の「防衛部隊」、オランダの国民社会主義運動の「防衛隊」とフィンランドのIKLが黒シャツの行動隊組織をもっていたし、ベルギーのレクシストの場合には、暴力組織とはいえないが党員は青シャツを着用した。

その他に、アジアでも、インドの「カクサール」というパンジャーブ州の首都ラホールを中心とする「ナチス的ファシスト運動」(木下半治氏)が、一九三三年で四〇万人の団員を有し、「武装私兵隊」ももっていたという。

日本における真性ファシズムの運動

前述のような「上からのファッショ化」という特性にもかかわらず、日本にもそれなりに自立的な真性ファシズムの運動がなかったわけではない。それは、前述の木下半治氏の日本の「右翼ファシスト」の二大潮流という分類にしたがえば、おそらくは、国粋主義的、復古的・封建的な「日本主義」右翼と、高畠素之、赤松克麿ら「革新的、近代的・社会的」な「国家社会主義」の潮流の中間に位置し、その両者を結合しようとした老壮会(一九一八年)とその後身としての猶存社(一九一九年——大川周明、北一輝ら)にその萌芽形態を見出しうるといえよう。——日本ファシズム論の専門家のなかからは、最近、北一輝の『国家改造案原理大綱』の脱稿と「猶存社」の設立をメルクマールとして、「日本におけるファシズム思想および運動の始点」を一九一九年とする説が出されている(安部博純「急進ファシズム運動論」『体系・日本現代史』1、日本評論社、一九七八年所収)一二七頁)。しかし周知のように、これらも含めて当時の日本の右翼諸団体は、大衆運動として発展する契機をもたず、単なる思想団体にとどまるか、それとも国家機構内部の急進派——とくに軍内部の(青年将校を中心とした)皇道派——と提携する方向を主として追求した。そのため、ここで紹介して来たような万単位を数えるような構成員をもった自立的大衆運動としての展開は見られない。また、一九三六年の二・二六事件の直前の二月二〇日に行なわれた第一九回衆議院総選挙で当選したファッショ派の議員の数もわずか六名にすぎなかった。したがって、日本のいわゆる「急進ファシズム運動」の検討は、第Ⅲ章と第Ⅳ章で扱うほうが妥当であろう。ただ当時の日本においても、場合によっては真性ファシズムの運動の大衆的基盤となりうるものが全く存在しないわけではなかったことは、五・一五事件の裁判に際して、全国各地の、とくに都市部の住民から一一四万通を越す減刑嘆願書が裁判所に寄せられたという事実が示唆するところである(内務省警保局編『社会運動の状況(昭和八年)』(復刻版一九七二年、三一書房)八八六頁)。

3　ファシズムの「指導者」たち

ファシズムにおける「指導者」の位置

ファシズムの思想、運動、体制において「指導者」が占める位置には決定的なものがある。S・ノイマンはその名著『恒久の革命』(邦訳名は『大衆国家と独裁』岩永健吉郎他訳、みすず書房、一九六〇年)のなかで、政治指導のあり方を、(1)指導者が「制度」を代表するにとどまる場合、つまり指導者が「制度」化された選出と交代のルールに従って出所進退を明らかにする「制度的指導」と、(2)強力な指導者個人が「制度」に優越する「個人的指導」の二つに区別し、民主的指導者の政治指導は前者に属するが、ファシズムと共産主義の独裁者の政治指導は後者に属するとしている(五一―二頁)。しかし、ファシズムの場合は、指導者の位置や役割は共産主義や社会主義とはこの点でもなお異なるのであって、後者の場合には例えばスターリンの死によっても、ソヴエトの「制度」の基本は変らなかったのに、前者の場合には、最近のスペインにおけるフランコの死以後の変化が証明するように、指導者の死後も「制度」が生き残るのは困難である。この両者の相違は、共産主義、社会主義の場合の「制度」が客観的な社会構造のレベルでの変化を内容としているのに対して、ファシズムの場合には、「制度」は心理的統合のレベルでの変化を中心軸にして組みたてられているからである。

ともあれ、ファシズムにおける「指導者」は、運動と体制の統合の中核に位置する決定的な存在である。いいかえると、カリスマ的資質をもった「国民的英雄」もしくは「救世主」への崇拝が民衆意識の心理的統合のカナメに置かれているのである。

そのことは、何よりもまず、ファシズムの諸運動のなかで、最高指導者を呼ぶ一連の特別の称号が生まれていることによって証明されている。ヒトラーが「フューラー」(Führer)、ムッソリーニが「ドゥーチェ」(Duce)、——そして必ずしも真性ファシストとはいえないがともかくも——スペインのフランコが「カウディィリョ」(Caudillo)という称号で呼ばれたことはよく知られている。

そして、その場合、これらの称号は、いずれも単なる伝統主義的身分制的な権威の表現ではない。むしろ、それらの称号が、そうした伝統主義的な位階の序列を、一旦は「志を同じくする」立場からの戦友的・同志的感覚や、急進化された共同体感情に起因する擬似平等主義や擬似業績原理によって溶解したうえで再構成した新しい全人格的権威主義的な上下関係の表現として生まれているところに、ファシズムの特徴がある。その点、一見、伝統主義的な天皇制イデオロギーの延長線上に生まれた日本のファシズム運動(いわゆる「昭和超国家主義」運動)においても、一九二一年九月に安田財閥の当主を刺殺した朝日平吾の遺書を材料にして久野収氏や橋川文三氏が早くから指摘しているように、「天皇の国民」から「国民の天皇」へと伝統主義的権威のファシズム的読みかえが行なわれ、天皇が伝統のシンボルから変革のシンボルへと転換されていたことが重要である(久野収・鶴見俊輔『現代日本の思想』岩波新書、一九五六年、一二三頁。橋川文三「昭和超国家主義の諸相」(『現代日本思想大系31　超国家主義』筑摩書房、一九六四年)一〇頁以下)。

ファシズムの「指導者」の特性

ところで、ファシズムの「指導者」たちには、伝統主義的保守主義の指導者たちとも民主的指導者たちとも、さらには社会主義運動の指導者たちとも異なる一連の特性が見られる。

まず、その第一は、彼らは、その政治指導のスタイルにおいて、一方では、彼ら自身が新しいタイプの権威主義的な上下関係を国家と社会に樹立することの必要性を正面切って主張しながら、他方では、自らの権力の正統性は、自分たちが「民衆の子」であること、「下積みの生活」から悪戦苦闘してはいあがった存在であること、そして自分たちこそが「民族共同体」の一般意志の体現者であることに求めるのである。前半の点で民主的指導者や社会主義運動の指導者と異なり、後半の点で伝統主義的保守主義の指導者たちとも異なる。

第二に、彼らは実際にその社会的出自においても、多くの場合、特権身分や大企業主出身でもなければ、労働者階級の出身でもないという意味で、広い意味での中間的諸階層の(下層部分の)出身であり、社会の特権的支配層に対する一定の反発をも身につけて育っているということである。

ヒトラーは、学歴のない割には出世した税関吏の子であり、青春期にウィーンの美術専門学校の入試に失敗したままスラム街に浮浪者生活を送ることになって、実科学校以上の学校教育を受けることはなかった。またムッソリーニは、「村の貧乏女教師の子」であったがともかくも師範学校を卒業して代用教員として人生をスタートした男だった。(このようにこの二人とも中間層下層の出身であったが、幼年期の生活は彼らが宣伝したほどには貧しくはなかったことが今日ほぼ確認されている。)

第三の強力なファシズム運動といえるルーマニアの鉄衛団の指導者コドレアーヌは中学校教師の息子でイアシ大学の学生時代に貧しい大学生を集めて運動に乗り出しているし、あとはハンガリーの矢十字党の指導者サーラシが下士官の子、ズデーテン地方のナチスの指導者ヘンラインが体操の教師、オランダの国民社会主義運動のムッセルトが技術者であり、このように、大衆運動としてある程度の成功をえた真性ファシズムの指導者はそのほとんどが中間的社会層の出身であった。また、この他にベルギーのレキシストの指導者ドグレルも庶民の出であることを誇っていた。

もちろん、通常、厳密な点検なしに簡単に「ファシスト」とされてしまう人々のなかには、ハンガリーのホルティ(小貴族出身の提督)、スペインのフランコ(将軍)、フランスのド・ラ・ロック(大佐――火の十字団の指導者)、オーストリアのシュターレンベルク(侯爵――護国団の指導者)など支配層や特権的身分に属する人々もいたが、彼らはいずれも真性ファシズムよりはむしろ前述の「前ファシズム」に属する運動の指導者であった。もちろん真性ファシズム運動の指導者のなかにも、ノルウェーのクヴィスリング(由緒ある家柄に生まれ陸軍大学をトップで出て、ファシズム運動の創始者になる前に国防相になっていた)や、スペインのファラン〈党のホセ・アントニオ・プリモ・デ・リヴェーラ(有名な将軍で独裁者の子)やイギリス・ファシスト同盟のサー・モーズリ(彼は国王列席のもとでカーゾン卿の娘と結婚式をあげたほどの名門の出である)のように生まれの良い者もいたが、彼らの運動はいずれも大衆運動としては成功していない。

なお最後ながら、われわれは、生粋のプロレタリア出身の真性ファシズムの指導者の例として、フランスのドリオ(後述)があることも知っている。

第三に、ファシズムの指導者たちは、性格類型論的にいって、いわゆる「限界的人間《マージナルマン》」、わかり易くいえば「才能があるのに世に容れられず」、そのことで胸中に深いルサンチマン(憤懣の情)をためこんだ「非社交的な個人主義者」であることが多かった。彼らは、その青春期においては真に対等な関係に立つ親友を得ることができず、政治家として成功した後も、大衆の熱狂にとりかこまれていてもなお孤独で隔絶した存在である場合が多かった。

そして第四に、彼らは、多くの場合、「二十世紀の傭兵隊長」(S・ノイマン)としての性格をもっていた。つまり、彼らは、第一次大戦の戦争体験を政治生活の出発点にしており、しかもつねに濃厚な軍事的規律をもった政治結社を身の回りにつくりあげ、素人ながら職業軍人をコントロールできるほどの軍事知識と軍事指導者としての素質をも身につけていた。

指導者層の歴史的諸類型

以上は、さまざまのファシズム運動の最高指導者たちを念頭におきながら、その共通性を抽出したものであった。しかし、ファシズムの運動の実態をつかむためには、われわれは、視野を若干広げて、ファシズム運動の下級指導者から活動家層までを念頭においた大小の指導者たちの群像に照明をあてなければならない。その際に、浮びあがって来るのは、次の五つのタイプである。そしてこれらの諸類型は、著者が別の機会(『ナチ・エリート』中公新書)に、ナチスの指導者たちについて行なったような性格類型論による分類の結果でもなければ、社会的出自による分類によるものでもない、いわば、ファシズムに辿りついた人々がそれまでの人生行路のなかでぶつかった歴史的体験による分類である。その意味で、ここでは、これをファシスト指導者層の歴史的諸類型と呼ぶことにする。それは次の五つである。——(1)〈軍事的無法者〉(military desperados)、(2)〈左翼くずれ〉、(3)〈新しいタイプのナショナリスト〉、(4)〈失意の文士・芸術家〉、(5)中間層団体の指導者。

〈軍事的無法者〉(military desperados)

これは、これまで度々述べて来たように、ファシズムが第一次大戦直後に「戦争の落し子」として誕生したその側面を代表する人々であり、かつまた先述の「前ファシズム」の第一(〈軍団〉型)と第四(〈政治化した在郷軍人会〉型)のタイプから流れこんで来た人々である。彼らが主として、ファシズム運動の暴力組織の部門に集中して存在していたことは当然だが、最高指導者の間にも、このタイプは存在する。最も典型的なのは、ドイツのエルンスト・レームとヘルマン・ゲーリング、それにイタリアのイタロ・バルボであろう。

まずエルンスト・レーム(Ernst Röhm, 1887–1934)は、一九一九年のバイエルンにおける評議会革命を鎮圧した軍人集団のなかから頭角をあらわすことになる。彼の正規軍のなかでの地位は大尉どまりであるが、ナチス突撃隊の参謀長としてヒトラーに協力する。ヒトラー内閣の成立後は、ユンカー(土地貴族)出身の家柄の良い将軍たちが支配する正規軍としてのドイツ国防軍に対して、突撃隊を中心にしたナチス流の「人民軍」を創設することを夢みたといわれる。しかし、ヒトラーは国防軍の将軍たちとレームのどちらかを選択せざるをえない破目に陥り、結局前者を選択してレームは粛清されることになる(一九三四年六月末のレーム事件)。

それに対して、ヘルマン・ゲーリング(Hermann Göring, 1893–1946)の方は、〈軍事的無法者〉タイプのファシスト指導者のなかでは、そのほどほどの生まれの良さ(ハイチ駐在ドイツ総領事の息子)とあけっぴろげな性格もあって、最も成功したタイプを示す。彼は、早くから軍事的冒険にあこがれていて、第一次大戦においては設立されたばかりの陸軍飛行部隊に参加して勲功を立て、「空の英雄」リヒトホーフェンの後継指揮官にまでなった男であった。敗戦と革命は、彼を折角の「栄光への道」からつき落す結果になったが、その彼を魅惑したのがヒトラーであって、一九二二年の秋、入党すると同時に突撃隊の指揮を委ねられた。この突撃隊の指導は、その後前述のレームの手に移り、ゲーリングは、その性格と交友関係を生かしてナチ党と支配層との連絡係として重要な役割を演じることになるが、それでも、「第三帝国」成立後は、新設の空軍最高司令官として、またドイツ国防軍の将軍たちとは別格の「帝国元帥」として軍事指導者としての栄達の道を辿り、一時は、ヒトラーの正式の後継者たる地位までえた。

以上の二人に対して、イタリアのバルボ(Italo Balbo, 1896–1940)は丁度中間的位置を占めるように思われる。彼は、第一次大戦のなかで若くして軍事指導者としての自己の素質に目覚めたが、イタリア・ファシズムの初期の一連の「懲罰遠征」のなかで頭角をあらわすことになる。すなわち彼は、「ラヴェンナ進軍」、「ボローニャ進軍」の指揮をとった後、仕上げの「ローマ進軍」でも有名な四天王の一人となる。ムッソリーニは彼を「素晴らしい傭兵隊長」と称えて重用し、丁度、ゲーリングと同じように、航空大臣でかつ別格の「イタリア元帥」に任命される。しかし、ファシスト指導部のなかで唯一人、ムッソリーニの権威を憚らず、あけっぴろげの発言をする彼は、やがてムッソリーニに敬遠され、リビア総督として遠ざけられることになる。

以上三人の例は丁度都合良く、〈軍事的無法者〉型ファシスト指導者の三つのタイプ——つまり、ファシスト「人民軍」の夢想家、栄達をあこがれる軍事的冒険家と、その中間のタイプ——を代表しているように思われる。

〈左翼くずれ〉

左翼運動、しかもその急進派からファシストに転向した例は、ドイツには少ない。（ナチスの政権掌握以前に脱党したオットー・シュトラッサーが、そうした経歴——もと独立社会民主党員——をもった例外的存在であろう。）しかし、それ以外の国々のファシズム運動のなかでは、このタイプが重要な位置を占めている例は最高指導者の間でも驚くほど多い。社会党の右派＝民族派からの転向はもちろんのこと、革命的サンディカリストからの転向、はてはコミンテルンとの衝突を契機とした共産党からの転向の例さえこと欠かない。

このタイプの最も代表的な例はほかならぬムッソリーニである。彼は周知のように、本来はイタリア社会党の最左派に属し、しかも同党の機関誌『アバンティ』の編集長であった。それが一九一四年夏の第一次大戦勃発の後まもなく、それまでの社会党ならびに彼自身の戦争に対する立場であった「絶対的中立」論から突如として転向し、参戦論を奉ずるにいたったのを契機に党から離れ、やがて一九一五年一月、後の「参戦兵士のファッシ」運動の起源とされる「革命的行動と参戦論者のファッシ」を設立するのである。イタリアのファシズムには、この最高指導者の他にも社会党からの離脱者や、前述のバルボと並んで「ローマ進軍」時の四天王の一人で党書記長であったミケーレ・ビアンキ (Michele Bianchi, 1883–1930) やファシスト労働組合の指導者ロッソーニに代表されるサンディカリスト出身の指導者が多かった。その彼らの転向の動機をいちいち明らかにすることはできないが、ムッソリーニの場合、その「社会主義」の核心は、ブランキ、ニーチェ、ソレルをごた混ぜにした直接行動主義、エリート主義、英雄主義にあったとされている。

その他に、〈左翼くずれ〉の真性ファシストとしては、イギリスの代表的ファシスト、オスワルド・モーズリとフランスのマルセル・デアならびにジャック・ドリオをあげることができる。

モーズリ (Sir Oswald Mosley, 1896–1980) についてはすでに一応言及ずみだが、彼は本来イギリス労働党左派に属する〝プリンス〟的存在で、早くから将来の首相候補と目された華々しい経歴の人物であった。その彼が、労働党から離れてやがて「イギリス・ファシスト同盟」の創設者となるのは、彼自身が閣僚の一人であった第二次労働党内閣が世界恐慌によって発生した大量失業への対応にあたって何ら見るべきものを示しえなかったことを契機とする。彼は恐慌克服のために国家権力による経済への強力な介入とそのための権力の集中を唱え、それに応じられぬ「古くさい」政党を見捨てたのであった。

フランスのマルセル・デア(Marcel Déat, 1894–1955)は社会党から派生したファシストだが、ここではそれよりも共産党員からファシストへの転向を代表するジャック・ドリオ(Jacques Doriot, 1898–1945)の例をとりあげておこう。彼は、フランス共産党の政治局員としてトレーズと指導権を争う立場にあり、当時の輝かしい革新自治体サン・ドニの市長で、おまけに、フランス共産党指導部のなかでは、最も早く社共統一戦線を提唱した人物であった。その彼がフランス共産党に対する「モスクワ」(コミンテルン)の介入に反発して転向への道を踏み出し、やがて一九三六年六月に前述のカグラール団と並んでフランスにおける数少ない真性ファシズムの党の一つとなった「フランス人民党」(PPF)を創設することになるのである。この党は、このような党首の遍歴に見合って、著名な元共産党員を指導部のなかにもち、党員の三分の二までが労働者という特異な存在となった。

以上のほかに、われわれは、ローザ・ルクセンブルクの国際派社会主義の対極をなすポーランドの民族派社会党の指導者から出発してポーランドの独裁者となったピウスーツキをも知っているが、前述のように、彼を真性ファシストと呼ぶことができるかどうかには、なお疑問がある。

〈新しいタイプのナショナリスト〉

後発国のナショナリストの間には、国民国家の建設と定着のため、あるいは、敗戦による衝撃のなかから再び祖国に大国としての地位を回復するために、あるいはまた、先進諸国への遅れをとり戻すために、あるいは、危機に瀕した自国の既得権益を死守するために、国内体制の急進的改革を主張し、そのような立場から伝統主義的な保守派を痛烈に批判したり、「民族共同体」の見地からその構成員の基本的平等を強烈に唱える人々が出て来る。この種の〈新しいナショナリスト〉が、前述のような「前ファシズム」運動の第三のタイプを経過して、直接真性ファシズムの運動に参加して来る場合がある。前述のイタリアのコルラディーニの場合がそうであるが、ドイツでは、通常「ナチス左派」の代表とみなされているグレゴール・シュトラッサーがこれにあたると思われる。彼には、社会主義者としての前歴はないが、第一次大戦の戦場体験に由来する「塹壕社会主義」の立場から、熾烈な戦火のなかで生まれた運命共同体的な平等の感覚と大戦直後の国民生活の破滅の実感を基礎にして、資本主義社会の階級分裂の克服と新しい「民族共同体」の実現を目指した社会改革(『国民的社会主義』)を主張した。(なお、西ドイツのK・ゾントハイマーは、『ワイマール共和国の政治思想』〔ミネルヴァ書房、一九七六年〕のなかで、ヴァイマル共和制期の「新ナショナリズム」を、ナチスにつながっていったものもそうでないものも含めて、六つのタイプに分けて検討している。)

〈失意の文士・芸術家〉

自分には豊かな才能があると信じているのに世に出る機会を与えられなかった文士、芸術家、技師、建築家などが、その憤懣のはけ口をファシズムの運動に見出し、そのなかで重要な役割を果すことになる例も多く見られる。画家と建築家を目指しながら、ウィーンの美術学校の入試に二度も失敗し、その挫折感があとまで行動を支配したヒトラーは、ある意味ではこのタイプの一人ともいえる。彼の『わが闘争』は、青春期の挫折の体験と、そのなかでの独学による濫読に支えられた博識との稀有の混合物である。しかし、ナチスの指導者のなかには、ヒトラー以上にこのタイプにぴったりの人物がいる。ナチス第三帝国における宣伝大臣として、文字通りドイツの言論、文化、芸術を支配したヨーゼフ・ゲッベルス(Joseph Goebbels, 1897–1945)がそうである。

彼は、ライン河に近い小都市の小さな織物工場の支配人の子に生まれたが、その家庭は豊かではなく、どん底の生活をしながらハイデルベルクを初めとした八つの大学を転々とし、哲学、歴史、文学、美術、ラテン語、ギリシャ語を勉強した後、二五歳の時にハイデルベルクで博士号を得た。彼の学位論文はドイツ・ロマン派への傾倒を示すものだったし、彼の本来の文学青年的気質は、実際に『ミハエル』という自伝的小説や、一、二の戯曲を書かせることにもなったが、そこから作家としての道は開けそうにもなかった。また、評論家になろうという彼の希望も、彼がせっせと『ベルリーナー・ターゲブラット』紙に持ちこんだ論説が断わられたりして不首尾だった。こうして人一倍の虚栄心と権勢欲をもちながら思うような進路を見出せずにあせっていた観念的で熱狂しやすいインテリ青年をふとしたことから政治の舞台にひっぱり出し、その隠された悪魔的な才能を充分にふるわせることになったのがナチ運動であり、とくにヒトラーとの出会いであった。

さらに、ここでいう〈失意の文士・芸術家〉という概念よりはいささか広くなるが、イタリア・ファシズムの場合には、イタリアの著名なファシズム研究者サルバトレッリによって「人文主義的小市民」(piccola borghesia umanistica)と呼ばれることになった、観念的ロマンチシズムと大言壮語にふける独特のタイプの知識人の層が下級官吏や学生の間に広く見られ、これがファシズムの指導者層の供給源になったといわれる。

〈中間層団体の役員たち〉

ファシズムが大衆運動として成功し始めると、さまざまの中間層の利益団体、圧力団体の役員たちが、彼らの利益政治の観点から、いわば便乗主義的に合流することになる。しかし、このタイプの人々は、ファシズムの運動の本流に所属するわけではなく、運動の中核部分で出世することもない。

日本の真性ファシスト

日本の場合、大衆運動といえるほどの展開を示した真性ファシズムの運動体は存在しなかった。したがって、この節で論じて来たような意味での「ファシズムの指導者」は存在しなかったといって良い。しかし、それでも以上のように問題整理の枠組を立ててみると、あらためて日本的ファシスト群像の諸特徴が浮びあがって来るし、さらにまた、以上提示したいくつかのファシスト指導者のタイプにぴったりの人物が、日本ファシズム史のなかに存在したことが明らかになる。

まず第一に目につくのは、当然〈軍事的無法者〉タイプのファシストである。ただ、ここでは、戦前の日本で軍部独裁の確立に努めた軍人たちをすべて一括して「ファシスト」とする規定はとらず、そのなかでも前述のように、何らかの形で伝統的権威をファシスト的に再編することを自覚的に追求した者を厳密な意味でのファシストということにする。そうすると、日本の軍人の場合には、いわゆる「昭和維新」や「国家改造」を唱えた青年将校たちのなかで、とりわけ天皇とその軍隊を彼らのいう急進的な「変革」のためのシンボルと手段として位置づけ、つきはなして認識する境地にまで立ちいたっていた人々が真性ファシストということになろう。そして実際少数ながらそういったタイプの人々は存在したのであって、北一輝の思想と二・二六事件の青年将校たちとの橋渡し役をした西田税、それにこの青年将校たちの真の中核分子であった磯部浅一、栗原安秀などがそれにあたると考えられる。彼らの思想と行動を詳細に検討する余地はここではないが、西田税は、北一輝の『日本改造法案大綱』を経典とする「日本ノ革命」、「国家ノ革命」のためには「軍隊ノ革命ヲ以テ最大トシ最終トス」るという観点から、「軍人ヲ根基トシテ普《あまね》ク全国ノ戦闘的同士ト連絡結盟スル国家改造ノ秘密結社」を結成しようとしている(「天剣党規約」)。また、磯部、栗原らの行動は、「皇国を蔽へる雲(元老・重臣・財閥・軍閥)とさしちがへて死することこそ所期の本懐」といった観念的な天皇絶対化の立場ではなくて、むしろ「皇権」を「国民」の下に「奪取奉還」することを「日本革命の哲学」としていたこと、したがってまた二・二六事件についても、少なくとも磯部、栗原らにおいては、無計画的「捨石主義」的なものでは必ずしもなく、不発に終った「宮城占拠」計画にうかがえるように「暫定軍政権→革命政権」という「二段階の戦術的コース」が設定されていたことが最近明らかにされている(筒井清忠「北一輝思想と二・二六事件」松沢哲成編『人と思想 北一輝』、三一書房、一九七七年)。

確かに彼らの場合には、「軍隊だけがあって民衆の動員が無い」点でドイツやイタリアの〈軍事的無法者〉タイプのファシストとの相違は残るが、他方、彼らの場合にも、丁度ドイツでユンカー（土地貴族）出身者を中心とする「反動的」将校団の特権的身分制的支配を内容とする正規軍（ドイツ国防軍）に対してナチスの突撃隊に集まった〈軍事的無法者〉たちが反発したのと同じような事情があったことも事実である。すなわち、二・二六事件の背後には、比較的恵まれた家庭に生まれ、陸軍大学を出て本省か参謀本部の幕僚に配置される、「天保銭組」と呼ばれるエリート・コースに乗った高級将校（いわゆる「統制派」にはこの種の人々が多かった）たちに対する隊付の下級青年将校たち（二・二六事件を起した「皇道派」はそこに基盤を置いていた）の反発があったのである。そしてこの後者は、一般に中流以下の家庭に育ち、門閥、閨閥もなく、さらに農村出身の兵と兵舎で起居をともにするため、一般兵士に密着し、昭和初年の農村の疲弊を直接に知れる立場にあり、そこから尖鋭な危機意識を身につけるにいたっていたのである。（なお、陸大卒者が「天保銭」と呼ばれたバッジをつけて別格扱いされる制度は、二・二六事件の後の軍制改革で廃止された。）

日本の「急進ファシズム運動」は二・二六事件を最後に敗北したために、〈軍事的無法者〉型のファシスト群像の成熟した形での展開は見られないが、ともかくも、この型に属する三つのタイプのなかの「人民軍の夢想家」の端緒的形態が生まれていたことは確かであろう。

ファシスト指導者の他のタイプについていえば、日本の場合にも、〈新しいタイプのナショナリスト〉と若干の〈左翼くずれ〉のタイプが見出される。とくに前者の場合、北一輝、大川周明、橘孝三郎らをあげうるが、彼らについては、ファシズムの思想を扱う第Ⅲ章で検討する方がふさわしいと思われる。そして、「上からのファッショ化」によって、独特のファシズム体制へと移行した日本の場合には、これらの思想家や運動家としてのファシストよりももっと重要な役割を果したのが、陸軍統制派や革新官僚など、独伊に由来するファシズム思想を、権威主義的国家統制の全面化のイデオロギーとして摂取し、利用する術を知っていた「管理エリート」たちであった。

4　ファシズムの社会的基盤

ファシズムと中間層

これまで具体的に説明して来たように、ファシズムは、イタリアとドイツの典型的な事例においては巨大な大衆運動の形をとってあらわれた。その場合、この特異な大衆運動の下級指導者＝活動家や一般党員や支持者たちはどのような社会層から送り出されていたのだろうか。またいいかえると、次の章で明らかにするようなファシズムの独特の思想や理念にひきつけられ、これをうけいれ、場合によっては、これを熱烈に推進しようとして、いわゆる「共鳴盤」となったのは、どのような社会層に属する人々だったのであろうか。通常ファシズムの「社会的基盤」もしくは「大衆的基礎」の問題とされているのがこれなのだが、この問題は、ファシズムがたとえ大衆運動という形態をとらなかった場合でも、同じように重要な問題である。ファシズムがどのように「上から下へ」の専制的な体制であった場合でも、遂行しようとする個々の重要な政策に向けての大衆の動員や、大衆的規模での同意の調達(権力の正統性の不断の創出)の問題は必ず存在したからである。

ところで、この問題については、イタリアでムッソリーニ政権ができたのとほとんど同じ時点から、一つの有力な解釈が主張されてきた。それは、ファシズムの「社会的基盤」となったのは、小市民層、もしくは広い意味での中間層(より正確にいえば、中間的諸階層)であったとする解釈である。そしてこの解釈は、早くはイタリアのG・ツィボルディやL・サルバトレッリ、ドイツのTh・ガイガーやW・ライヒやE・フロムによって一九二〇、三〇年代から主張され、第二次大戦後も、アメリカのS・M・リプセット、A・シュヴァイツァー、イタリアのR・デ・フェリーチェなどの代表的ファシズム研究者によってあらためて主張されているところである(彼らの代表的著作のうち邦訳のあるものについては、末尾の参考文献を参照)。そしてこの立場は、研究者の間では、一般に「中間層ファシズム論」もしくは「ファシズムに関する中間層テーゼ」と呼ばれている。

これらの論者たちの場合には、このようにファシズムの「社会的基盤」が中間層であることを主張するばかりでなく、多くの場合、そのことからファシズムの「本質」までもひき出そうとしているのだが、そこまではいかずに、単に「社会的基盤」が中間層であったことを強く主張するだけということならば、マルクス主義の立場のファシズム論者(さらにはコミンテルンの理論家)の間でも、同様の主張は数多く見られる。コミンテルン初期の理論家たちの中では、ドイツのC・ツェトキンとA・タールハイマー、ソヴエトのK・ラーデク、イタリアのグラムシとトリアッティなどがそうであり、さらには後期の、いわゆる人民戦線戦術への転換で有名な第七回大会(一九三五年七―八月)におけるディミトロフの基調報告もこれに含まれる(末尾の参考文献参照)。

中間層の「客観的プロレタリア化」と「権威主義的性格」

ところが、ファシズムとその「社会的基盤」としての中間層とのかかわり合いについては相当複雑な問題がある。そしてもちろん、今日では、ファシズムの「社会的基盤」を中間層だけにしぼって考察するやり方自体に対する疑問も表明されている。労働者(とくに失業者)や青年のファシズム支持の問題もそれぞれ極めて重要だからである。(ナチスはその名称――「国家社会主義ドイツ労働者党」――自体が物語っているように、労働者の獲得をその本来の狙いとしていたこと、ナチスとイタリアのファシストがともに労働者の一定部分の支持を獲得したこと、ハンガリーの矢十字党の場合は、その点で現実に大きな成功を収めたことなどは事実である。）しかし、ここでは、少なくとも結果的に見て、中間諸階層がファシズムの最も中心的な支持基盤であったこと自体は動かないという判断に立って、これまでのファシズム研究のなかで提起されて来ているファシズムと中間層の関連をめぐる主要な論点を四つにわけて紹介しておきたい。

その第一は、一般に第一次大戦後のヨーロッパにおいて中間層がファシズムに傾斜することになった点については、戦争、インフレ、恐慌によって中間層の大量かつ劇的な没落（「客観的プロレタリア化」）が起ったことを強調する立場である。そしてその場合、この「没落する中間層」が当時のマルクス主義者の多くの予想に反して、左翼の革命運動に合流せずにファシズムに救済者を見出そうとしたのは、当時の中間層に属する人々の多くが、その社会的性格として、「権威主義的性格」を色濃くしており、自分たちは、労働者や一般に社会の底辺の人々とははっきりと違うのだという独特の「身分意識」をもっていたからであるとされる。このことをドイツの場合について最も典型的に主張しているのが、E・フロムの『自由からの逃走』（一九四一年）であることは良く知られているところであろう。彼は、フロイト流の精神分析とマルクス主義の強い影響を受けた社会学的階級分析とを接合しながら、思想史的にはルター主義に由来するドイツの「下層中産階級」（＝中間層下層部分）の「権威主義的性格」（強者への愛、弱者に対する嫌悪、小心、敵意、けちくささ、禁欲主義）を問題にし、それが、帝政の崩壊による衝撃、ヴァイマル共和制下での労働者階級の地位の上昇にともなう彼らの社会的威信の低下、それにインフレと恐慌による経済的打撃などを媒介にして、彼らをファシズムへと走らせることになった過程を見事に分析してみせている。

中間層の精神的窮迫化と「行動的ニヒリズム」

このようなE・フロムの説明は、ファシズムと中間層の関係を、当時の旧中間層に属する人々に共通に見られる「社会的性格」によって説明しようとするものである。しかし、この説明は、中間層がファシズムに惹きつけられた理由の説明としては、後述するようになお極めて不充分である。それに、この説明では、ドイツとイタリアに限らず、他の国々の真性ファシズムの運動にも見受けられたあの特有の活力と熱狂の説明にはなお不充分である。確かに中間層の行動はその権威主義的性格によって規定されていたとしても、その権威主義の発現形態は、既成の権威の従順な受容としてあらわれることもあれば、むしろそうした既成の権威の否定と新しい権威の確立の衝動としてあらわれることもありうる。そして一般にファシズムという現象は何らかの意味で後者の側面を含まずしてはなりたちえないのであり、この後者の衝動は通常強烈なアクティヴィズム(活動主義)をともなうものである。

ファシズムはどこでも広い意味での中間層的背景をもった元軍人や青年や学生の熱狂と

活力によって支えられるが、これらの人々の行動は、当初はファシズムの理念への理想主義的献身のあらわれであるように見える局面があるとしても、やがて運動の成熟とともに姿を現わして来るのは、底しれぬ虚無感である。彼らの行動を規定しているのが、「能動的ニヒリズム」もしくは「行動的ニヒリズム」と呼ばれるのはそのためである。

そしてそのような事態を説明するものとしては、四年も続いた戦争、そこで得られたものの空しさ、人生の夢と計画の破綻、既成の価値体系や秩序への疑問や失望、家族のつながりの弛緩が、とくに中間層の人々の間に生み落した精神的窮迫化の状況があげられる。

ところで、ファシズムには、先に述べたような既成の伝統主義的な権威と秩序に従順な人々ももちろん参加する。ただこの種の人々がファシズムに傾斜するのは、やはり深刻な危機意識を媒介にしてである。そしてその場合の危機意識の最も代表的なものは、自己の周囲の共同体的人間関係が「工業化」や「都市化」、さらには「階級闘争をもちこんで来るマルクス主義者」によって破壊されそうになっているという危機意識である。そして、この種の危機意識をもっとももちやすいのが、地域社会の有力者(名望家)である中間層上層部であることも否定できないところであろう。

中間層の利益政治——「保護主義的要求」

しかし、この第二の説明を加えても、まだ問題は残る。ファシズムが中間層をひきつけえたのは、もう一つ、それがそれなりに、中間層の利益政治への対応をおこなったことがあるのではないかという問題が残るのである。その点を強く押し出しているのが、西ドイツのヴィンクラーらに代表される最近の「社会史」の立場からのファシズム研究である（参考文献参照）。彼は、ドイツの場合について、農民、商人、手工業者が大資本の進出によって没落してゆくなかで、国家による保護を求めていたのに、第二帝政とは違ってヴァイマル共和制ならびに当時の代表的な諸政党がいずれもその要求を満たしえなかったところにナチスと中間層の結合の原因を見ている。それに対して、ナチスは、二五カ条の綱領のなかの「利子奴隷制の打破」とか「土地改革」とか「百貨店の自治体所有化とその低料金での零細商店への貸与」といった急進的改革要求によって応えようとしていたわけである。確かにナチスのこれらの急進的主張は、政権掌握後は棚上げされてしまったが、だからといって、これまでの研究が主張するように、ナチスは全く何もしなかったわけではない。世襲農場制による中堅農家の保護、百貨店の新設や売場拡張の禁止とバーゲンセールや景品の禁止による小商店の保護、同業組合への加入の義務づけによるアウトサイダーの排除や親方による徒弟教育の独占権の承認などを通じての手工業者の保護という手をうっているのである。

さらに、以上の問題に関連して、実は当時の中間層は――少なくともドイツの場合には――職能団体ごとにかなり高度に――概して労働者以上に――組織化されており、ナチスの政権掌握時には、多くの場合、それぞれの団体の名称の変更と役員層の交代があっただけで、いわば丸ごとナチ体制に組みこまれていったことが注目されねばならない。バラバラの原子化された大衆《マス》がファシズムに組織されたとするアメリカ的大衆社会論が描き出すファシズム・イメージとは、日本ばかりでなく、ドイツの場合でも、かなり異なった事態が見られたわけである。（ヴァイマル共和制末期のドイツでは、労働組合の組織率がほぼ四〇％（一九二九年）だったのに対して、中間的諸階層の職能団体による組織化の度合はほぼ次の通りであったとされている。農民五一％（一九三三年）、手工業者七〇％（一九二九年）、商人五〇％（同）、官吏九〇％（同）、職員四〇％（同）。）

「大資本と組織労働者による挟撃」

中間層をファシズムに結びつけた要因の最後のものとしては、中間層が自分たちは「大資本《ビッグ・ビジネス》」と「組織労働者《ビッグ・レーバー》」との間に挟撃されているという危機意識をもつにいたったということがある。ファシズムが単なる「反労働運動」であるばかりでなく、同時に「反資本主義」でもあるのは、このことと関係する。このうちの「反労働運動」の立場は、すでにふれたような中間層の「身分意識」に規定されたものであるが、同時に、当時の労働運動やマルクス主義理論の側においても『共産党宣言』における資本と労働の二極分解の予言以来、中間層を歴史的に没落を運命づけられたものとして位置づけ、彼らの利害の擁護や、労働運動の立場との調整という努力が弱かったことも関係していることが注目されねばならない。

また、「反資本主義」の立場については、それが多くの場合、実は巨大資本にいじめられる中小経営主の側からの「反大資本」「反独占」であるという説明だけでは、ファシズムの理解としてはまだ浅いのであって、第Ⅲ章でもふれるように、ほとんどの国のファシストが、むしろ「生産的」もしくは「創造的」な資本と「搾取的」「寄生的」な資本とを区別したうえで、前者を肯定し、後者を「ユダヤ的」として拒否していたという事実を知る必要がある。そしてその背後には、たとえ大企業であっても、それがある特定の創業者の「汗と努力」によって築きあげられたものである場合には「生産的で健全な資本」とみなされ、しかもそれが自分たちの代表者だと考える小経営主たちの観念世界があったことも指摘しておく必要があろう。

旧中間層型ファシズムと新中間層型ファシズム

これまでファシズムと中間層の関係を語る時には、いわゆる旧中間層（工・農・商それに手工業の中小経営主＝「自営中間層」）と新中間層（ホワイトカラーもしくは、とくにヨーロッパの諸国で狭義の「労働者」とは賃金形態、雇用条件、社会的地位などで区別されて来た「職員」ならびに学生、知識人）の区別にはあまりこだわらず、その両者を一括して「中間層」として来た。

ファシスト党員の社会的構成(イタリアとドイツの比較)

	国家ファシスト党(1921)		ナチ党(1930)	
旧中間層				
農　民	12　%	21.2%	14.0%	34.7%
手工業者，商人	9.2%		20.7%	
新中間層				
ホワイトカラー	9.8%	35.3%	25.6%	33.9%
官　吏	4.8%		8.3%	
教　師	1.1%			
自由職業	6.6%			
学　生	13.0%			
労働者				
工業労働者	15.4%	40.8%	28.1%	
農業労働者	24.3%			
海　員	1.1%			
資本家	2.8%			

(イタリアの数字は J. J. Linz, Some notes towards a comparative study of fascism in sociological historical perspective, in: W. Laqueur(ed.), *Fascism—A Reader's Guide*, 1976, pp. 61-2, ドイツの数字は拙著『ナチ・エリート』中公新書，1976 年，47 頁より)

しかし今日では、ファシズムの社会的基盤に関する実証研究が進むなかで、一口にファシズムの主たる基盤が「中間層」であるといっても、国によって、さらにこの新旧の両中間層のどちらが中心になっているかの違いがあり、そのことが、そのファシズムのイデオロギー、社会的機能、歴史的位置についても微妙な違いを生んでいたことが次第に明らかになりつつある。例えば、ドイツのナチズムについては、最近の研究のなかでは、予想以上に旧中間層のウェイトが高かったことが明らかになりつつあるし、それとは対照的に、イタリアのファシズムの場合には、逆に新中間層部分のウェイトが大きかったことが確認されつつある。

別表が示すように、新中間層に属し、その社会の最も「近代化」されたセクターたる学生と知識層の比重を見ると、イタリアの国家ファシスト党の党員(一九二一年)においては、学生(一三%)と自由職業(六・六%)があわせて約二〇%にも達するのに、ドイツのナチスの党員(一九三〇年)においては、いずれもはるかに低い(但し小学校教師の行動は、学生、知識層とは逆の形をとり、ドイツではナチに多く、イタリアではファシストではなく左翼とカトリック人民党に多かった)。代りに、ドイツの場合には、商人と手工業者が合せて二〇%を越え(イタリアは約その半分)、旧中間層的色彩がその点で濃厚である(イタリアの場合には、商人と手工業者はむしろ社会党に多かったという)。確かに新中間層でもホワイトカラーと官吏を例にとれば、ドイツの党の方がかなり高いが、当時のドイツのホワイトカラーやとくに官吏のなかでは旧中間層の子弟のウェイトが極めて高く、実質的には旧中間層的意識が強かったということもまた、最近の「社会史」の研究を通じて浮びあがって来ているところである。それよりもイタリアの党の場合、労働者のなかの農業労働者のウェイトが著しく高く、その点で、運動がナチスに比して農村的かつ労働者的であることも注目を要しよう。

このように、ファシズムの社会的基盤を国際的に比較することはかなり困難ではあるが、イデオロギーにおける「生産主義」や社会的機能における「近代化」効果なども含めてごく大雑把にいえば、イタリア・ファシズムをどちらかといえば「新中間層型」、ドイツ・

ファシズムをどちらかといえば「旧中間層型」とすることは一応可能であろう。こうしたファシズムの国際比較の先鞭をつけている政治社会学者リンスの言葉を借りると、ドイツ型は「経済的危機によって影響を受けた社会的、経済的グループ、つまり先進工業社会における変化の犠牲者たる古い独立した所有者階級の運動」であるのに対して、イタリアの場合にはそういった性格が薄いということであるし、さらにイタリアのフェリーチェの言葉を借りると、イタリアの党は、「上昇しつつある中間層」の運動であったということになる。(このような旧中間層型ファシズムと新中間層型ファシズムという区別は、いわゆるファシスト急進派〔左派〕の二つのタイプの抽出にも転用できるが、その点については第III章に譲る。)

そして党員のなかに学生、知識層のウェイトが高いという意味での「新中間層型ファシズム」は、イタリアの他に、スペインのファランヘ、ルーマニアの鉄衛団、ブラジルの統一行動党《インテグラリスト》、フランスの諸団体、ベルギーのレクシストなどラテン系の諸国に多く、旧中間層型ファシズムは、ドイツ、オーストリア、北欧、ならびに東欧のなかではポーランドとハンガリーに見られるといって良い。

日本の場合

日本の場合には、運動ではなく「ファシズム体制」の支持層についてだが、丸山真男氏による「インテリ」と「擬似インテリ」の有名な区別がある。つまり、日本の場合「インテリ」＝知識人・学生・サラリーマンは「ファシズム」への動きには一般に冷淡であって、彼ら西欧型インテリは、むしろ大正デモクラシーや社会主義運動に日本の近代化を仮託していたのであって、「ファシズム」体制を支えたのは、「擬似インテリ」もしくは「亜インテリ」＝「小工場主、町工場の親方、土建請負業者、小売商店の店主、大工棟梁、小地主乃至自作農上層、学校教員、殊に小学校、青年学校の教員、村役場の吏員・役員、その他一般の下級官吏、僧侶、神官」だったというのである（丸山真男『現代政治の思想と行動』増補版、未来社、六三―七〇頁）。

この指摘は、日本における「天皇制ファシズム」の支配体制の「社会的担い手」の指摘として極めて貴重であるが、その後、この問題をさらに深める視点からの研究が充分に展開されて来たとはいいがたい。この指摘からすれば、日本の「天皇制ファシズム」の支配体制においては、ドイツと同様に旧中間層的色彩が濃厚であったということになるが、これまでのわが国における階級・階層分析に関する研究は、わが国の社会構成における中間層の比重の大きさ自体を正確に浮びあがらせない性質のものが多かった。（例えば、大橋隆憲『日本の階級構成』（岩波新書、一九七一年）は、新中間層の概念を拒否し、旧中間層についても「膨大な中間層」という表現にもかかわらず、家族従業者を計算外にしたために、一九三五年でわずか二二・四％という数字を算出している（同書、二八頁）。しかし最近の研究では、新中間層概念も使用して、一九四〇年の時点でも、旧中間層二九・四％、新中間層九・六％、計三九％という数字になる表を掲げているものも出て来ている（原朗「戦時統制経済の開始」『岩波講座日本歴史20、近代7』一九七六年、二四六頁）。）

さらに旧中間層といっても日本の場合、そのなかでなお大きな比重を占めていた農村の小地主、自作農と、都市の中小商工業者とを区別して考える必要があり、そのうえ、日本社会の家族的でかつ共同体的な構造が中間層の社会的・政治的比重をその実体以上に大きくしている事情も考慮されなければならない。そしてとくに農村中間層と都市中間層のそれぞれについて、「天皇制ファシズム」との関連が明らかにされる必要がある。今のところ、前者については、いわゆる農村経済更生運動を通じて自作農と小作農上層部の擡頭があったことが明らかにされ（森武麿「日本ファシズムの形成と農村経済更生運動」『歴史学研究』一九七一年度大会報告別冊特集）、後者については、大正デモクラシーの時期に都市中間層の間に芽生えた自由主義的政党形成の端緒が、満州事変を契機に一転して軍部の大陸進出への積極的支援に変ったこと、そしてその背後に、昭和恐慌のなかで零細経営が都市底辺部において潜在的過剰人口の吹きだまりとしてその数を増大させていった事情が明らかにされた（江口圭一『都市小ブルジョア運動史の研究』未来社、一九七六年）にとどまる。

いずれにせよ、日本の場合は、イタリア・ファシズムの「新中間層的性格」に見合うものは、「天皇制ファシズム」体制の形成期にはあまり見受けられないが、それでも、やがて「近衛新体制」の樹立を境にして、テクノクラート型指導者層の新たな擡頭があり、以上のことだけでは説明しきれない新しい事態が芽生えているように思われる。そして同様の事態は、ナチス第三帝国末期の「シュペーアの時代」やフランコ体制の最後の局面にもあらわれている。

「危機の三階層」

しかし、すでに述べたように、ファシズムの社会的基盤を中間的諸階層にのみ求めるのは問題を過度に単純化するものといわなければならない。ファシズムに関する古典的著作の一つをものしたドイツのジクムント・ノイマンが、ナチズムの大衆運動に合流した「三つの顕著な社会的グループ」として「失意の中産階級」「社会に根をもたぬ失業者群」ならびに「第一次大戦から生残った失職軍人」をあげ、これを「危機の三階層」と呼んだことは有名である(S・ノイマン『現代史』下、曾村保信訳、岩波書店、一九五六年、三三一頁)。そのなかの「中産階級」(＝中間層)と「失職軍人」(＝〈軍事的無法者〉)については、ドイツのナチズムに限らずファシズム一般についていえることとして、すでにいろいろと述べて来たが、あと残されたものとして「失業者」の問題があり、さらにそれに加えて青年層の問題がある(青年層を加えると「危機の四階層」ということになろう)。

まず、労働者階級のなかでファシズムに最も敏感に反応したのが、「社会に根をもたぬ失業者群」であったことは、ドイツのナチズムの例に即して良く知られている。政界恐慌によって最も深刻な打撃を受けたドイツでは、組織労働者の四割が完全失業という異常な大量失業が発生し、その失業者のなかからナチスの突撃隊に入るものが多くあらわれ、さらには、共産党とナチスの間を揺れ動く人々が出現したことも研究者の間では知られて来たことである。しかし今日では、これも「社会史」の傾向の研究のなかから、労働者のなかでナチスに共鳴した人々のもう一つのタイプの存在が明らかにされて来ている。それは端的にいえば未組織労働者＝「労働組合の組織率が比較的低い労働者層」であって、具体的にいえば、ドイツの場合、「農業労働者、国有鉄道、ドイツ国郵便ならびに自治体の経営する交通事業やその他の公共事業経営の労働者」さらには「ザクセン、チューリンゲンの家内労働者および中・小の、特に手工業経営の被傭者、婦人労働者、特に繊維工業の婦人労働者、そしてまた、世界恐慌の勃発によって就業生活への門出を妨げられそのため労働組合とほとんど接触がなかった若い失業者たち」ということになる（H・A・ヴィンクラー「復古の幻想――ドイツ社会とヒトラーの権力への到達、一九三〇―三三年」『思想』一九七七年九月号、四〇頁）。このように失業者と未組織労働者がファシズムに感染しやすいということは、カトリシズムと工業労働者の団結心の二つだけがナチズムへの防波堤となったとされるドイツに限らない一般性をもつ事実と思われる。イタリアの場合、確かにファシストの組織する労働組合が早くから目につく発展を示しているが、それは一つには農業労働者の組合であり、もう一つにはホワイトカラー的部門の組合であって、固有の工業労働者の間では弱体であった。

ファシズムと青年層

最後に青年の問題が残る。そして両次大戦間期のファシズムと青年層の関連は二重の問題を含んでいる。まず第一に、三〇年代初頭の時点でみてみると、各国のファシズム運動の指導者たちの年齢は一般に極めて若い。当時のヨーロッパでは、保守党と社会民主主義政党の指導部が最も老齢で、キリスト教民主主義政党の指導部が次に来る。そしてファシズム政党の指導部は、共産主義政党と並んで最も若く、その大半が一八九〇年から一九一〇年の間の生まれである(一九三三年一月のヒトラー内閣が生まれた時点でのナチ党全国指導部の二一名のメンバーの平均年齢はわずか四二・三歳である。詳細は拙著『ナチ・エリート』七五―六頁参照)。そして、このことは、彼らが二〇歳前後の青春期に四年間にわたる世界大戦を経験していること、そしてそのことが、彼らの間に「歪められて急進化したロマンティシズム」ともいうべきものを生み出し、その結果として、政治における新しいスタイル、新しいシンボル、新しいレトリック、新しい行動形態(制服、歌、パレード、大衆集会)を身につけた政治運動が登場したということである。

そして第二の問題は、このようにそれまでの自由主義運動や社会民主主義運動とは何よりもまずスタイルとシンボルと行動形態を異にする新鮮な運動が、さらにその次に来る世代の若者たちを惹きつけたということである。そしてその場合には、このファシスト第二世代が、第一次大戦後の階級闘争の激化と既成の価値体系の崩壊、それに深刻な経済危機のなかで、何らかの新しい共同体と新しい規律に対する渇望に衝き動かされていたということが重要である。その点、大戦前からの独特の青年運動の歴史をもち、しかも君主制(第二帝政)の崩壊という衝撃的な体験をしたドイツは、このような動きが最も顕著にあらわれるだけの別格の条件を備えていたといえる。ブレヒトのドラマ『第三帝国の悲惨と貧困』の中には、ヴァイマル・デモクラシーを経験したリベラルな世代に属する親が自分の子供によってナチスに密告されるのを恐れて恐怖に駆りたてられるシーンがあるが、少なくともこの点でもまた、家族制度(父親の権威)を体制の根幹とする戦前の日本の「天皇制ファシズム」は、ナチズムとはいわば「段階を異にする」ほどの相違があるといって良い。

5　党組織の特質と擬似革命性

中間層的バイアスをもった結集運動

以上の分析を通じて浮びあがって来るファシズムの大衆運動の社会学的特性は、(1)まず第一に、それが社会層としては国によって新・旧中間層の重点の違いはあれ、ともかくも広義の中間的諸階層を中心的な「共鳴盤」(社会的基盤)としていることであり、(2)第二には、場合によっては、それと同時に失業者や未組織労働者を中心として、狭義の労働者階級のなかにも支持者を獲得しうるということであり、さらに戦間期のファシズムの場合、広く青年層の古い世代への反逆を組織しえたということである。そして、(3)第三に、われわれは、この運動を観察するに際して、その大衆的底辺から運動の指導者層へと目を移すにつれて、中間層的色彩が一層濃くなることを確認できる一方では、指導者層に属する人々のいわゆる「周辺的《マージナル》」な特性に目を奪われるのである。この「周辺的《マージナル》」という言葉は、これまでの古典的な表現では「階級脱落《デクラッセ》」分子(あるいはそれをもっと限定した範囲でいい直した場合の「ルンペン・プロレタリアート」)と呼ばれたものをより広い文脈のもとで読み換えた表現ととって良いであろう。とにかくファシズムの指導者層を眺める時には、既述の〈軍事的無法者〉、〈文士くずれ〉、〈芸術家くずれ〉、〈左翼くずれ〉などの他に、それぞれの国土の辺境地帯や国外に生まれた人々の異常に肥大したナショナリズム、学歴を含め通常のエリート・コースから中途で逸脱した人々の、支配層に対する反発と憧憬の両義性《アンビバレンス》をはらんだ心情、没落した旧家の子弟の独特の心情などさまざまのタイプの「周辺性《マージナリティ》」の歪んだ表出が見出されるのである。以上の三点を総括的に表現するために、私はここで「中間層的バイアスをもった〈周辺的《マージナル》〉なエネルギーの結集運動」という規定を提起しておきたい。

この規定は、⑴第一に、これまでのようにファシズムを単純に中間層運動と規定する立場に対してはっきりと距離を置いたものだし、⑵第二には、それとは逆に、ファシズムを階級・階層を越えた単純な「結集運動」もしくは「八方美人政党」(catch-all-party)もしくは「ネガティヴな国民政党」(negative Volkspartei)とする規定にも反対するものである。これらの規定では、自由主義的もしくは社会民主主義的「国民政党」とファシズム運動＝政党との区別が不明になるからである。

そして、⑶さらに第三には、ファシズムの運動・政党と社会主義もしくは共産主義の運動・政党との区別もこれではっきりとするはずである。すなわち、ファシズムの運動が一般にどうしてもその社会的基盤において中間層的バイアスを示すのに対して、社会主義もしくは共産主義の運動は、組織労働者をその社会的基盤としているか、少なくともその方向を志向する。また、「周辺的《マージナル》」な人々のエネルギーの結集が運動の中心にすえられるのは、社会主義や共産主義の運動の場合にもないわけではないが、それは通常、極左主義的傾向の路線とのみ結びついているといえるからである。

党組織の特質

ファシズムの大衆運動の一般的な形態学的特性についてはすでに(二六―七頁)一応の整理をしておいたが、ここでは、政党論の現代古典として有名なフランスの政治学者M・デュヴェルジェの枠組を借りて、とくにファシズム政党の組織面での特質をさらに解明しておきたい。

デュヴェルジェは、政党分類のいくつかの基準を提示しているが、そのなかに、政党の基本組織のあり方による分類基準がある。それによると、歴史的には一般にまず保守主義政党と自由主義政党がそれぞれ社会学的特性を異にする名望家集団を、それぞれの地域社会ごとに、〈コーカス〉と呼ばれる閉ざされた小さなサロン的グループに組織して来た。そして次には、社会主義政党が開かれた近代的な地域組織としての〈支部〉組織の網の目を全国的にかつ系統的にはりめぐらして来た。そしてその後を受けて、ロシア革命の勝利によって一躍脚光を浴びることになったソヴエト共産党＝ボリシェヴィキを手本とする共産主義政党が、党員の厳選と経営内組織の設定、その単位組織〈細胞〉の垂直的結合を特徴とする新しいタイプの党組織を確立した。以上の三つのタイプに対して、ファシズム政党は、既述のようにナチスの突撃隊やイタリアの突撃団に見られるような政治的暴力組織〈民兵《ミリシヤ》〉を党組織の不可欠の一環としているところに特色がある。そして、「ファシズムの時代」には、その他にも共産主義政党がまた独自の革命戦略から軍事組織をつくる事例が見られると同時に、それだけでなく社会民主党もまたファシストの暴力に対する防衛の必要から防衛隊をつくったものであった。（オーストリア社会民主党の「防衛団」やドイツの「国旗団」は有名である。）ただこれらのなかでも、ファシストの〈民兵《ミリシヤ》〉の場合にはその徹底した攻撃的性格が際立っている。ところでデュヴェルジェは、ナチ党の組織を検討したうえでさらにもう一つ注目すべきことを加えている。それは、ナチ党が、この暴力組織の他に、地域社会での党勢拡張には〈支部〉組織を使い、経営内への浸透に際しては共産党をまねた「ナチス経営細胞組織」(NSBO)を組織したことである。つまりナチ党の組織は、当時の既成政党が開発していた大衆の組織化のためのすべての形態を組み合わせた形になっていたわけである(M・デュベルジェ『政党社会学』岡野加穂留訳、潮出版社、五三―七頁)。

　そしてそのうえで、ナチ党はすでに政権掌握のかなり前(一九二九年頃)から、その政治組織を、現存体制への攻撃に専念する「攻撃」部(正式には「政治組織第一部」〔P・O・I〕と呼ばれ、外国、新聞、組織の三部局から成っていた)と、将来のナチ国家の幹部集団を用意する「建設」部(正式には「政治組織第二部」〔P・O・II〕と呼ばれ、農業、経済、民族および文化、内務、法律、工業、労働の各部局があった)の二部門からなる構成をもっていた。この組織が現実にはどれほどのものであったかは問題だが、とにかく、ここでは大衆掌握と政権掌握という目的に向って照準を合せた徹底的組織化の意図が充分にうかがえる。

　デュヴェルジェはもう一つ、政党をその党員社会の基本的性格に合せて、(1)〈共同体《ゲマインシャフト》政党〉、(2)〈目的社会《ゲゼルシャフト》政党〉、(3)〈盟約《ブント》政党〉という三つに分類している。この分類に照せば、例えば地域社会の共同体的関係をそのまま党内の党員関係にもちこむ保守主義政党が〈共同体政党〉であり、明確に特定された目的の実現のために対等者間の協力関係を設定する自由主義政党や穏健な社会主義政党は〈目的社会政党〉ということになる。それに対して、新しい社会のトータルな実現を目指して盟約を結んだ同志的関係の結成と党活動のための全人格的・献身的活動が要求される〈盟約政党〉にあたるのは、かつてのボリシェヴィキ型の共産主義政党とファシズム政党であるといえる。ただ、このレベルでの分類では同じタイプに属する両種の政党がその社会的基盤とイデオロギーにおいて本来全く異質なものであることはいうまでもないが、そこまでいかなくても、さらに党組織の実体を点検しただけでもその両者の相違は明らかである。次に扱う「指導者原理」の問題がそのことを明らかにしている。

組織論としての指導者原理

ファシストのいう「指導者原理」とは、ヒトラーやムッソリーニなど彼らの運動の最高指導者の権威を絶対化し神聖視するというだけのことではない。それはまず最初は運動内部における中心的な組織原理であり、次いで彼らの運動が勝利した後には、その政治社会全体に押し拡げられた組織原理である。その思想的な検討は次章の課題となるので、ここでは、ふたたびナチ党を素材にして、それが運動内部においてどのような機能を果すものであったかを簡単に説明しておきたい。

ナチ党の場合、ヒトラーは最初から独裁者であったわけではないし、また指導者原理もまた最初から党内で意識的に貫徹させられていたわけではない。ヒトラーがこれを持出したのは、彼がナチ党の前身であるドイツ労働者党の創設者ドレクスラーを追出して自ら党首の地位についた一九二一年七月のことである。この時ヒトラーは、同時に党内から一切の合議制の機関を廃止し、また党内の一切の役職を下からの選挙ではなく上部からの任命によるものとした。これによって、党内ではヒトラーを最頂点とする完全な上下の階統制が最底辺まで貫徹することになった。しかし、これだけでは組織論としての指導者原理の意味はまだ充分に明確ではない。そこにはあと二点の説明が追加される必要がある。一つは、党の最高指導者は党の政策、綱領、路線を規定するイデオロギーよりも上位に立つということである。ナチ運動の初期には党の第二の実力者で通常「ナチス左派」の代表格とされるグレゴール・シュトラッサーを中心にして、ナチスの綱領にもっと明確な内容を与えようとする動きがあった(一九二五年一一月末のハノーファー会議)。しかし、この動きはヒトラーによってつぶされ、ナチ党の綱領は以後、単純で解釈の余地の大きい二五カ条の綱領だけになってしまい、その結果、ナチスの公認のイデオロギーの解釈権はヒトラーの手中に帰した。しかも問題は、これ以後、ナチ党内では、そもそも党イデオロギーの解釈をめぐって決定的な対立が起るということ自体がなくなったことである。ファシズムの場合に、このような事態が共産主義政党の場合よりもはるかに容易にかつ徹底した形で発生しやすいのは、一つには後述するようにファシズムのイデオロギー自体の独特の状況的性格のためだが、もう一つは、そもそもファシズムにおける指導＝服従関係の本来的性格によるものである。

つまり、本来的に「強者の権利」という社会ダーウィン主義の哲学に基礎をおくファシスト間の人間関係においては、下級者の上級者に対する服従は、より強い者への全人格的帰依を内容とするのである。ここから第二の問題、つまり、ファシズムにおける指導者は、官僚主義的階統制をのり越えるという問題点が出て来た。つまり、官僚主義的階統制は、客観的で法によって保障される諸権限のピラミッドとして現われ、したがって、下級者といえどもその地位にまつわる権限は上級者の恣意に対する防御壁になりうるものである。しかしファシズムにおいては、指導者の権威は権限の階統制に拘束されないため、一方で最高指導者の直接の指令を受けた下級者が権限上の上級者を統制したりすることが起るかと思えば、上級指導者間で権限の範囲をめぐる激しい葛藤が発生し、最高指導者がその裁定に乗り出さなければならなくなる。そしてこのシステムにおいては、決定的なのは最高指導者がどれだけ他に隔絶した圧倒的な権威をもちうるかということである。したがって、この最高指導者の権威はいやがうえにも「神話化」されねばならないことになる。われわれは今では、ヒトラーの実体と、ナチス・ドイツの宣伝大臣ゲッベルスによって仕立てあげられた全能の指導者の虚像とを明確には区別できない状況におかれているわけである。

ところで、ムッソリーニの場合には、ヒトラーほど圧倒的な権威を樹立しえなかったことをわれわれは知っている。その点は、一九四三年七月、連合軍がシチリアに上陸するなかで腹心のグランディ、チアーノらにも見捨てられて失脚し、グラン・サッソの山上に一時幽閉されたのを、ヒトラーのコマンド部隊によってやっと救出されたという有名な話の他に、初期のファシズム運動の実態の究明が進むなかでもあらためて明らかになって来ている。つまり、イタリア・ファシズムの場合には、イタリアの国家と社会自体の不統合を反映して、ファシズム運動もまた本来極めて地方分散的であった。そして有名なファリナッチを初めとする地方ボス(「ラス」と呼ばれる)たちの中央指導部に対する自立性は意外に遅くまで存続したといわれている。誤って、初期ファシズムにおける「党内民主主義」の存在が語られるほどである。ムッソリーニが指導者原理を党内において確立できたのは、一九二六年にもなってからのことであるという。

ファシズムは「革命」だったのか

ファシズムの大衆運動をめぐる問題として最後に残されているのが、ファシズムの「革命」性の問題である。日本のファシストは「革命」という言葉はあまり使いたがらず、「維新」「革新」「改造」といった言葉をもっぱら用いたが、イタリアやドイツを初めとしてヨーロッパのファシストたちは自己の事業を語るのに、「革命」という言葉を濫発している。ファシストが語るこの言葉の背景にわれわれは一体何を見たらよいのであろうか。

わが国で最も影響力が大きかったファシズム研究の二つの立場——つまりマルクス主義の立場からのファシズム論と政治学者丸山真男氏のファシズム論——は、両方ともにファシズムの「革命」性どころか逆に「反動性」と「反革命性」を強く強調している。丸山真男氏の最も簡潔なファシズム規定によると、「ファシズムとは二〇世紀における反革命の最も尖鋭な形態」ということになるし、この点については、これまではマルクス主義者も丸山氏を批判しようとはしなかった。そして、著者も、真性ファシズムがそれほど明確に形成されなかった日本の戦前の状況を念頭におく時には、このような丸山理論のあり方に客観的状況との一定の対応関係を認めたいと思う。

しかし世界史的現象としてのファシズムを全体として展望する時には、このようにファシズムの「反動性」と「反革命性」のみに焦点を合せることは一定の死角を生むことになる。もちろん、そのように述べる場合の著者の立場は、欧米の一般のファシズム研究者のように、ファシズム現象の歴史的新奇性に片端から「革命的」という形容詞を貼りつける立場でもなければ、今日わが国の新左翼の一部にも見受けられるように、ファシストの「革命的」言辞に妖し気な魅力を感じて「土着革命」の可能性を夢みる立場でもない。要するに、ファシズムが、(1)ロシア革命とそれに発するコミンテルン型革命運動への世界史的対抗運動として登場したことによってある種の逆規定をうけていることと、(2)それが広い意味で工業化の進展が生み落した一定の「大衆社会」的状況へのそれなりの対応を打出し、(3)さらには「科学技術革命」の時代の入り口に位置していたことによって、伝統主義的な「保守反動」とはさまざまの点で性格を異にすることになったその側面を、これまでのファシズム研究よりももっと自覚的にとらえてみたいというだけのことである。

擬似革命性とその本質

著者は、この問題をとらえるのに「擬似革命性」という表現を用いることにしたいが、著者がこのようにいう時には、この三つの条件によって生まれる、単なる「保守反動」とは異なるファシズムの特性の総体を問題にしようとしているのである。つまり、ここで著者がいおうとしていることは、ファシストのいう「革命」がマルクス主義者のいう(コミンテルン型の)「革命」を基準として見た場合、「擬似」という形容詞をつけなければならない性質のものであったということなのではない。むしろ、当時ファシズムの擡頭を目のあたりにした一般の民衆の目に、ファシズムが単なる伝統主義的保守主義的反動とは異なる斬新で「革新」的な運動と映ったその側面を整理しておきたいし、その必要も大いにあるということである。これまで日本の社会科学者の間で広く見受けられたように、自己の「革命」概念を暗黙のうちに前提として、それに照して浮びあがる「反革命性」や「反動性」を対象に押しつけるという立場を、著者はここでは意識的に避けることにしたい。なぜなら、学者の分析概念としての「革命」と現実政治のなかで機能するシンボルとしての「革命」概念とは別物であり、この後者の概念、つまり「現状の根本的変革」の具体的内容は、それぞれの国のそれぞれの歴史段階ごとに民衆の意識のなかでは異なった形で結晶しているはずのものだからである。そしてその点をふまえないと、ファシズムが発揮した恐るべきダイナミズムは把握できないからである。

しかし、あらかじめ断わっておけば、著者は、ファシズムの「擬似革命性」の本質をなすものについての判断をすべて放棄しようというわけではない。ここでは、以下五点にわけて「擬似革命性」の内容を点検することにするが、その場合前提として確認しておかなければならないのは、ファシズムにおいては、本来、根本的に保守主義的な心情と価値観が激しい現状否定、現状変革の意志と結合しているというあり方が見られるということである。このような心情・価値観の根底における現状維持の保守主義と、他方における眼前の政治的社会的編成のあり方の激しい否定(擬似革命性)との両義性《アンビバレンス》をはらんだ結合は、一面では、「運動としてのファシズム」の中心的な社会的基礎となっている中間的諸階層の客観的存在状況そのものに刻みこまれた両義性の反映であり、他面では、「体制としてのファシズム」が、多くの場合、このようなファシズムの大衆運動の波頭に乗った真性ファシストと、危機のなかでファッショ化した既成支配層の一部との政治的同盟の所産でもあることに由来しているのである。したがって、ここでは、擬似革命性の問題は、単にいわゆる「ファシスト左派」においてばかり見受けられるものではないことも留意しておく必要がある。

S・ノイマンの「現代の独裁」論

このような意味でのファシズムの「擬似革命性」を比較的早くから整理してみせたことになるのが、ジクムント・ノイマンの『恒久革命』(一九四一年、邦訳は『大衆国家と独裁』みすず書房、一九六〇年)である。このなかで、ノイマンは、大衆社会論と全体主義理論に依拠しつつ、「現代の独裁」は、大衆の情緒的不安定とそれに由来する非合理的エネルギーの噴出という状況に対して、次の五つの形で対応していると説明している。――(1)安定と休息の約束、(2)行動第一主義、(3)擬似民主的基礎、(4)戦闘精神、(5)指導者原理。この説明は、直接的には「現代の独裁」に見られる「大衆社会」的状況への対応についての説明なのだが、われわれは、これを手がかりにして、若干の重要な補足を行なえば、ファシズムの「擬似革命性」の説明に使えると考える。

擬似革命性の五つの内容

われわれの考えによれば、ファシストが当時の民衆の目に何か新しい「革新」的、もしくは「革命」的な事態を約束するように見えた第一の理由は、彼らが、マルクス主義の階級闘争の理論に依拠した労働者運動の擡頭や工業化の進展による農村社会の解体によって急速に失われつつあるように見えた「共同体」的社会関係を擁護し、再建することを宣言したことにあった。ナチスの下級活動家の間でナチズムのイデオロギーのなかのどの部分が最も魅惑的であったかを調べた結果によると、「民族共同体」の再建による国民的「連帯」の回復が、単なる「愛国主義」や「ヒトラー崇拝」や「反ユダヤ主義」や「法と秩序の維持」を越えて第一位を占めていたという事実はすでに紹介ずみである(拙著『ナチ・エリート』六三頁)が、同じような事態は、ファシストが広範な大衆的支持をえた場合にはすべて共通していたと想像される。この点は、内容的にはノイマンのいう「安定と休息の約束」に対応すると考えられるが、「共同体の回復もしくは再建の約束」といい直した方が一層包括的である。なお、ここで、ファシストが約束する「共同体」の思想内容の点検――とくに「保守反動」派とのこの点についての相違の検討――が必要になるが、それは次章に譲ることにする。

ファシストの擬似革命的相貌をなりたたせていた第二の要素は、彼らが自分たちの権力をつねにさまざまの形で擬似民主的に正当化したことにある。ヒトラーとムッソリーニが場合によっては嘘をついてまで、自己の青春期の悪戦苦闘ぶりを強調し、自らが社会の下層の出であり「民衆の子」であることを宣伝したことは有名であろう。彼らはまた実際に伝統的権威を認めず、したがってまた本来は「共和主義者」であった(ただし、ヒトラーは実際に帝制への復帰を拒否したのに対して、ムッソリーニの方は「ナショナリスト」と妥協し、王政を認めた)。そのうえ、ヒトラーにいたっては、ドイツの国際連盟からの脱退(一九三三年一〇月一四日)、大統領と首相の地位の合体による「総統」の地位の創設とそれへの自らの就任(一九三四年八月二日)などの重要な決定については、その直後に国民投票による確認(前者の場合が投票率九六%、うち賛成九五%、後者の場合が投票率九五%、うち賛成九〇%)を行ない、自己の独裁体制の人民投票による正当化を行なった。この点は、そのままノイマンの三番目の指摘にあたる。そして、まさにこの点以降の以下の諸点こそが、単なる「保守反動」とファシストの相違をきわだたせることになる。

第三の要素は、ファシストが、それまでの既成の諸党派に見られない(そして場合によっては左翼諸政党をも凌駕するような)並はずれた「行動主義《アクティヴィズム》」を展開して見せ、それが何かしら新鮮な政治のイメージを与えたことである。ナチズムがドイツのある小都市を支配するにいたる経過を綿密な調査のうえにルポルタージュ風に再構成した『ヒトラーが町にやってきた』(アレン著、番町書房)という有名な研究があるが、それによると、この町の場合、実際には五〇人しかいなかったナチ党員が、当時の人々の日常生活の印象のなかでは、その三倍から八倍の党員の活動として映っていたという。このようなすさまじい活動力の根源であった「能動的ニヒリズム」についてはすでにふれたが、要するに、この点は、ノイマンのいう(2)と(4)にあたるものである。

社会的流動性と技術的近代化の問題

ファシズムの擬似革命的相貌を構成する要素でS・ノイマンの前述の整理に含まれていないものがあと二つある。それは社会的流動性の問題と技術的近代化の問題に対するファシストの対応の問題である。しかし、この二つの問題はそれぞれ後の「思想」と「体制」のところで扱った方が良いと思われる。

III　思想としてのファシズム

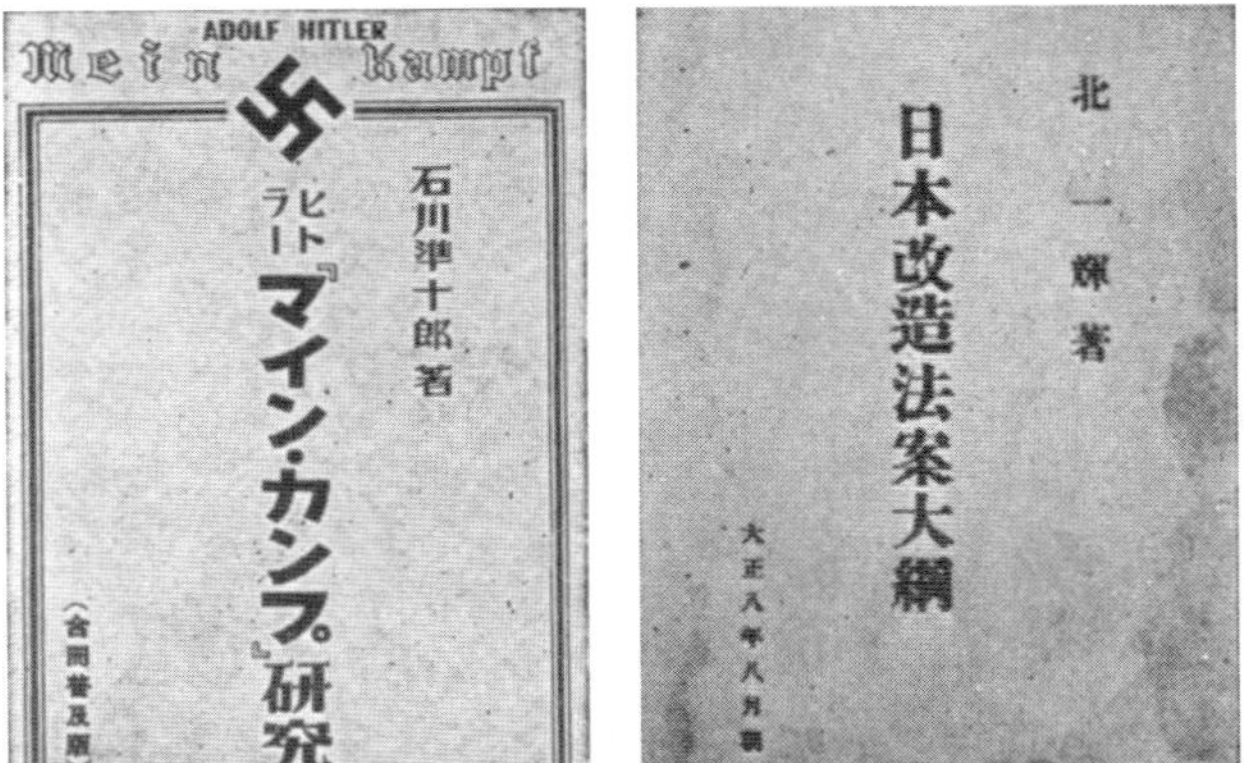

石川準十郎著『ヒトラー「マイン・カンプ」研究』と北一輝著『日本改造法案大綱』

1　その端緒的形態と特質

発端――ファシスト的心情の形成

ファシズムの思想の質と思想内容における一般的特徴についてはすでに最低限度のことを述べておいた。しかし、現実の「思想としてのファシズム」にはそれなりの歴史的展開の諸段階があるし、したがって、第I章2の部分ですでに説明したような一般的な諸要素はつねに最初から見られるものではない。それに、ファシズムにおいてはそもそも心情と行動とが先行して、思想としての展開は中途半端にならざるをえないような特質があるように思われる。その点を強調していえば、ファシズムの思想は、つねに心情と行動によって先行的に規定されているのであって、本質的には思想としての自立性を欠いているのである。極言すれば「ファシズムの思想」はあっても「思想としてのファシズム」はないとさえいえよう。

その点を考えると、「思想としてのファシズム」の分析に際しては、まずその前提として、その思想を支えるファシストの「心情」の形成を的確にとらえることが重要である。そして著者には、「ファシズム」といわれる歴史的現象を通観した場合には、まずさまざまの動機からする、目の前の現存の「体制」に対する強烈な否定の心情が生まれ、しかもそれが、急進的な反マルクス主義の心情と結合して、独特の両義性をはらんだ心情を形成し、最後にそれが暴力による問題解決の道を模索し始めるという状況がかなりの大衆的な広がりをもちえた時が、ファシズムの歴史的な発酵の時であったように思われる。この観点から見ると、指導者崇拝や社会ダーウィン主義や民族共同体思想や反ユダヤ主義と人種主義といった、のちにファシズムの思想の重要な構成要素になるものの個々の断片について、その歴史的起源を辿ること——そのような作業としては、さしあたりK・D・ブラッハー『ドイツの独裁I』(岩波書店、一九七五年)の第一章が参考になる——ももちろん重要だが、むしろそれよりは、そうした個々の要素を結びつけて「理論」へと構成する酵母としてのこの原基的心情の形成の時点を確認することの方が手続きとして先行すべきだということになる。

このように考える時、「思想としてのファシズム」の端緒的形態として、考察の焦点にすえられるべき対象は、ドイツとオーストリアを中心にして一九世紀の七〇年代末から二〇世紀初頭にかけてかなりの高揚を見せた「反ユダヤ主義」(とくにその急進的形態)の思想と、第一次大戦開戦直後のイタリアにおいて、ナショナリズムや、サンディカリズムや戦闘的社会主義の一部まで含めたさまざまの要素が合一して生み出した行動主義的「参戦主義」の二つであろう。

独墺における「反ユダヤ主義」の変遷

まず、ドイツとオーストリアの場合についてみると、この時期には、一八七三―一八九六年のいわゆる「大不況」を背景に、大資本と擡頭する社会主義運動の狭間におかれた中間層下層部分を社会的基盤とした「反ユダヤ主義」の運動が、後年のファシズムを思わせるようなタイプの政治運動をかなりの規模で展開するにいたったことが注目される。ドイツでは一八九三年に反ユダヤ主義者のグループが帝国議会で一六議席を得たのが頂点であり、オーストリアでは一九〇一年に有名なシェーネラーに指導される同様のグループが議会で二一議席を得たのが頂点であったが、その他に若きヒトラーに強い印象を与えたウィーン市長カール・ルエガーもまた強烈な反ユダヤ主義を代表していた。

この時期の反ユダヤ主義は、ドイツとオーストリアに限らず、フランスでも、前述のように「前ファシズム」を代表するアクション・フランセーズの運動を生み落したドレフュス事件(一八九四―一九〇六年)のなかで顕著にあらわれている。そしてこの時期にこのような事態が起った背景としては、当時、ロシアとポーランドにおけるユダヤ人迫害の新たな波と西欧における経済的発展の結果、東から西へのユダヤ人の移動がかなり目立ち始めたこともある。しかし、より基本的には、この時期に、ドイツでもオーストリアでも、いわゆるキリスト教社会運動の立場が、当時労働者階級を基盤にして急速に発展しつつあった社会主義運動に対抗して、都市の下層中産階級や一般農民はもとより労働者大衆にいたるまでの一般民衆を新たに組織することに乗り出し、そのために「反ユダヤ主義」を意識的に利用し始めたことが、重要な要因となっている。

まずオーストリアの場合には、ゲルマン民族を支配者とする多民族国家として民族問題、人種問題にとりわけ敏感な一般的状況があったこともあって、「反ユダヤ主義」はいきなりその最も急進的な人種主義的形態をとって広がった。シェーネラー運動がそれであるが、そこでは、ユダヤ人のキリスト教への改宗による同化を目指す「宗教的反ユダヤ主義」ではなく、ユダヤ人から職業選択、交際、居住、結婚の自由などの諸権利をとりあげる、人種差別を基礎とした例外法の実施が求められた。そして同時に彼らは、ハプスブルク王朝ならびにそれに一体化しているカトリック教会に反逆して、「ローマからの解放」運動にも乗り出した。一九〇一年に国会で二一議席を握ったのは、このシェーネラー(G. v. Schönerer, 1842–1921)の全ドイツ党であった。しかし、オーストリアの場合には、このような急進的な人種主義的反ユダヤ主義に対しては、カトリック教会の立場からの抑制の動きが成功した。一八九三年にキリスト教社会党を創設したルエガー(K. Lueger, 1844–1910)も同じく激しい反ユダヤ主義の宣伝を行なったが、彼の場合の反ユダヤ主義は、ユダヤ人の同化を求める宗教的反ユダヤ主義であり、ハプスブルク王朝とカトリック教会に対してもこれを支持したうえで下層中産階級向けの社会改革を追求した。実際彼は、ウィーン市長として、都市近代化と福祉行政を推進した。要するにオーストリアの場合は、カトリック教会に支えられたキリスト教社会主義が、反ユダヤ主義そのものは公認した――そのことの影響はもちろん重大である――が、他方、人種主義的反ユダヤ主義を宗教的反ユダヤ主義に引き戻し、中間層下層向けの社会改革を一定の範囲で推進するという役割を果したのである。（シェーネラー主義とルエガーについては、村瀬興雄『アドルフ・ヒトラー』〔中公新書、一九七七年〕の第一章と第二章に詳細な紹介がある。）

ファシスト的心情の端緒的形成(1)――ドイツ

それに対してドイツの場合にはこれと反対の経過が見られた。すなわち、そこでは一八七八年にルター派の宮廷説教師シュテッカー(Adolf Stoecker, 1835-1909)が「マルクス主義的社会主義を国家の手による社会改革によって克服すること」「下層階級を保守主義的、キリスト教的官憲国家に連れ戻すこと」を目標にしてキリスト教社会党を創設したが、その社会改革のプランは一向に具体化されず、もっぱら反ユダヤ主義が政治宣伝の中心に置かれることになった。ところが、このようなキリスト教社会運動の立場からの反ユダヤ主義の宣伝は、直ちに、この立場からはもはやコントロールの効かない一層急進的でかつ反キリスト教的な反ユダヤ主義の運動をひき出してしまう結果になった。その結果、ドイツの場合には、ユダヤ人の改宗と同化を求めるシュテッカー的宗教的反ユダヤ主義を批判し、ユダヤ人のドイツ社会からの排除を求める急進的な人種主義的反ユダヤ主義の運動が、九〇年代以降は反ユダヤ主義運動の指導権を握ることになったのである。

以上の独墺の比較はカトリシズムとファシズムの関係を考える場合にも重要なのだが、さしあたりここでの問題は、独墺のいずれにおいても世紀の替り目に出現した人種主義的反ユダヤ主義である。著者が「プロイセン軍国主義」でも「ドイツ民族至上主義」でもなくて、これこそが「思想としてのファシズム」の端緒的形態であったと考えるのは、最初に述べた意味でのファシスト的心情の歴史的形成の最も重要な端緒をこの思想の基底に認めるからである。すなわち、ここでは反ユダヤ主義の主張は、基本的には「大不況」と巨大資本の形成の同時進行によって生活を脅かされた都市小市民(下級官吏、事務職員、小営業者)と零細農民の「現体制」への反発の表現なのであり、その反発がさしあたりは職業上の競争相手や「悪らつな高利貸」や農民いじめの「悪徳商人」のシンボルとしての「ユダヤ人」に集中的に向けられたものであった。しかし、

Der Stürmer
Deutsches Wochenblatt zum Kampfe um die Wahrheit
Das Geheimnis
um den Bluthund Bela Kun
Die Juden sind unser Unglück!

ナチスの反ユダヤ主義新聞
『突撃兵《シュテュルマー》』(ノルテ325頁)

当時の「反ユダヤ主義」の文献を点検すると、そこで語られている「反ユダヤ主義」の構造は、実は単なる「ユダヤ人」の存在だけが問題なのではなく、「搾取的資本主義」や「マルクス主義的社会主義」やそれらの横行を許している「現体制」そのものが敵であるという感情と、それにもかかわらず、それらの諸悪の根源は、実は「ユダヤ人」の世界支配の陰謀にあるのだという説明からなりたっていることがわかる。そしてその感情の部分が最も急進的な形をとった時には、ドイツでは「ユダヤ人とユンカー（土地貴族つまり支配層）」が攻撃の対象とされたし、オーストリアの場合には、ハプスブルク王朝とカトリック教会が攻撃されたのである。

このように世紀の替り目の独墺の「反ユダヤ主義」の急進的形態のなかには、すでにファシストを思わせるような現状否定と反マルクス主義の心情のいずれも未分化な形のままでの結合が見られるし、問題解決方法としての差別的例外立法への依拠というファシスト的手法への傾斜も見受けられるのである。しかし、「現体制」の正面切っての否定とマルクス主義に対するせん滅戦の同時遂行、ならびにそのための暴力への全面的依拠というファシストの心情の本格的形成には、やはり、ロシア革命と第一次大戦後の資本主義社会の根本的動揺をまたなければならない。

ファシスト的心情の端緒的形成(2)——イタリア

イタリアにおけるファシスト的心情の端緒的形成は、「反ユダヤ主義」などではなくて、一九一五年五月の「輝かしき日々」――後にムッソリーニはこれを「革命の第一歩」を踏み出した歴史的事件と位置づけている――における行動主義的「参戦主義」の勝利の時に見出される。これは、要するに前年夏から始まっていた第一次大戦への態度をめぐってイタリアの国論が二分しているなかで、議会レベルでは約五〇〇人の議員中六〇人ぐらいしかいない「参戦派」が街頭の暴動の力を借りて圧倒的多数を占める「中立派」に勝利して、イタリアを強引に戦争に引きずりこんだ事件である。

この時の「参戦派」は、ナショナリスト、サンディカリストならびにムッソリーニを代表者とする社会党からの離反者たちであった。そのなかのナショナリストを代表する詩人ダヌンツィオは、この時、ローマで一〇万人にのぼる市民を前に「今や行動の時である。国家のためのあらゆる行動が許される」と煽動し、「参戦派」の民衆は、「中立派」の大物ジョリッティの自宅を初め独墺大使館や議会を襲撃し、「中立派」の議員に対してはテロや脅迫が公然と行なわれるという「革命前夜」のような状況が現出したという。そして、このような行動に参加した勢力のなかには、サンディカリストやその他の社会党からの離反者によって同年一月以来結成されていた「革命的行動と参戦論者のファッシ」もまた入っていたのである。

この時のナショナリストの側の論理は、戦争こそが「国際社会におけるプロレタリアート」としてのイタリア国家の今後の発展の道を開くことになるという点にあったし、それに対してサンディカリストと元社会党員たちの論理は、一応は、「戦争を通して革命への道は開かれる」ということにあったが、とにかく、この二つの勢力の指導による民衆エネルギーの爆発は、内容的にイタリアにおけるファシスト的心情形成の端緒的形態と呼ぶにふさわしいものをもっている。

つまり、ここでも、「参戦派」の現実の行動部隊となったのは、「南部知識層、学生、中小ブルジョアジー、商人等のいわゆる中間層であった」とされているし、しかも、「彼らの立場は、体制をくつがえして革命を求めるものもあれば、逆に君主制を強化して独裁体制を志向するものもあり、様々に異なっていた」が、「何よりも彼らに共通していることは、彼らがイタリアの直面している危機を自らの没落の危機として実感して」おり、この危機を突破する道を「参戦」に見出し、ジョリッティら自由主義者と社会党・労働組合からなる「中立派」の現状維持勢力とその拠点となっていた議会の反対を街頭の直接行動によってうち破ったのである(このテーマを直接扱ったものに、豊下楢彦「イタリアの参戦決定過程をめぐる一考察」(京都大学『法学論叢』第九〇巻一・二・三号、一九七一年」がある)。ここでもまた、反マルクス主義の契機はまだ充分に展開されていないにせよ、「現状維持」勢力否定の急進性と直接行動への決意の二点において、ファシスト的心情の端緒が明白に現われている。

「ニヒリズム革命」と思想的機会主義

これまでドイツ、オーストリアとイタリアの事例に基づき、ファシスト的心情の端緒的形成を問題にして来た。しかし、われわれは、すでにその後に展開した戦間期のいわば古典的な「ファシズムの時代」を全体としてあとからふりかえることのできる地点に立っている。その地点から見れば、ロシア革命と第一次大戦直後の混乱のなかで本格的に登場することになったファシスト的心情がその極限形態において最後に辿りついたものは、ヘルマン・ラウシュニングのいう「ニヒリズムの革命」であったことをも知っている。つまり、ファシズムは、このドイツの保守主義者が最初錯覚して同調した「ナショナリズムの革命」でもなく、ナショナリズムを含めてすべてのイデオロギーや世界観を単なる「たてまえ」もしくは「宣伝手段」としてしまう「ニヒリズムの革命」なのであった(詳細はヘルマン・ラウシュニング『ニヒリズム革命』片岡啓治訳、学芸書林、一九七二年〔原書は一九三八年〕参照)。

もちろん、このようにファシスト的心情のゆきついた先を「ニヒリズム革命」と断定することには、さまざまの国のファシズムの具体例に即した反論がありうる。この極限形態が最終的に露呈するまでの展開を見せたのはおそらくはドイツのナチズムだけであり、その他の国々のファシストの場合には思想内容としては、なお伝統主義やナショナリズム、ロマンティシズムや理想主義が前面に出た段階で歴史的決算がつけられたともいえるからである。しかし、問題をこの「ニヒリズム革命」より一段階前に移して、ファシストの思想には、その基底として、ファシスト特有の「行動主義」の哲学ともいうべきものがあったと主張する限りでは、それほどの異論はないのではなかろうか。

そのファシスト的「行動主義」の哲学の内容は次節で扱うことになるが、ここでは、前述のようなファシスト的心情とこの「行動主義」の哲学を前提とした場合のファシストの思想の構造的特質ともいうべきものを指摘しておかなければならない。

それは一言でいえば、ファシズムにはそもそも論理的な首尾一貫性や体系性を備えた思想やイデオロギーがあるのか、という問題である。その問題は、たとえば、ナチズム研究の古典的著作の一つをものしたフランツ・ノイマンが指摘している（『ビヒモス』岡本友孝他訳、みすず書房、一九六三年。原書は一九四二年）ところだが、その他にも、マルクス主義の立場からパーム・ダット（『ファシズムと社会主義革命』岡田良夫訳、ミネルヴァ書房、一九七四年。原書は一九三四年）が、ファシズムの思想のデマゴギー性として早くから指摘している。また、ファシズムを社会心理学的観点から研究する人々が、ファシズムを「イデオロギーの衣を着けた権力衝動」としてとらえる傾向があることもよく知られているところであろう。要するに、ファシズムの思想には体系性などといったものはないのであり、その理由は、ファシストの場合には、自己の勢力を強化したり、権力の確立・維持という目的のために、そしてそのために大衆の支持を調達する必要上から、訴えかける対象により、またその時々の状況に応じて最も好都合な思想が動員されるにすぎないからだというのである。またこの観点からいえば、何がファシズムの思想であるかということを見分けることは極めて困難であり、むしろ、誰がどういう意図で述べているのか、ということをまず判断せねばならないということにもなる。

ファシズムの思想的機会主義の側面を代表しているムッソリーニは、「ファシズムとは、〝時と場所と状況とに応じて、貴族主義と民主主義、保守主義と進歩主義、反動主義と革新主義を思いのままにつかいわける〟ものだと公言してはばからなかった」といわれる（アンリ・ミシェル『ファシズム』長谷川公昭訳、文庫クセジュ、四〇頁）。この言葉は、ファシストの思想的機会主義がその独特の両義性の操作を内容としていたことを示している。それに対して、ヒトラーの方はむしろ「教条主義者」であったことが近年研究者の間で強調されているが、そこでも、「社会主義」概念の操作のなかに、その機会主義的性格は、はっきりと出ている。（拙稿「ナチズムにおける『社会主義』」『思想』一九七九年九月号参照）。

ファシズムの「先祖探し」の限界

このような把握がファシズムの本質、もしくは、そのいきつく先をとらえていることは間違いない。そのうえ、このような観点は、第二次大戦直後の時期に流行した、ファシズムをその国の国民性の問題に還元したり、その視点をそのまま思想史研究に転用する誤った粗雑なやり方に対する解毒剤としても有益である。つまり、当時は、ファシストが自分たちの立場を権威づけるために行なった過去の思想家たちの勝手な位置づけを、ファシズムを批判する側の研究者たちがそのまま鵜飲みにしたうえで、ファシズムの思想的「先祖」探しに没頭したものであった。その結果、ドイツの場合でいえば、マルチン・ルッターからフィヒテやヘーゲル、リストやラッサールなどがかなり直線的にナチズムに結びつけられるという結果になったものであった。

このような過去の誤った思想史研究に対して、前記の観点は基本的には正しい観点を示していることになる。しかし他方では、このファシズム＝デマゴギー説が、これまでファシズムの思想史的研究にある種の制約となって来たことも疑えない。デマゴギーならば研究に値しないということになりやすかったからである。しかし、既述のように、ファシスト的心情から「ニヒリズム革命」までの道はさまざまの思想的中間段階をはらんでいる。そしてこの中間の諸段階はそれぞれに歴史に刻みこまれるほどの重みをもっている。さらにまた、第IV章で強調するように、ファシズムが力をもつ時には、それは必ずしもファシズムの思想の核心が直接に理解されたからではなく、その核心をとりまく、さまざまの周辺的思想要素がそれぞれ独自に牽引力を発揮するからなのである。その意味では、ファシズム思想の研究は、前述の意味での中間諸段階の主要な思想――というよりは、柱となるいくつかの基本的主張――を明らかにすることを課題とすると同時に、周辺部分で牽引力を発揮した思想要素の検討をも含むものでなければならない。そしてその意味では、ファシズムの思想的「先祖探し」も全くの無駄ではなかったのである。

このように本質をとらえ、しかも一定の広がりをもった対象を明確に設定するためには、何らかの方法論的整理が必要である。そして今のところ、この問題に手がかりを与えているのは、全体主義論者ではあるが、アメリカのシャピロであろう。彼は、その著『全体主義』(河合秀和訳、福村出版、一九七七年)のなかで、全体主義思想の知的源泉を探る場合に、知的「影響」と知的「親近性」とを区別することを提唱している(同書、九七頁)。つまり後の思想家が先の思想家から「影響」を受けたということは、その両者が「重要な点で同じ目標、同じ世界観ないし同じ価値を共有していた」という意味での「親近性」があったということを必ずしも意味しない。「影響」は勝手な解釈に基づいて起りうるからである。いいかえると、「親近性」はないのに勝手な解釈を媒介にして「影響」を受ける例はありうるし、逆に思想的「親近性」はあるのに、その存在が知られずに「影響」を与えなかったという例もありうる。ファシズムの思想の構成要素として人類の過去の思想遺産があらわれるのは、そのほとんどが前者の例であるといって良い。そのことは、通常の安易な解釈ではむしろファシストとの「親近性」が指摘されるニーチェ、ソレル、パレートにおいてさえそうである。以下においては、いくつかのファシストの基本的主張を説明したうえで、その周辺部において、このような関係をなりたたせている「勝手な解釈」とファシスト的心情との関連に目をすえて最低限度のことを要約するにとどめるほかはない。

2　共同体思想の急進化

共同体思想の急進化

ドイツの社会学者テンニエスの『ゲマインシャフトとゲゼルシャフト』(一八八七年、岩波文庫に邦訳あり)以来、人間の社会関係の基本的な型を「共同社会」もしくは「共同体」(Gemeinschaft, community)と「利益社会」(Gesellschaft, association)の二つに分けて考えるとらえ方は周知のものとなっている。そこでいわゆる共同体(共同社会)とは、構成員間の共同生活が、ことさらにあらためて了解し合うことを必要としない共同の追憶(「神話」)、習慣、感情をベースにしてなりたっている自然的統一体であり、有機的な生命体である。それに対して利益社会の方は、自立した構成員が特定の目的あるいは利益の実現のために選択して取り結ぶ人間関係を内容としている。そして、この「ゲマインシャフトとゲゼルシャフト」という人間社会の二つの基本型の認識を前提として、一般に次の三つの政治・社会思想のタイプがあらわれる。第一は、保守主義の立場であり、これはゲマインシャフト＝共同体的社会関係を理想化し、これをできるだけ維持しようとするし、第二の自由主義の立場は、ゲマインシャフトからゲゼルシャフトへの発展を「近代化」としてとらえ、その不可避性を信じ、かつこの方向を積極的に追求しようとする。それに対して、第三の社会主義の立場は、一般には、ゲゼルシャフトにおける階級支配の貫徹という事実を暴露し、経済構造の変革を基礎にして、新しい高次のゲマインシャフトを実現しようと模索する。

それに対して、ファシズムの政治・社会思想の特徴は、一見、現存するゲマインシャフト的＝共同体的人間関係の解体傾向に抗してこれを防衛し、維持しようとする保守主義の立場に似ているように見えるが、実は次の二点において保守主義の立場ともまた明確に区別される。

その一つは、ファシズムの場合には、共同体思想の特有の急進化が見られるということである。その場合の急進化の内容は、まず第一に、共同体内に異端(「共同体の敵」)の存在を許さず、その徹底的な排除が主張されることであり、第二には、この「敵」に対する共同体の防衛のために、「全体」の立場を絶対化し、構成員に対して「個人」の立場を徹底的に放棄することを要求するにいたることである。そしてこのような主張の背後には、「共同体」の存否をめぐる強烈な危機意識があるわけである。もちろん、このような危機意識の発現は、保守主義の立場にとりつくこともあれば(保守主義の反動化、すなわち「保守反動」)、社会主義の立場にとりついた歴史上の実例もある(スターリン時代のソヴエト)。しかしファシズムの思想の場合には、まず第一に、共同体的関係の崩壊をめぐって発生した危機意識が、そのゆきつく先においてはもはや古い形での共同体の防衛にとどまらず、「新しい共同体」(「新しい社会」と「新しい人間」)の建設を求めるところまで展開する点において、「保守反動」とも明らかに異なる。また、「新しい共同体」の建設が、結局は、国内的には単なる観念的・心理的統合(「擬似的統合」)へと収斂し、そこから生じる統合の破綻を対外進出によって補填せざるをえなくなる点で、社会経済構造の制度的変革による実質的統合を志向する社会主義とははっきりと異なって来る。

第二に、ファシズムの共同体思想は、「共同体の敵」の認識において、保守主義とも異なり、また社会主義とも異なる。すなわち、ファシズムの場合には、「共同体」の敵は、(1)まず第一には、「階級闘争」を推進する「マルクス主義」と、それに「感染した」労働運動であり、さらには、マルクス主義と自由主義の双方に共通している「国際主義」である。そして、(2)第二には一部の「腐敗した」支配層や、「腐敗した」(「非生産的」「非国民的」「収奪的」＝「ユダヤ的」)資本である(場合によっては、「工業化」一般が「共同体の敵」とされるケースもある)。単純化していえば、保守反動の立場は、(1)のみを「敵」とし、「スターリン主義」は(2)を拡大して支配層や資本一般を「敵」とするのに対して、ファシズムの場合には、このように「敵」の設定に関する二面性があるところが、その特徴ともいえる。

イタリア・ファシズムにおける「国家」の絶対化

以上のように、ファシズムの思想の特徴は、まず第一に、共同体思想もしくは「共同体の論理」の特有の内容をもった急進化にある。しかし一口に共同体思想といってもその共同体思想が現実にどのような観念を中核にして構成されているかという点を具体的に点検してみると、それぞれの国の歴史的条件の相違に規定されて、同じくファシズムといっても実はさまざまの無視できない違いがあることがわかる。ここではまず、既述のファシズムの二つの原型(イタリアとドイツ)の違いを見てみる。

まず第一の原型であるイタリア・ファシズムの場合であるが、ここでは、リソルジメント以来のイタリアにおける国家《ステーツ》形成と国民《ネーション》形成の未完成という事情があり、さらにそのうえ「総力戦」としての第一次大戦が、それまで「国民経済の未形成・地域的分散」という状況のなかで狭隘な「地域的・教区的」生活関係のなかにとじこめられていた一般民衆を突如として国政の舞台に引出してしまったという事情があった(高橋進「イタリア・ファシズムと工業界㈠」大阪市大『法学雑誌』一九七八年第一号、三二―三頁参照)。このような状況のなかで登場するイタリア・ファシズムの思想は何よりもまず、「行動主義」的性格を特徴とし、政治・社会思想の形成は既述のように現実の政治行動に後から追随するのだが、それでもなお、そこには、まず共同体としての「国民《ネーション》」の形成という課題の存在の確認

→「国民《ネーション》」の形成のための「国家《ステーツ》」の優越的地位の確認→「国家《ステーツ》」そのものの絶対化というファシズム思想の展開の跡が確認できる。

すなわち、まず一九二一年の国家ファシスト党の綱領のなかでは、「国民は、国土の住民の単なる総和ではなく、諸党派が自己の目的を追求するための手段でもなく、そのなかでは個人が一時的な環をなすにすぎない幾世代の無限の系列であり、種族のあらゆる精神的及び肉体的な力の最高の総合である」とされて、「国民」の全体性・有機性が強調されると同時に、それに引続いて、「国家は国民の法律的な具現である。政治的制度はそれが国民にとって価値あるものを表現し、かつ防衛する限りにおいてのみその目的に奉仕する」とされていた。つまり、イタリア・ファシズムの場合でも、「国家」は本来は「国民」に奉仕する手段として位置づけられていたのである(傍点は著者、以下同じ)。

ところが、このような位置づけは、ファシズム体制の成立以後は逆転する。一九三二年以降のムッソリーニの文章では、「国民は、国民国家賛美者の慣用した陳腐な自然主義的な見解のように、国家を創造するものではない。反対に、国民は、自己の倫理的統一を意識した国民に対して、意志を、従ってその事実的な存在を与える国家によって創造されている」とされているのである。このように、イタリア・ファシズムの場合にも、ファシズムの擡頭過程で包括的共同体としてまず最初に浮びあがったのは、「国民《ネーション》」の観念であったが、この観念は、まもなく「国民の本来的な意識を表現する」存在としての「国家《ステーツ》」の概念にファシズムの政治・社会思想における中核的位置を奪われたわけである。ムッソリーニ自身が、「ファシズム理論の枢軸は、国家のイデー、その本質、その課題、その究極目的である」と述べているのである(新明正道『ファシズムの社会観』岩波書店、一九三六年、一〇二―三頁)。

イタリア・ファシズムは、この点、国民形成を通じての国家形成の道ではなくて、国家の強力による「国民共同体」の形成の道を選ぶなかで、さしあたりは「国家」を絶対化したのだといえる。そして、「ファシズムにとっては国家は先行的なものであり、個人と集団はこれに対して従属的関係に立っている。個人と集団はそれが国家にある限りにおいてのみ〝思考されうる〟ものである」という「国家全体主義」が主張されるのだが、注目を要するのは、その際「国家は包括的な、倫理的な意志である」というヘーゲル主義的根拠づけが行なわれていることである。この新ヘーゲル主義的根拠づけを代表するファシズム理論家は、当時、クローチェと張り合ったG・ジェンティーレ(Giovanni Gentile, 1875-1944)であったが、実は、ムッソリーニ自身の行動を究極的に規定したのは、この新ヘーゲル主義ではなくて、後で説明するような「生の哲学」、無歴史主義の感覚、社会ダーウィン主義であったと思われる。イタリアの場合、政権掌握後に本来のファシストと「国家主義者《ナショナリスト》協会」とが合同し、それ以後のファシズムの理論展開はフェデルゾーニ、ロッコなどナショナリストの主導で行なわれたという事情が、強力な国家機構の整備確立という当面の課題から来る要請と重なって、ムッソリーニの言説におけるナショナリズム的色彩を一層濃くしたのである。

ナチズムにおける人種主義的「民族共同体」思想

それに対して、ファシズムの第二の原型であるドイツ・ナチズムの政治・社会思想においては、周知のように、「民族共同体」(Volksgemeinschaft)がその中核におかれており、「国家」はそれに奉仕するという「目的のための手段」であり、「容器」であるにすぎないという位置づけがなされている(A・ヒトラー『わが闘争』平野一郎・将積茂訳、角川文庫版下巻、四〇頁)。つまり、論理としては、イタリアと逆の形になっているわけである。

しかし、イタリアとの相違はそれだけではない。イタリアの場合「国民《ネーション》」といわれたものがドイツの場合には「民族共同体《フォルクスゲマインシャフト》」と表現されているのだが、この「民族共同体」の内容は、ナチズムにおいては、端的にいって「人種」共同体なのである。そして、イタリアの場合、「国家」主導による「国民」の形成が課題にされているのに対して、ドイツの場合には、いわば、この「国民《ナチオン》」の「人種」共同体への純化によるさらなる発展、もしくは止揚、が主張されたのである。

確かにヒトラーの『わが闘争』はまず「自分の自我の関心を共同体の保存のために押し殺してしまう」ことこそ「あらゆる真に人間的な文化のための第一の前提条件である」、

「共同体の生存のために、自分の生命をささげることはあらゆる犠牲的精神の中でも最高のものである」(上巻、四二四頁)という書き方で「共同体」一般に対する個人の自己犠牲の必要を強調しているように見える。しかし、この説明は、「人類の文化発展のにない手だったし、今でもそうである唯一の人種――アーリア人種」(上巻、四一八頁)という人種主義の主張によって、もっと限定された特定の内容を与えられることになる。

すなわち、ヒトラーによれば、「遺憾ながら、わがドイツ民族はもはや統一的な人種的中核を基礎としていない」。そしてこのような「人種的分裂」の結果、「ドイツ民族は、危急のさいに、風向きにしたがって四分五裂におちいる」のであり、「ドイツ民族には、単一の血のなかに基礎をもち、特に危急の際に……ささいな内部的相違をすぐさま投げ捨て、共通の敵に対して統一した群の団結した戦線をつくって対抗し、国民を没落から護るという、あの確固たる群衆本能が欠けているのである」。しかし、ヒトラーにとって幸いなことには、「あらゆる人種雑交」にもかかわらず、ドイツ民族体のなかで今日もなお「混血せずにいる大部分」が「北方ゲルマン系の人々である」。そして、この人々こそ人類史における唯一つの「文化創造者」たるアーリア人種に属するものであり、このアーリア人種はまた「全体社会に対する犠牲能力」においても「最大」の存在なのである(上巻、四二三頁)。こうして、「ドイツ民族の使命」は、「全人類の最も貴重な、無傷で残っている構成要素〔アーリア人種〕を維持し、促進させることを最高課題と見るような国家を形成すること以外にない」ということになる(下巻、四六頁)。

このように、ナチスの共同体思想は、単純な「民族共同体」思想ではなく、むしろ素朴に理解された意味での「民族共同体」を「人種」共同体(「新しい共同体」「新しい人間」)へと純化・発展させようとする思想である。そのなかでナチズムの思想と運動は、さしあたりはドイツ・ナショナリズムの強烈な表現としてあらわれるが、最終的には、独ソ戦下の各国ファシスト団体の「アーリア人種」の名による結集(各国ファシスト義勇軍のナチ武装親衛隊の軍団への参加)という倒錯した「親衛隊インタナショナリズム」をも生み出しうる性質のものであった。しかし、ともあれ、以上のような『わが闘争』からの簡単な抜粋は、第一次大戦直後に全面的に露呈したドイツにおける国民「共同体」の解体現象にまつわるファシストの危機意識のあり方と、そのなかでの共同体思想の特異な急進化(異端の排除と、人種主義による新しい共同体の建設の特異な根拠づけ)の内容を知るための充分な素材を提供しているといえる。

もちろん、このような人種主義の主張は、ナチ運動の初期はおろか、一九三三年一月の政権掌握以降も、一九三五年の一連のニュルンベルク立法までは、それほど運動の最前面には押し出されていない。すでに他の機会に紹介したように(拙著『ナチ・エリート』中公新書、六二―三頁)、それまでは、ナチスの活動家層のあいだでも、もっと素朴な形での「民族共同体」思想に支えられた人々の方が圧倒的に多かったといえる。たとえば、ヴァイマル共和制の初期に『第三帝国』(一九二三年)という本を書いて、ナチズムに最大の政治的シンボルを提供することになったメラー・ファン・デン・ブルック(M. van den Bruck)に代表される右翼民族主義者たちの場合でも、「民族共同体」という場合の「民族《フォルク》」(Volk)は、なお言語、風俗、文化、伝統の共通性を基盤とする精神的共同体を意味するものであった。そして巨大な大衆運動に発展した時のナチズムは、その外被においてはなお、この意味での素朴な「民族共同体」思想におおわれていたが、その核心部分は、すでに『わが闘争』以来、前述のような人種主義思想から成り立っていたのである。そして、このような人種主義を中核としたナチズムと、そのような色彩が極めて小さいイタリア・ファシズムの相違は、同じファシズムといっても、反ユダヤ主義の発現をめぐって大きな相違を生んだことはよく知られている。イタリアで本格的な反ユダヤ主義が登場したのは、一旦失脚したムッソリーニがナチス・ドイツの傀儡《かいらい》政権の首班として再登場したサロ共和国(イタリア社会共和国、一九四三年九月―四五年四月)においてであった。

日本における「国体」思想とその急進化

これまでファシズムの思想の第一の特徴を共同体思想の特異な急進化ととらえて、イタリアとドイツにおけるその具体的な発現形態をスケッチして来たが、それでは、戦前の天皇制ファシズムの場合、イタリアの「国家」、ドイツの「民族共同体」の思想にあたるのは何であろうか。

日本の場合には、イタリアのムッソリーニ、ドイツのヒトラーにあたるような巨大な大衆運動の指導者として政権掌握に成功した人物は存在しない。したがってその人物の発言を整理すれば、その体制の基本思想が解明できるといった決定的な人物が確定できない。通常日本の代表的ファシストとされる北一輝や橘孝三郎の思想をとっていくら検討してみても、それだけでは日本のファシズムの思想のある特定の側面がわかるにすぎない。おまけに、これらの「急進ファシスト」の場合には、二・二六事件に示されているように、むしろその敗北の後に、ファシズム体制が成立するのであるから、彼らの思想からストレートに日本ファシズムの思想を引出すことにはどうしても無理がある。

しかし、それではイタリアの「国家」やドイツの「民族共同体」にあたる鍵となる中心的観念が日本の場合には存在しないかといえば、そうではない。それにあたるのが、日本では周知の「国体」の観念であったといってよい。

「国体」思想といわれるものの核心は、(1)「万世一系ノ天皇」(明治憲法第一条)が日本国の統治権者であり、しかも——「神社神道」を媒介にして——一切の倫理の源泉でもある、と観念されることと、(2)「家《いえ》」の原理がこの天皇の支配する国家の支配原理とされていることである。そして、これを西欧社会の歴史的展開と比較していえば、まず(1)の点については、「近世ヨーロッパの絶対王制が、法王・教会との激烈な闘争をもって、宗教的《権威》から王の政治的《権力》が分離独立することによって成立」(藤田省三『天皇制国家の支配原理』未来社、一九六六年、一六三頁)したのとは異なって、日本の「国体」思想においては、天皇の権威は政治と宗教が未分化に融合したままのものと考えられている。そして(2)の点については、「国家」が「一大家族」ととらえられ、「忠孝一致」が唱えられる日本の家族国家観のもとでは、西欧社会と異なって、国家と社会、公と私がこの点でも未分化のものとして考えられているわけである。

このような「国体」思想は、すでに明治の初めから「教育勅語」(一八九〇年、明治二三年)と「軍人勅諭」(一八八二年、明治一五年)を二つの礎石とし、義務教育(とくに一九〇四年の修身教科書の国定)と徴兵制の軍隊を媒介として国民の間に系統的に注入されて来ていた。したがって、著者も、この「国体」思想そのものを最初からファシズムの思想と位置づけるわけではない。

しかし、ロシア革命(一九一七年)、米騒動(一九一八年)とその後を受けた大正デモクラシーの展開という状況のなかで支配層の危機意識に支えられて開始された「国体」思想の新たな展開は、それが日本におけるファシズムの思想へと転化し始めたことを、その機能ばかりでなく思想内容においても、はっきりと示しているといえる。

この「国体」思想の新展開は、まず「国民精神作興に関する詔書」(一九二三年、大正一二年)とその翌年の国民「教化」運動の発足を皮切りにし、その後満州事変を経て、やがて天皇機関説排撃の「国体明徴運動」(一九三五年、昭和一〇年)へと発展し、最後は日中戦争開始(一九三七年、昭和一二年)直後に始まる「国民精神総動員運動」にまでいたる。

そこでは、それまで義務教育と徴兵制を通じていわば「上から」注入されて来た「国体」思想が、それに抵抗する大正デモクラシーや社会主義運動の敗北を経て、今や広範な中間諸階層の間に受入れられたばかりでなく、在郷軍人会を中心とする各種「教化団体」を通じて一定の範囲で「運動」化される場合さえ出て来たのである。そして、それと同時にここでは、その思想内容においても「国体」思想の新たな展開が見受けられるようになったのである。

スペースの関係でここでは結論的なことだけを並べるほかはないが、この「国体」思想の新展開は、日本の「革新運動史」において「一時代を画した合法無血クーデター」と評されるほど重要でかつ決定的な意味をもった前述の「国体明徴運動」以降、次の諸点を内容とするにいたっている。(1)軍部と右翼団体の発言力が決定的に強まった結果、「国体に関する議論は地位と生命とを賭《と》さなければ一言も吐くことができない情勢」(河合栄治郎)となったこと(つまり「国体」思想のタブー化)、(2)明治憲法の解釈論の中から、天皇機関説的解釈が——政友会、民政党、国民同盟三派の共同提出による満場一致の議会決議(一九三五年三月二三日の衆議院における「国体明徴に関する決議」)、文部大臣による全国学校長宛の「国体明徴の訓令」(同年四月一〇日)、政府の「国体明徴に関する声明」(同年八月三日)によって

——政治的かつ行政的に排除され、天皇の絶対的神格化が完成するという形で、「国体」思想の政治的純化が行なわれたこと、(3)これによって天皇の神格化(天皇制の「顕教」——久野収・鶴見俊輔『現代日本の思想』)は国民各層(とくにその中間的指導者層と青少年)に一挙に浸透したが、それにもかかわらず他方では、政治の実権を握った軍の統制派幕僚や革新官僚の間に、天皇に関する機関説的(立憲君主説的)位置づけ(天皇制の「密教」)が事実上横行し、さらには、その種の天皇制に関するつきはなした理解の仕方が、北一輝ら「急進ファシスト」の間にも拡がっていったこと。その結果、「国体」思想は、日本ファシズムの局面では、観念的急進主義のエネルギー源になると同時に、ひそかな政治的操作の対象ともなるという複雑な様相を生み出した。(4)天皇の神格化が観念的急進主義のエネルギー源となる論理構造には次の三つのものがあった。まず第一は、一切の腐敗や堕落の根源は天皇主権が「君側の奸」に妨げられて実体化されていないところにあるとして、一切の中間勢力のラディカルな排除による天皇親政の実現を希求するものであり、第二は、「一君万民」とか「天皇の赤子」といった言葉にあらわれているように、天皇の下にすべての国民が基本的に平等であるはずだという強烈な擬似平等主義の発想(「天皇の国民」から「国民の天皇」への転換)であり、第三は、神格化された天皇への忠誠の真摯さ(「赤心」)は、既成の伝統主義的な社会秩序や位階制の拘束を無視すること(「下剋上」)をも許容するはずだ、というものであった。このようにして、天皇の絶対化は、既存体制のセメント化を保障すると同時に、観念的急進主義(超国家主義)のこと新たな高揚をも生むものであった。国体明徴運動はこうして二・二六の暴発の引金にもなるものであって、ここには、日本ファシズム独特の矛盾があらわれていた。⑸最後に、このような「国体」思想が、日本ファシズムの思想となりえたのは、「忠孝一致」を説くその家族国家観が、おおむね農村と都市の旧中間層に属する中間的エリート層(彼らは当時の日本社会の家族・村・郷党社会などの共同体的構造の要所要所を固める「小天皇」であった)の心をそれなりにとらえたからであった。大正デモクラシーと社会主義運動の敗北の後、あとに残ったのは、当時の国際情勢の推移に規定された民族的危機意識と、日本資本主義の急成長のなかでの犠牲を背負わされ、今また昭和恐慌のなかで新たな苦悩を背負わされた農村と都市底辺層の窮迫状況であったが、伝統的「国体」思想の急進化された形態は、そのような状況におかれた日本の中間エリートの危機意識に見合う共同体イデオロギーとして機能したといえる。そのことは、国体明徴運動のリーダーたちが、天皇機関説を説く「美濃部氏の根本思想は、第一が独立なる個人が単位であって、その個人が相互に精神的又は物質的の交渉を有する生活を社会生活なりと為す個人主義思想」と「自由主義思想」にあり、それが「一切の誤謬錯覚の根源」である、としているところにもうかがわれる(国体明徴運動については、松本清張「天皇機関説」『昭和史発掘6』文芸春秋社、一九六八年所収、ならびに石関敬三「国防国家論と国体明徴」早大社研『日本のファシズムⅠ』早大出版部、一九七〇年所収参照)。

その他のファシズム

ファシズムの思想の特色の第一が共同体思想の特異な急進化にあることと、その具体的発現形態、中心観念が国によって異なるという二つの点は、伊独日の三国以外の多くのファシズムについても同様に確認できることである。まず、共同体思想の異常な急進化の結果「人種」概念が提起され、それが通常の「民族共同体」の概念の枠を破るまでになるナチス型の例としては、ノルウェーのクヴィスリングがあり、さらにそれに準じるものとしてルーマニアの鉄衛団のコドレアーヌがある。クヴィスリングの「国民結集党」は、「北欧人種と展望をともにするあらゆる民族――ノルウェー人、スウェーデン人、デンマーク人、アイスランド人、ブリトン人、ドイツ人、オランダ人、そして北欧の血統と精神をもつその他すべての人々――に対して……〈北欧世界運動〉に結集するよう呼びかける」(「北欧的原理」、E・ウェバー『ファシズムの思想と行動』平井友義・富岡宣之訳、福村出版、二一九頁)。ルーマニアのコドレアーヌは、このような人種主義的普遍性を主張するところまではいかないが、自国内に居住する人々のなかでルーマニア人のみを民族の構成員と認める点では、ナチスの二五カ条のなかの「民族の構成員以外の何人も国家の市民たりえない。ドイツ人の血をひく者以外の何人といえども……民族の構成員たりえない」という主張(第四条)と同質である。コドレアーヌの『使徒信経《クレイドー》』は次のような書出しで始まっているのである。

「私はあらゆるルーマニア人を、そしてルーマニア人のみを包含する……単一の統一ルーマニア国家を信じる」(「国家キリスト教社会主義」E・ウェバー、前掲書、二三〇頁)。

それに対してハンガリーの矢十字党のサーラシのいう「ハンガリー主義」は以上の二つの例よりもやや緩やかな主張である。そこでは、「ハンガリー主義」は「人々の最も自然な共同体の幸福をめざして闘う」とされるが、それは「ハンガリー人の必要のためだけに構想されたのではなく、カルパチア山脈に囲まれたダニューヴ河流域に住むあらゆる民族のために構想されたものである。……けだし、これらの民族は……ハンガリー人の監督と指導の下に、かつハンガリー人とともに社会的、経済的、道徳的、精神的、物質的、政治的に統一されたハンガリー民族を構成するからである」とされている(「方法と目的」E・ウェバー、前掲書、二二〇―一頁)。このような違いはあるが、これらの中・東欧ならびに北欧のファシズムにおいては、広い意味での「民族的共同体」にまつわる危機感が根底にあり、ユダヤ人と共産主義者がともに「民族共同体」の敵として徹底的に排除されるべきであるとされている点が共通である。

ファシズムにおける急進的共同体思想の第二のタイプは、抽象的な「国家」の観念を強調するイタリア型のタイプで、イタリアの他にスペインのファランヘ党の例があげられる。ホセ・アントニオ・プリモ・デ・リヴェーラはいう。「〝祖国《パトリヤ》〟はあらゆる個人と階級が統合される全体的統一である。〝祖国〟は独自の達成目標をもつ超越的総合体、分割することのできない総合体である。われわれは、今日のこの運動およびこの運動が創造する国家が、争う余地のない統一、〝祖国〟というあの恒久的統一、あの不可変の統一に役立つ有効で権威的な道具となることを欲する」(「ファランヘ党は何を欲するか」E・ウェバー、前掲書、二四二頁)。ここでは、共同体思想の急進化は、「祖国」への希求、国家権威の確立への要請として表明されている。ファシズム思想のこの種の展開は一般にラテン系の諸国に多く、フランスでも、たとえばマルセル・デアの場合には、「利己心、特権および封建体制の一切に優先する人民的・権威的国家」の樹立を唱えている(「国家人民連合R・N・Pは何を欲するか」E・ウェバー、前掲書、二五三頁)。

3 「ナショナリズム」と「社会主義」の結合

「ナショナリズム」の社会化と「社会主義」の国民化

ドイツのナチ党の正式の名称は「国民社会主義ドイツ労働者党」(Nationalsozialistische Deutsche Arbeiterpartei＝NSDAP)である。このなかの「国民《ナショナル》」という部分は、わが国では、人によって「国家」と訳されたり、「民族」と訳されたり、さまざまであるが、要するにここでは、「ナショナリズム」と「社会主義」という一九世紀後半のヨーロッパの政治思想における二大潮流が最も典型的なファシズムの運動体の名称のなかで組み合わされて登場していることに注目したい。さらにいえば、「ナチズム」という言葉をもう少し形式ばっていえば「ナショナル・ソーシャリズム」(National Socialism)ということになるわけである。そして、この呼び名は、前述の急進化した共同体思想という特徴に次いでファシズムの思想の第二の特徴を指し示しているといって良い。

ファシズムが「ナショナリズム」と「社会主義」の結合というあり方を示しているその事情を考えるためには、その前提として、一九世紀の九〇年代から顕著にあらわれ始めていた「ナショナリズム」の社会化と、「社会主義」の国民化という二つの動向を知っておく必要がある。このうちの前者、つまり「ナショナリズム」の社会化の動きは、その歴史的起点を探せば、「社会主義者」を自称したフランスのナポレオン三世や、労働者階級に対する「飴」として画期的な社会保険制度を導入したドイツのビスマルクなどに見出すことができようが、九〇年代に新たな「帝国主義時代」の特徴的な現象としてあらわれたのは、それが明確に運動化し始めたことである。すなわち、それまでは、おおむね独裁的権力者による労働運動や下層民衆の国民国家への「上からの」統合の技術＝手段として展開されて来たものが、いまや、自立した思想運動や大衆運動として登場し始めたのである。もちろん、その場合の運動の形態は、たとえばドイツの場合、前述のルター派の宮廷説教師シュテッカーのキリスト教社会党(一八七八年創設)のようになおキリスト教を利用した

「上からの」民衆統合を目指すものもあれば、有名なM・ウェーバーの友人F・ナウマンによる「国民社会協会」(一八九六年創設)のように社会改良主義的なものもあり、さらには、前述のように、直接的にファシズム的心情の原初的発露とみられる反ユダヤ主義的「民族至上主義的」(völkisch)な諸団体もあった。また、オーストリアにもシェーネラーやルエガーの運動があったことはすでに述べたが、その他に、ブラッハーがナチ運動の「オーストリアにおける先駆者」として最も重視している「ドイツ人労働者党」(一九〇四年結成)があった(ブラッハー『ドイツの独裁』I、八九頁)。同党は、ボヘミア地方を中心にして、チェック人に対抗してドイツ人労働者の利害を守るための「国民的社会主義」を標榜していた。フランスやイタリアの例については次の項目で扱うが、要するに、九〇年代以降、「ナショナリズム」の社会化という事態がさまざまのニュアンスの違いを含みつつ、中部ヨーロッパの諸国を中心にして思想と運動の密着した次元で進行しつつあった。

それに対して、「社会主義」の国民化という事態もまた九〇年代以降着実に進行しつつあったが、この方は、顕在化するのはやや遅れ、第一次大戦の勃発まで待たなければならない。つまり、「社会主義」運動はとくにマルクス主義の場合、「万国の労働者よ、団結せよ」という「プロレタリア国際主義」の立場を掲げていたため、その蔭で進行しつつある事態はそれほど目立たなかった。しかし、ここでも、一八九四年の露仏同盟の成立以来、その評価をめぐって第二インター内部でドイツとフランスの社会主義者間にしばしば対立が起り、最後に第一次大戦の勃発に際して、ドイツ社会民主党の軍事予算案への賛成投票と「城内平和」政策への転回(八月四日事件)を契機に第二インターが一挙に崩壊し、各国の社会主義運動の圧倒的な部分がナショナリズムの立場に移ったことは周知のところであろう。

第一次大戦直後の状況において、ファシズムが「ナショナリズム」と「社会主義」の結合という一見「第三の立場」を宣言して登場した歴史的背景として、以上のような事態があったことは明らかである。

結合の論理とその諸形態

ファシズムの思想が、「ナショナリズム」と「社会主義」を結合する「第三の立場」を提示しているといっても、その場合、この両者の結合関係のなかで基軸になっているものが、「社会主義」ではなくて「ナショナリズム」の方であったことには疑いの余地がない。ただこの両者の結合の論理には、大別して次の二つのタイプがあったように思われる。

まず第一は、抑圧されたものの解放という「社会主義」の主張を、国内体制の改革に生かすのではなくて、国際社会における自己主張の論理に転用しようとするものである。後発帝国主義国家としての日独伊三国が第二次大戦に際して、米英仏などの先進帝国主義国家に対する戦いを「〝持たざる国〟の生存権」によって根拠づけたこと、そして、「狭い国土、貧弱な資源、多すぎる人口」という宣伝がこれらの国々で民衆を戦争体制に組みこんでいくうえで威力を発揮したことは歴史的な事実である。そして、その場合、この「〝持たざる国〟の生存権」を根拠とする対外進出が「人類の機会均等の原則」とか「各国民の平等の生存権」とか「国際正義」といった自由主義的ニュアンスの表現によって正当化される事例も数多い（例えば、近衛文麿が京都帝大を卒業した翌年〔一九一八年〕に書いた「英米本位の平和主義を排す」ではそうなっている）。しかし、ファシストの先鋭な危機意識を媒介にした時には、こういった論証が、社会主義者の用語によって説明されることになるのである。有名なのは、先述のイタリアのナショナリスト、コルラディーニがイタリアを「国際社会におけるプロレタリアート」として位置づけ、それがイタリアのファシストに受け継がれた例であるが、わが国においても、例えば北一輝は「国際的無産者たる日本」について語っている。彼によれば、「国内の無産階級が組織結合をなして力の解決を準備し又は流血に訴て不正義なる現状を打破することが……是認せらるるならば、国際的無産者たる日本が力の組織結合たる陸海軍を充実し、更に戦争開始に訴て国際的画定線の不正義を匡すこと亦無条件に是認せらるべし」（『国家改造案原理大綱』）ということになるのである。ファシストのこのような主張の場合、(1)「国内の分配よりも国際間の分配を決せざれば……社会問題は永久に解決されざるなり」（北一輝）という論理と、(2)「世界領土（〝世界の劣等文明地方〟）の公平なる分配」（近衛文麿）を「国際正義」の実現と考える帝国主義者の価値観が不可分に結びついていることはいうまでもない。

「ナショナリズム」と「社会主義」を結合する第二の論理は、「民族共同体」の確立のためには、国内的には「社会主義」の実現が必要だ、とするものである。この場合には、ナショナリストの立場から、そして「民族の再生」のためにこそ一定の国内改革が主張されることになる。そしてそれは当然、どこの国の場合でも、「ファシスト左派」の主張となる。第一の論理の場合には、「社会主義」運動の基本用語のなかから、「プロレタリアート」とか「無産者」とかいった言葉は借用されても「社会主義」そのものについては直接には語られないのに、この第二の論理の場合には、マルクス主義と区別される「真の社会主義」の樹立が叫ばれさえする。ドイツの場合でいえば、ヒトラーやローゼンベルクは「社会主義」というシンボルを強調することをあまりしていないが、一般にナチス左派もしくは急進派とされているG・シュトラッサーやゲッベルスは「民族というものは、もしそれが運命と苦難の共同体であり、かつまたパンの共同体でもあろうとするのでない限りそもそも存在しえないものである」(G・シュトラッサー)と訴え、「われわれは、各個人がより一層、喜んで、しかも責任意識をもって、民族と国家に対する自己の勤労上の義務をみたすことができるようになるために、すべての創造するドイツ民衆に、ドイツ経済への参加を認める」(ゲッベルス)ような「社会主義」の実現を説く。

日本の場合には、北一輝が「土地及び生産機関の公有」を主張する「純正社会主義」から出発して『日本改造法案大綱』にいたる自己の思想の軌跡の「一貫不惑」性を誇っている(宮本盛太郎『北一輝研究』有斐閣、一九七五年)が、これは、基本的にはドイツのシュトラッサーらと同じ事例に属するものであろうし、日本における「国家社会主義」の最初の理論家とされる高畠素之が、「必然の国から自由の国への躍進」は、「マルクス及びエンゲルスの主張する如く国家の消滅に伴う必然的結果」としてではなくて、逆に「労働搾取の廃止」による「真の国家の完成」によってのみ与えられるものである、と説くのも、「社会主義」による「ナショナリズム」の実現という論理であろう。

もちろん、ファシズムの運動の現実の展開のなかでは、以上の二つの論理のうち結局のところ勝利するのは前者の論理である。そしてそのことは、ファシズムの体制が、どこの国でも、旧型の保守反動勢力と真性ファシストとの同盟を内容としてのみ成立しうる性質のものであることによるといって良い。しかし、そうはいっても、ここでいう第二の論理の重要性を軽視してはならない。それはとくに運動の局面では、多くの活動家たちのエネルギーを支える思想であったし、体制化の局面でも、その体制を支える正統性原理もしくは神話の一環として、民衆の同意の調達に極めて重要な役割を果したからである。われわれはそこで、この第二の論理、つまりファシスト左派もしくは急進派の国内改革の構想とそれを支える根本感情を、さらに具体的に検討しておく必要がある。

「反資本主義」感情の諸形態

「ファシスト左派」もしくは急進派の国内改革の構想を支える根本感情は、前述のドイツのG・シュトラッサーが用いた「反資本主義的憧れ」という表現に集約されている。この感情は、すでに再三にわたってふれたように、ファシズムの社会的基盤となっている小市民層(新旧中間層)の危機意識の所産なのだが、それが単なる「特権的」で「腐敗した」支配層(財閥、高級官僚、軍上層部、既成政党)に対する一般的反発にとどまらず、「反資本主義」という表現をとる場合の具体的内容が、ここでの問題である。このファシストの「反資本主義」は通常、資本一般もしくは資本主義体制そのものへの反対ではなくて、特権的な大資本もしくは独占資本に対する中小零細資本(中小企業主、零細商店)の反発であると解説される。事実、北一輝の場合、最終的には私有財産は「一家一〇〇万円、私有地は一家で時価一〇万円」に制限され、それを越える分の国有化が要求されていて、資本の規模による振り分けが行なわれている。しかし、このように、資本一般を否定せず、その振り分けを行なう、つまり要するに「良い資本」を擁護し、「悪い資本」を駆逐するという「反資本主義」の論理の具体的な表われは、国によって微妙な違いを示している。

まずドイツの場合には、シュトラッサー、ゲッベルスならびにG・フェーダーに共通にあらわれている「国民的＝創造的資本」(national-schaffendes Kapital)と「国際的＝略奪的資本」(international-raffendes Kapital)の区別が重要である。いうまでもなく前者が「良い資本」、後者が「悪い資本」なのだが、この後者(それはまた「ユダヤ的資本」とも呼ばれる)は、具体的には、「利子奴隷制」によって商店主や農民を苦しめる「高利貸資本」であったり、百貨店などの大商業資本であったり、「匿名の資本」の支配を可能にする株式会社資本であったり、「取引所資本」「国際金融資本」であったりする。要するに小市民層を圧迫し苦しめている「略奪」的資本が攻撃の対象になるのであって、必ずしも資本の大小の問題ではない。

さらに、この「良い資本」と「悪い資本」の区別は、産業構造の近代化を通じて国民的生産力の向上に寄与しうる資本であるか、それとも遅れて老朽化した産業構造を固持しようとする資本かという基準で提起されている場合もある。そして、同じファシズムといっても、高度資本主義の展開のなかで小市民層が没落の危機に瀕していたドイツでは前者の論理が前面に出たのに対して、イタリア、フランス、スペインのファシズムの運動を支える思想のなかには、この後者の発想が顕著にあらわれている場合が目に

北一輝(1883-1937)

つく。そして、そのなかでも、フランスのヴァロア(G. Valois)による「フェーソー」運動などでは、老朽化した産業構造の近代化に力点がおかれ、イタリア・ファシズムでは全体として近代的国民経済の確立が追求されるのに対して、スペインのファランヘ党左派につながったレデスマ・ラモス(Ledesma Ramos)の系統は、徹底した土地改革と国家資本の確立による「国家の栄光」の回復を訴えるという相違があった。

「職能組合国家」と新・旧中間層

このような内容をもった「反資本主義」感情を基底としたファシストの新たな体制構想が「職能組合《コルポラティスム》」国家という形をとって登場することがある。それはまずイタリア・ファシズムにおいて提唱され、オーストリアのいわゆる「教権ファシズム」の段階やドイツ・ナチズムの運動局面で一定の役割を演じ、フランスのG・ヴァロアのフェーソー運動のなかでも注目すべき内容を示している。またスペインのフランコ体制、ポルトガルのサラザール体制下では基幹組織として導入されている。しかし、それらの問題自体は次章で扱うのがふさわしいので、ここではたちいらない。その代りに、ここでは、この種の体制構想の問題ともからめて、前述のようなファシストの「反資本主義」感情の発現形態のなかにあらわれている新・旧中間層間の感覚の相違について一言ふれておくことにしたい。

それは、前述のドイツのG・フェーダーの場合には、「反資本主義」といっても、具体的には大資本や「略奪」的資本に対して中小経営者、零細商店主、農民等、いわゆる自営中間層(旧中間層)の保護がもっぱら語られているのに対して、前記シュトラッサーやゲッベルスの場合には、被傭者(すなわち労働者とホワイトカラー=新中間層)による企業の株式の一〇%所有という問題が提起され、日本の北一輝の場合でも、「労働者への利益配当」と労働者代表の「事業の経営計画及び収支決算」への「干与」が求められているという形であらわれている。この場合、シュトラッサー、ゲッベルス、北一輝らはそのことによって、被傭者層(とくにホワイトカラー層)を「国民という有機体に編入し、この国民の繁栄と災禍は彼ら自身のそれであることを、彼らにはっきりと具体的に分らせる」(ゲッベルス)ことを狙っているわけだし、その点は、ドイツのシュトラッサーの綱領草案の場合には、形成されるべき五つの職業別代表からなる身分制議会においても、農業議会、商工業議会、自由職業議会と並んで、労働者議会と官吏・職員議会というのを別に設けていることにもあらわれている。要するに、中間層を基盤にしたファシズムといっても、当時の歴史段階では圧倒的に旧中間層的色彩が強いなかで、新中間層(さらには一般労働者)の問題もこのようにファシスト急進派の体制構想のなかに顔を出しているのであり、さらに後述のイタリアのファシスト公認組合の制度や日本の産業報国会の運動は、歴史的に見れば、労働者階級の組織化のレベルが決定的に飛躍する契機になるという逆説的役割を演じることにさえなったのである。

このように、「職能組合」国家の構想は、当時の歴史段階での新・旧中間層の広い意味での「反資本主義」の感情を、彼らの国家有機体説的感覚と身分制意識を手がかりにして、一つの新しい政治体制へと組織化しようとしたものであった。しかし、それが、ファシズムの支配体制のなかで、どのような位置を占めることになるかは、前述のように国によって異なる。少なくとも中間層に属する諸身分が大きなウェイトを占める形での「職能組合」国家は、ドイツやイタリアではなくて、フランコ体制やポルトガルのサラザール体制など労働者階級のウェイトの小さい社会構造の国でしか実現していない。イタリアでもドイツでも「職能身分」制の観念は、本来中間層の統合策として出発したものであったのに、結果的には、労働者階級の統合策へと決定的に力点を移行させているのが実情である。

しかしそのいずれの場合であっても、「反資本主義」の立場からのファシストの体制構想は、ファシズム体制の確立過程のなかでは一般にその機能を逆転させたものにならざるをえない。ファシズムの勝利とともに「社会主義」とは結局のところ、職能別利益の保護のことではなく――ナチス流にいえば――「公益は私益に優先する」という原則のことだと強弁されるようになるからである。そしてその場合、何が「公益」であるかを決めるのは、ファシスト指導部ならびにそれと同盟した既成支配層のなかの最反動派なのである。そしてこの「反資本主義」をまともに信じこんでいた人々は、ドイツの有名なレーム事件に典型的に示されているように、ファシスト指導部によって粛清されることになるのが通常である。

「階級闘争の克服」と「共同体労働」

このように、ファシズムにおける「ナショナリズム」と「社会主義」の結合は、つねに「ナショナリズム」の方を基軸にしたものであり、「社会主義」の論理はつねに「ナショナリズム」の論理に従属するか、もしくは「ナショナリズム」へと回帰し、吸収されてしまう。そしてそのことを保障しているのが、「階級闘争」と「労働」そのものの位置づけである。

ヒトラーの『わが闘争』のなかで、この点をめぐる彼の思想が最も端的にあらわれているのは、「労働組合」の位置づけの部分である。彼によれば、「国民社会主義的意味での労働組合は、民族体の内部に同様につくられた他の組織に対して闘争するために、民族体の内部において一定の人間をまとめることによって、それを次第に一つの階級に変えるという任務をもっているのではない」「国民社会主義的労働組合は、階級闘争の機関ではなく、職業代表の機関である。国民社会主義の国家には、〝階級〟はない」からである。労働組合は本来「階級闘争的」なものではないのであって、「マルクス主義が組合を階級闘争の道具にしあげたのである」(『わが闘争』下巻、三一六―七頁。強調はヒトラー自身による)。

それでは、「国民社会主義的労働組合」の積極的任務は何か、というと、それは、「個々人の生まれつきの、また民族共同体によって完成された能力と体力に応じて、われわれの

ナチス突撃隊の行進(プラカードに「マルクス主義に死を」とある，1926 年．ノルテ 139 頁)

民族とその国家の維持および確保のために、みんなが共同して働く」ように「教育と準備」をおこなうことである(同、三一九頁)。

このようなヒトラーの主張は、マルクス主義の「階級闘争」史観に対する批判であり、一種の階級協調主義の主張であるといってよい。しかし、この階級協調主義は、市民一人一人の尊厳を前提とする個人主義的・自由主義的視点からのそれとは全く異質のものであることは指摘しておく必要がある。ヒトラーは、「国民社会主義的労働者と国民社会主義的使用者は、ともに全民族共同体の代理人であり、擁護者である」ことを強調しているが、この発想は、ナチスの政権掌握後の一九三四年一月に制定された「国民的労働の秩序に関する法律」では、「労働」の私的性格の否定(=「国民的労働」の法制化)を生み、その結果、ストライキは、公的な労働の放棄、つまり国家もしくは共同体への反逆とされることにつながるのである。いいかえれば、ナチズムの支配下では、「労働」は「民族共同体」のための義務労働(「共同体労働」)となるのである。

ファシズムの支配下での「労働統制」の形態がドイツ・ナチズムとイタリア・ファシズムとで異なることについては、次章であらためて説明するが、「労働」の基本的位置づけにおいては両者の間に違いはなかった。イタリアの労働憲章(一九二七年四月制定)は、その第二条で端的に次のように規定しているからである。——「労働は知的なると、技術的なると、肉体的なるとを問わず、すべて社会的義務である。」

4　ファシズムのエリート主義と社会ダーウィン主義

ファシズムのエリート理論

前節では、ファシズムの思想のなかにあらわれる「反資本主義」の主張が時としては社会主義者の基本的用語を部分的に借用したり、さらには「社会主義」というシンボルを持出すにまでいたること、しかし、この「社会主義」のシンボルを前面に押し出すファシスト急進派の社会改革の主張は結局は夢物語に終り、「社会主義」はふたたびナショナリズムに吸収されてしまうことを強調した。しかし、このようにファシスト特有の「反資本主義」から出発する社会改革が挫折してもなお後に残るもう一つの擬似革命性がファシズムにはある。それは、今日では近代化論の視点からファシズム特有の「近代化効果」の問題として指摘されている一連の注目すべき事態に関連しているのだが、ここではそのなかでも、「社会的流動性」の拡大という問題にからんでくるファシズム・イデオロギーの独特の部分に注目しておく必要がある。ファシズムのエリート理論の問題がそれである。

ファシズムにおいては、その他の領域の場合と同じように、エリート理論の領域においても独特の両義性が見られる。ファシズムは、一方では、保守主義の立場と同様に、人間相互間の不平等なあり方を基本的に肯定し、その点で左翼自由主義、民主主義、社会主義の立場に反対する。民主主義は、「愚者による多数決」が「エリートの賢明な判断」に対して優位に立つ「馬鹿げた体制」ということになる。しかし見落してはならないのは、ファシズムの思想は、他方では、次の二点において、保守主義の立場とははっきりと性格を異にしているということである。それは一つは、保守主義の立場と異なり、ファシズムは、いわゆる「開かれたエリートの理論」をとっていて、既成の上層階級や支配階級に属する人々を即エリートとはみなさないということである。そしてもう一つは、このことと密接に関連していることだが、エリートたる資格は、家柄や生まれや所属によるものではなくて、その人の「能力」やなしとげた「業績」によって与えられるべきものだと考えることである。

最近のファシズム研究のなかでは、このようなファシズムと保守主義の相違が発見され、強調されている。例えば、ドイツのナチズムの有名な二五カ条の綱領の第二〇条には次のように書かれている。「能力を有し、且つ勤勉なすべてのドイツ人に、より高度の教育をうけさせ、これにより、彼らを指導的な地位に進ませるためには、国家は、国民教育制度全般の根本的拡充について、考慮を払わねばならない。……我々は、その身分または職業のいかんを問わず、貧困者の両親をもち、精神的に特に優れた資質を有する児童の教育を、国庫負担によって実施することを要求する。」

そしてこのような事実を発見して、「エリート理論におけるナチズムと自由主義の深い親近性」を論じる研究者も出て来ている（アメリカのW・ストルーヴェの著書〔*Elites against Democracy*, 1973〕がそうである）。しかし、このようなとらえ方は、まず第一にナチのエリート理論の両義性をとらえそこなったものといわなければならない。二五カ条の綱領のなかのこの条項やそれと同趣旨のヒトラーの発言は、すべて人間の本来的不平等を前提としたうえで、エリート選抜の範囲を拡大しようという理論、もしくは、中間層と労働者階級のなかの身分的上昇の期待に応えようという対応である。つまり前述の引用は、真の平等の実現の主張ではなく、「社会的流動性」の拡大による不平等の顕在化の主張である。そのことは、次にふれるファシズムの大衆観と比較すれば全く疑いの余地がない。

それにもう一点、少なくとも個人主義的な自由主義のエリート理論とファシズムのエリート理論とはっきりと違うのは、何のためのエリートの選抜かということである。ファシズムのエリート理論が伝統的支配層によるエリートの独占をどのように激しく批判していたとしても、そしてその結果、「革命」的に見えたり、急進的自由主義の主張に似て来たとしても、それは、前述のような急進化した共同体思想にリンクされ、「民族共同体」の維持・発展のためのエリートの育成という位置づけを与えられたその枠内でのことである。そして、国民のなかのそうした「エリート」が彼らに相応しい地位を「民族共同体」のなかで与えられた時、——ヒトラーによれば——「社会主義」もまた実現されたことになるのである(われわれは、ここに、エリート理論を媒介にして、「ナショナリズム」と「社会主義」が融合した姿を見ることができる。これは、この両者を結合しようとするファシストの論理の第三のタイプでもある)。とにかく、以上のことを証明するヒトラーの言葉を一つだけあげておこう。

「社会主義とは、人々をもって生まれた能力に従った自然な序列の中におくこと以外の何ものでもない。もし、血と血統、能力と自然の天分にもとづいて指導者たるべき資格をもった政治指導者たちの一階級を形成することに成功するならば、ドイツ革命は数世紀にわたるドイツの将来を形造ることになろう。われわれの革命の具体的な目標は、外部の世界へのドイツの勢力の拡大のための前提条件たる国内秩序を確立することにあるのであ

る」(一九三三年七月一日――N. H. Baynes, *The Speeches of Adolf Hitler*, p. 483)。

『わが闘争』の大衆観

ナチスの「開かれたエリート」の理論の根底にどのような大衆蔑視の思想がひそんでいたかは、ヒトラーの『わが闘争』の「宣伝」に関する部分をひもとけば直ちに明らかになることである。ここでは、そのなかで、彼の大衆心理への洞察力の鋭さが徹底した大衆蔑視の思想と不可分の形でからまり合っている有名な文章のいくつかを採録しておくことにする。

「宣伝はすべて大衆的であるべきであり、その知的水準は、宣伝の対象となるべき人々の中で最低級に位置する人でも理解できる程度に調整すべきである。したがって獲得すべき大衆が多くなればなるほど、純粋の知的水準はそれだけ低くしなければならない」(『わが闘争』上巻、二五九頁)。

「大衆の受容能力は非常に限られており、理解力は小さいが、そのかわりに忘却力は大きい。この事実をふまえる時には、すべての効果的宣伝は、重点を厳しく制限して、しかもこれをスローガンのように利用し、そのことによって、意図されたものが、最後の一人にいたるまで思い浮べることができるように継続して行なわれなければならない」(同、二六〇頁)。

「民衆の圧倒的多数は、冷静な熟慮よりもむしろ感情的な感じで考え方や行動を決めるという女性的素質を持ち、女性的な態度をとる。しかしこの感情は複雑ではなく、非常に単純で閉鎖的である。……肯定か否定か、愛か憎か、正か不正か、真か偽かであり、決して半分はそうで半分は違うとか、あるいは一部分はそうだがなどということはない」。したがって「ただ無制限な、あつかましい、一方的な頑固さによってのみ」宣伝は成功するのである(同、二六四頁)。

「大衆はその鈍重さのために、一つのことについて知識をもとうという気になるまでには、いつも一定の時間を必要とする。最も簡単な概念を何千回もくり返すことだけが、結局は覚えさせることができるのである」(同、二六六頁)。

以上の抜書きに対してもなお、それはヒトラーのリアリズムを証明しているだけであって、彼の大衆蔑視や不平等主義そのものの直接的証明ではないとする人がいるかもしれない。それに対しては、H・ラウシュニングが伝えるヒトラーの次のような内輪の発言(一九三二年)がとどめを刺すことになろう。

「マルクス主義のいう無階級社会は妄想である。……秩序とは、常に階級的秩序のことなのである。……人間の不平等を廃棄することが必要なのではなく、逆に、それを深化させることが重要なのである。いにしえの偉大なる諸文明におけるように、乗り越えることのできぬ柵をつくり、それを掟と化することが重要なのである。万人にとって平等な権利というものは存在しない。このことを行動の格律とするのみでなく、これを公けに認める勇気を持たねばならぬ。……」(H・ラウシュニング『ヒトラーとの対話』船戸満之訳、学芸書林、五二頁)。

そしてヒトラーは、この後、「ナチ革命」を通じて、「単にドイツ国の運命のみでなく世界の運命を導く使命を受けた新しい貴族階級」と「新しい中産階級、無名の大衆、奉仕する者の集団、公民権の永久喪失者」さらには、他種族からなる「現代奴隷階級」の「巨大なヒエラルキー」が生まれること、そしてそこでは、「彼らがかつて古いブルジョアジーの一員であったかどうか、あるいは、大地主、労働者、職人であったかどうかはどうでもよく、経済的地位やこれまでの社会的役割もそのときはなんの意味ももたなくなる」とも語っている。

ここでヒトラー以外の他の国のファシストの指導者たちのエリート観と大衆観を同じように検討する余地はもはやない。しかし、エリートの基準について、ナチズムの場合、アーリア人種の血統という人種主義が入りこむのに対して、他の国のファシズムの場合、それぞれ独自の民族主義的基準をもっているという点を別とすれば、基本的発想はほぼ同様であるといってよいであろう。

組織論としての「指導者原理」

さて、以上のようにエリートと大衆、指導者と大衆とをいわば実体的に峻別するヒトラーにとって、「多数決という議会主義の原理」が問題視されるのは、何よりもまず、それが「無責任な政治」をもたらすと同時に「指導者思想一般の破壊に導く」からである。それは「個人の権利を否定し、そのかわりにその時々の群衆の数を置くことによって、自然の貴族主義的根本思想を凌辱する」ものである、というのである。その場合の「自然の貴族主義的根本思想」については次にふれることになるので、ここでは、ヒトラーがこのような「ユダヤ的民主主義」としての「近代民主主義議会主権」に対して何を対置するかを見ておこう。（ムッソリーニもまた、ヒトラーと同様に、「人間の不平等」を根拠として多数決制を否定し、その代りに「新しい型の貴族主義」の不可避性を説いている〔アンリ・ミシェル『ファシズム』文庫クセジュ、三六、四四頁参照〕）。

それは「行動に対してすべての責任を完全に引受ける義務を負っている指導者を自由に選ぶ真のゲルマン的民主主義である」。そして、「そこには個々の問題に対する多数決はなく、ただ自己の決断に対して能力と生命をかけるただ一人の決定だけがある」（『わが闘争』上巻、一二七―四〇頁）という。

こうして、議会制民主主義に対する、一見正当な面が全くないわけではない痛烈な批判が、結論的には、極端な指導者絶対主義の正当化につなげられる。そしてこの指導者絶対主義は、組織論レベルではすでにナチ党の運動の初期段階において、次のようにかなり具体的に展開されている。

すなわち、ナチ党の運動は、「その本質および内部の組織のあり方からして反議会主義である」。それは「多数決の原理を拒否する。というのは、この原理では指導者はただ他人の意志と意見の執行者の地位にまで落ちてしまうからである。この運動は、事の大小を問わず、最高の責任と結合された指導者の無条件の権威の原則を主張する」。「この原則の運動にとっての実践的な結果は次の通りである。つまり、ある地区グループの第一議長はそのすぐ上級の指導者によって任命される。彼はその地区グループの責任をもった指導者である。全委員会は彼の支配下にあり、逆に彼が委員会に支配されるのではない。票決のための委員会は存在せず、ただ活動のための委員会が存在するだけである。活動のための任務は責任をもった指導者、つまり第一議長が割当てる。同様の原則が地区のすぐ上級の組織、つまり小管区、中管区、あるいは大管区にも妥当する。指導者はつねに上から任命され、同時に無制限の全権と権威を与えられる。ただ全党の最高指導者だけが党規則に基づいて、全党員集会で選ばれる」。

要するに、ここでは、ただ一人の最高指導者の下に、全ての役職が上から下へと任命され、合議制の委員会が全廃されるというファシズムの運動の独特の構造が描き出されているわけである。

おまけに、「この原理をこの運動自体の隊列の中だけでなく、全国家に対しても決定的な原理とすることは、この運動の最高課題の一つである。……人類の進歩と文化は多数決の所産ではなく、もっぱら個人の独創力と行動力に基づいている。このような個人を訓育して、それぞれの資格に応じた場所に配置することは、わが民族の偉大さと力を回復するための一つの前提である」という(同、四八九―九〇頁)。

ここでは、これ以上の説明は不要であろう。ただ、いわゆる「開かれたエリートの理論」と組織論としての指導者原理、そして急進的ナショナリズムの主張の三者がヒトラーにおいては見事に有機的一体をなしていたことが確認されるのみである。

社会ダーウィン主義と「強者の権利」

ところで以上のようなファシスト独特のエリート主義と組織論の根底にあるのは、いわゆる社会ダーウィン主義(social Darwinism)もしくは社会進化論の発想である。そしてこの点が各国のファシストたちの思想的な共通項をなしていることは、例えば、宮本盛太郎氏が、ムッソリーニとヒトラーと北一輝の三者の思想を比較したうえで確認されているところである。氏によれば、「ファシズムのプログラムを形成した要因としては、(この)三者において社会進化論の持つ意味は、基本的には同一である」(宮本盛太郎『北一輝研究』有斐閣、一九七五年、二三三頁)。

社会ダーウィン主義というのは、有名なダーウィンの進化論における自然淘汰説を社会現象にも適用しようとするもので、前世紀の末から今世紀の初頭に一般の帝国主義的風潮のなかで通俗科学的形態をとって大いに流行し、それがこの時期に成長期を過した多くのファシスト指導者たちの社会観・政治観のなかに入りこんで極めて重要な役割を演じることになったのである。

このファシスト流の社会ダーウィン主義によれば、(1)まず第一に、人間は生来基本的に不平等なものであり、個人レベルでも、民族レベルでも、人種レベルでも、卓越した、したがって支配者たるべき存在と、劣等で、したがって被支配者もしくは奴隷たる他はない存在との間に厳然たる違いがある。(2)自然界と同様に、人間の世界においても闘争は不可避である。そればかりか、社会における進歩や進化、さらには文明の創造といったものの根底にあり、その原動力となっているのは、生存のための戦い(「生存競争」)である。(3)したがって、闘争や戦いを通じて、秀れた個人、民族、人種が一層発展し、劣った個人、民族、人種が没落するというのが、「自然の法則」であり、「神の掟」でもある、ということになる。

この三つの命題のうちの第一についてはすでに充分ふれたので、あらためて論じることは不要である。ただ、人間世界における本質的不平等の開き直った是認について、その論理が、個人間、「民族」間にとどまらず、「人種」間にまで展開し、そこから、「アーリア人種」の概念を媒介にして、奇妙な擬似インターナショナリズムまで生み出したナチズムの場合(既述一五六頁)と、単なる「民族」的特殊性の強調でとどまったイタリア、日本の場合に無視できない相違があったことを想起すればそれで充分である。したがって、ここでは、第二、第三の命題に集中して、代表的なファシストの発言からなお若干の引用とコメントを行なっておきたい。

まず第二の命題について――ムッソリーニはいう。「闘争はありとあらゆることがらの根源である。……闘争は、どうしようもない宿命として、常に人間性の根底に存在し続けるであろう」。したがって、「人類同胞《ヒューマニティ》という概念などは、今なお常に、時間と空間を抽象して創りあげた代物《しろもの》にとどまる。人間は、今なお兄弟ではなく、兄弟たるべく欲するものでもなく、また明らかに兄弟たりえないものである。平和もまた馬鹿げたことであり、それはむしろ戦争の合間の一息いれた状態のことであるにすぎない」(W. M. McGovern, *From Luther to Hitler*, 1941, p. 539)。これに対してヒトラーの場合は、前述したように人種主義の論理と社会ダーウィン主義の論理とが不可分の形で結びついている。まず人種主義――「われわれが今日、この地上で賞賛しているすべてのもの――科学、芸術、技術、発明――は、ただ少数の民族、そしておそらく元来は唯一の人種(アーリア人種)の独創力の産物であるにすぎない。……彼らが滅亡すれば、彼らとともに、この地上の美しいものも墓穴に落ちこむのだ」(『わが闘争』上巻、四一一頁)。そして社会ダーウィン主義——「毎日のパンのための闘争は、すべて弱いもの、病弱であり、より決断力に乏しいものを敗北させるが、他方、雌を獲得するための雄の闘争はもっとも健全なものにだけ、生殖する権利か、さもなくばその可能性を与える。しかし相変らず、闘争は種の健全さと抵抗力を促進する手段なのであり、したがってその種の進化の原因でありつづける。もしこの過程が違ったものであるとしたら、進化と向上はすべて中断し、むしろ反対のことが現われることだろう」(同、四〇六頁)。

以上のムッソリーニとヒトラーに比べれば、日本の軍国主義者たちの文章ははるかに美文調である。昭和九年(一九三四年)秋に陸軍省新聞班が公表し、当時の統制派幕僚の国家改造構想の「いちおうの決算」を示すものとして、皇道派の聖典『日本改造法案大綱』に対比されるいわゆる陸軍パンフレット——正式には「国防の本義と其強化の提唱」——の有名な冒頭の一句は次のように述べている。——「たたかいは創造の父、文化の母である。試練の個人に於ける、競争の国家に於ける、斉《ひと》しく夫々の生命の生成発展、文化創造の動機であり刺戟である」。

このようにファシスト流の社会ダーウィン主義は、人間世界における本質的不平等の肯定(前記第一命題)と「闘争」「戦い」の「創造」的意義の強調(第二命題)においてすでにその特色を示しているが、それは前述の第三命題に関連してさらに一層明確になる。つまり、ここでは、一方では生存競争による自然淘汰によって秀れた質をもった存在が結局はその優秀性を証明して勝ち残るのだということを強調しながらも、他方では、——これとは全く矛盾するのだが——実は自然淘汰のなかでは質の秀れたものが勝ち残れるとは必ずしもいえないのが現実なので、この質の秀れたものを保護するための特別の措置が必要だということもまた強烈に主張されるのである。ファシスト特有のコンプレックスが顔をのぞかせているこの論点についてもヒトラーが最もあからさまに語っている。

——「なにしろ、劣等なものは数では、もっとも秀れたものをいつも圧倒するものであるから、生命保存のための同じ繁殖の可能性があるとすれば、より劣悪なものはきわめて早く増加して、もっとも秀れたものはついには不可避的に押しのけられてしまうに違いないのである……だからして、より秀れたもののために有利になるような改良が企てられなければならない。しかし、この点は自然が面倒を見てくれる。自然は、より弱い部分を極めて厳しい生活条件に従わせ、そのことだけでも数が制限されるようにするのである」（『わが闘争』上巻、四〇六—七頁）。

それなのに、この「自然の貴族主義的根本思想」の貫徹を阻止しようとしているのが、「弱者の権利」を説く人道主義、自由主義、民主主義、平和主義であるというわけである。これらの思想は、「自然の法則」「神の掟」の貫徹を妨げ、「強者の権利」をふみにじろうとするものである、ということになる。

この「強者の権利」の思想が、フランス革命以降の人権思想の展開に対する正面からの挑戦であることはいうまでもない。

暴力・「世界観」・「生の哲学」

ファシストが政敵に対する暴力の行使を正面から肯定していることはあらためて指摘するまでもない。ファシストにとって「政治」とは、相手を実力で抹殺する外はない生きるか死ぬかの「生存競争」の場であった。そしてヒトラーの場合、最大の政敵はマルクス主義者であり、それは、「非ユダヤ国民の国家の絶滅を究極の目標としている」「民族の毒殺者」であり、「ペスト菌」であった。そしてそうした敵に対して、第一次大戦中のドイツの国家指導部が「しなければならなかった」ことは、「運動の指導者をすべてただちに獄にいれ、裁判にかけ、国民の厄介払いをしてやることであった。……このペスト菌を絶滅させるためには、容赦なく全武力を配備しなければならず……党は解散し、議会は必要な時には銃剣で本心にたち返らせる」べきだが、「しかし一番いいのはただちに廃止することであった。……とにかく全民族の死活がかけられていたのだ!」というわけである(『わが闘争』上巻、二四六頁)。

しかし面白いのは、ヒトラーが、こうした政敵の絶滅に関連して次のような自問自答を行なっていることである。彼によれば、「粗暴な暴力を使って〝世界観〟を克服することは可能なのだろうか」という問題を当初「何度も自問した」そうである。そしてその回答はこうである。「精神的基礎のない暴力によって、教説やその組織的成果を根絶しようとする試みはほとんどすべて失敗に帰するものである」。その理由は、そうした迫害は「道徳上正当なものとは受けとられず」、「だから迫害が増せば増すほど、内心で信奉する者の数が増加する」ことにある。さらにはまた、「露骨な暴力という武器をもってする闘争方法の第一の前提は、堅忍さということにある」。途中で動揺して寛大な態度に変って、逆効果を招くことにならないような「堅忍さ」が必要なのである。「けれどもこの堅忍さはつねに不動の精神的確信の結果としてのみ可能なのである」。――こうしてヒトラーが辿りついたのは、一貫してひるむことなく暴力を適用しうるための「熱狂的な世界観」の確立の必要という確信であった。ビスマルクを初めとする第二帝政の指導者たちがマルクス主義者に対する闘争において結局は失敗したのは、「マルクス主義に対抗する猛烈な征服欲をもった新しい世界観が欠けていたことによる必然的な結果」なのであった(同、二四七―五一頁)。

ヒトラーがここでいう「世界観」の内容はすでに説明して来たところである。しかし、ヒトラーやその他のファシストたちが結局のところ陥った状態は、ヒトラーが『わが闘争』のここの部分ではむしろできるならば回避したいとしていた次のような事態ではなかったであろうか。――「暴力だけを用いて、その前提としての精神的基礎観念という推進

焚書(1933年5月10日,「望ましからざる著者たち」の本は焼き捨てられた. ヒトラー 52頁)

力がない場合には、理念の担い手の最後の一人まで徹底的に根絶し、最後の伝統まで破壊する形をとらない限り、理念と、理念を流布することを絶滅させることは決してできない」(同、二四七頁)。

そして、ファシストの行きついた先を見る時には、ヒトラーが前述のような意味で強調した「世界観」なるものは狂信的ファシスト指導部はともかくとして、ファシスト大衆のレベルでいえば、単なる「能動的ニヒリズム」の火つけ役にすぎなかったことが明らかである。ファシストの「世界観」はほとんどの場合、知性や理性に対して、本能、直観、感性の優位を説く知識人の世界での「生の哲学」が大衆レベルでの「能動的ニヒリズム」に結びつく触媒としての役割を思想史的には果したというべきであろう。

5　ファシスト帝国主義

「超国家主義《ウルトラ・ナショナリズム》」と「生存圏」の思想

著者は既に本章第2節においてファシズムの思想的特性の一つが、急進化した共同体思想、とりわけ急進化したナショナリズムにあることを指摘した。この急進化したナショナリズムの思想がいわば外向けにあらわれた場合、つまりファシズムの露骨な対外進出への動きの思想的根拠づけがどのような論理をもっていたのかを明らかにすることが次の課題になる。

ファシズムの思想のこの面を説明するのに便利な言葉としてわが国には、「超国家主義《ウルトラ・ナショナリズム》」(ultra-nationalism)という言葉がある。この言葉は、これまでは、⑴ナショナリズムの特殊日本的形態(具体的には天皇制国家原理そのもの)のみを指すものとして使用されたり(丸山真男氏)、⑵この丸山氏における使用法を批判して、この言葉を明治の伝統的国家主義と区別して、天皇を「伝統のシンボル」ではなくむしろ「変革のシンボル」とみるにいたった昭和の急進化した天皇制思想を呼ぶのに使われたりしている。橋川文三氏や久野収氏らによる、この第二の使用法は丸山批判としては正しい面をもっているが、彼らの場合には、この言葉をファシズムの思想の特性を指す一般概念として充分に仕立てあげているわけではない。著者は、これまでのこのような使用法を批判して「超国家主義」という言葉を、ウルトラ・ナショナリズムという原語に即して洗い直し、従来のナショナリズムの範囲と程度とを越えた極端なナショナリズム(著者流にいえば急進化したナショナリズム)という意味でとらえてファシズム論の基本用語の一つに据えようとしている安部博純氏の立場(同氏『日本ファシズム研究序説』未来社、一九七五年、三一八―二三頁)に与《くみ》することにしたい。

つまり「ウルトラ・ナショナリズム」はまずなによりもファシズムの思想に一般に見受けられる共通の要素なのであって、その発現形態、つまり「ウルトラ」的なあり方の論理構造がそれぞれの国のファシズムによって異なるのである。そこでここでは、ファシズムに共通に見られるウルトラ・ナショナリズムの一般的特性と国によるその論理構造の相違という二つの面を整理しておく必要がある。そしてその場合、このウルトラ・ナショナリズムの国内における秩序原理としての特性についてはすでに述べてあるので、ここでは、その外に対する面での特性が問題になる。

その点、前記の安部氏は、ナショナリズムを「ごく図式的にいえば、産業資本主義的段階に対応」し、「〝ネーションの統一・独立〟を志向する自由主義的《リベラル》ナショナリズム」と「金融独占資本主義段階に照応」し、「〝ネーションの発展〟をめざす膨脹主義的《エキスパンシブ》ナショナリズム」＝「帝国主義的ナショナリズム」とに区別し、ファシズムのウルトラ・ナショナリズムは、その後者の特殊形態とされている。具体的には、それは、「資本主義の全般的危機の段階における世界再分割闘争に対応する〝持たざる国《ハヴ・ノッツ》〟のナショナリズム」であるという。

以上の安部氏の規定は、そのなかのさまざまの世界史的規定を除いて、「自由主義的ナショナリズム」に対置された「膨脹主義的ナショナリズム」、そしてとりわけ「世界再分割闘争に対応する〝持たざる国《ハヴ・ノッツ》〟のナショナリズム」という位置づけだけをとり出せば、完全に同意できる。

そしてその場合、そのような意味でのウルトラ・ナショナリズムの思想内容として、全てのファシズムに共通に指摘できる核心的要素は、おそらく「生存圏」の思想ということになろう。そのようなファシズムに共通な思想要素として、われわれは安部氏にならって、「民族ないしは民族と同一化した国家の神聖視」、「自民族至上主義あるいは自民族優越主義」「ファナティックな民族的使命観」「広民族主義」などを追加することは可能であろうが、それらは、ファシズムが一般民衆を動かして対外進出へと駆りたてえた理由を説明するものとしては、そのウェイトは、「生存圏」思想には遥かに及ばないものと思われる。

ヒトラーにおける対外進出の根拠づけ

実はヒトラーの場合には、なぜ対外進出をはかるしかないのか、という根拠づけを、これまた『わが闘争』のなかで実に明快に説明している。そしてその中味が、著者には、以上述べたことをはっきりと証明しているように思えるのである。

彼は直接的には、第一次大戦の直前にドイツが置かれた状況を分析してみせるという形で述べているのだが、彼によれば、ドイツの対外政策を考える際に根底におかれるべき問題は「ドイツ民族の生存の可能性」ということであった。そしてその点で出発点に置かれるべきは、「ドイツには毎年ほぼ九十万人の人口増加がある。この新しい国民の大軍を養う困難さは年々大きくなり、もしこの飢餓貧困化の危険を時機を失せずに予防すべき手段と方法が発見されないならば、いつかは破局に終るに違いないのだ」という危機意識であった。

彼によれば、このような「恐るべき将来の展開を避けるためには四つの道があった」。その第一は、「フランスの手本にしたがって、出生の増加を人工的に制限し、それでもって人口過剰に対処すること」であり、次いで「第二の道」は、「わが国土の利用度を増すことによって、飢餓の危険なしに、ドイツ民族の増加にともなう困難を防ぐ」ことになるような、いわゆる「国土開発」である。ところがこの二つの道にはともに重大な難点がある。まず第一の道は、もしそれが全くの自然の営みとしておこなわれるのなら、「強靭さや健康において劣るものをすべて永遠に未知なるものの膝下へ帰すように」淘汰し、結局は「堅固で健全」で「生殖に適したもの」を、つまり「強者」のみを残存させることになって「種の強化」につながる。しかし、生殖の制限を人工的にやろうとすると、「最も強いものや最も健康なものだけしか生きることを許されない自然的な生存競争の代りに、最も弱いものや、それどころか最も病弱なものまでも、どんな代価を払っても〝助け〟ようとする当然の欲望……が生じ」るのであって、そのようなことをやろうとする種族は、「いつかこの世界での生存権をとりあげられることになる」から、賛成できない。

また、第二の道は、「土地の収益力というものは一定の限度まで引上げることができる」という意味では一見正しいように見える。しかし、土地自体から生産されるものには結局は限界がある。そして「文化的には劣っているが、しかし生来より残忍な民族は最も大きな生存圏をもっているために、その位置でなお無限に増加を続けることができるのに、文化的には秀れているが、しかし遠慮がちな人種がその制限された土地のためにいつかはその人口増加を制限せねばならない」ということになりかねない。このような事態にあっては、「〝国土開発〟のスローガン」は、「平和主義的な心がけ」の下に「平穏な仮睡生活を送ることで満足するというあり方を「われわれの間に強めることになり」、このようなあり方が「一度われわれの間にまじめに受け入れられるならば、それは、この世界で、われわれにふさわしい場所を獲得しようとするあらゆる努力の終焉を意味することになる」。

こうして、ヒトラーにとっては、ドイツ民族の数的増大に対応して「働き口とパンを確保する」ためには、「ただ二つの道しか残っていない」ということになる。その一つは、「幾百万の過剰人口を毎年移住させるために、新しい土地を手に入れて、自給の原則で国民を養っていく」ということ(第三の道)であり、もう一つは、「外国の需要に応じて商工業を興し、その売上高によって生活をまかなっていく」こと(第四の道)であった。この二つの道は実は、のちに「第三帝国」成立後、現実にそのそれぞれがヒトラーとシャハトによって代表され、両者の対立の原因となったものであるだけに、ヒトラーの説明を詳しく聞きたいところである。

ヒトラーにいわせると、この両者のなかでは、「より健全な道はいうまでもなく前者」であった。すなわち「第四の可能性」というのは「工業と世界貿易、海軍と植民地」による打開策なのだが、この道の問題点は、人々をしてそれが「経済的」で、したがって「平和的な」世界制覇であるという錯覚をいだかしめることにあった。つまり、「人々は少なくとも、この発展も最後には戦争になるだろうということを、はっきりと認識していなければならない」のであった。人々がそのことを実際充分にわきまえていなかったのは、一つにはイギリスに対する誤った認識のせいであるし、もう一つは、国家の本質が「経済」にあるのではなく、「民族的な有機体」であることを忘れかけていることのためであった。

こうして、ヒトラーが最も推奨するのは、第三の道、つまり、「過剰人口を移民するために新しい土地を獲得する」ことであった。しかも注目すべきことには、それはまず、当時の最強の帝国主義国家イギリスとの衝突を避けるばかりか、むしろこの「イギリスと結んでのみ」、ドイツは「背面を保護されて新しいゲルマンの行軍を始めることができる」のであり、したがって、ドイツは、「イギリスの好意を得るために、……植民地と海上勢力を断念し、イギリス工業に対して競争をさしひかえるべき」だし、そうなれば、「ドイツにとって健全な領土拡大政策を実施する唯一の可能性は、ヨーロッパ自体の内部で」、しかも「大体においてロシアの犠牲においてのみ」行なわれえるものであった(以上『わが闘争』上巻、一九四―二二四頁)。

このような過剰人口問題の解決のための「生存圏」の獲得、しかもそれを、当時の先進帝国主義との対決は避けて、相対的に弱い国々の犠牲の上にヨーロッパの内部で東に向けて進出するという「東方大帝国の建設」という形で実現しようとするヒトラーの構想は、その民族闘争史的でしかも社会ダーウィン主義的根拠づけともども、第二次大戦にいたるまでその基本線において変らない。(変ったのは、イギリスとの同盟が不可能と判断した後、これを中立化させることを狙った点だけである。ただし、実際には、ヒトラーのこの期待はみたされず、ドイツは第一次大戦と同じくふたたび二正面戦争にとびこんでしまう。)そして、それが、当時の後発帝国主義国特有の危機意識とその対外進出の構想をドイツという具体的事例に即して典型的に示すものであったこともいうまでもない。

日本――「同化」理論の陰の「生存圏」思想

イタリアと日本の場合には、この点ではドイツとはかなり様相を異にする。イタリアでは、ドイツと同じように、ムッソリーニという独裁者個人の役割がアビシニア戦争(エチオピア戦争、一九三五年一〇月―一九三六年五月)を中心とするその膨脹主義的行動の各段階において決定的役割を果しはするが、「ローマ帝国の再建」という彼の夢については、その根拠づけと戦略・戦術がヒトラーの場合のように早くから論理性をもって展開されていたという形跡はない。さらに日本の場合には、このムッソリーニにあたる存在さえもない。(しかし日本でも、関東軍参謀当時の石原莞爾らが、一九三一年までに満蒙領有計画を確定し、その実現を契機とする「国家改造」を企図して、かなりの理論構築をおこなっていたことが注目される。つまり日本ではファッショ化過程は、対外進出を契機とする国内改造(「外先内後」)の論理に支えられた点で「内先外後」型の独伊と逆であり、したがってまた、対外進出の思想も、政府の中枢部でなく、出先軍部でまず発酵することになった。)しかし、後でふれるように、その日伊においても、ファシズム体制の確立にいたる過程で、広域支配圏確立の構想が肥大化し、かつ具体化されていったことには変りはないし、その際、ファシストの役割が、国民の対外的危機意識の先鋭化を促進し、大衆レベルの素朴な「生存圏」思想を政治的に組織化することにあったことは否定できない。(周知のように、

「満州国」建設段階の日本ファシズムの思想においては、石原莞爾や橘樸によって「五族協和」や「王道楽土」といった「理想主義」が唱導され、それが満州国協和会運動の思想的支えになった。また日本ファシズムの思想潮流のなかに、「混合人種」としての「日本民族」の「合金的強質」を強調し、それを根拠にして、日本の「皇室という偉大なる太陽」のもとに、アジアのすべての諸民族を「無限抱擁」的に融合するという極めて観念的な「同化理論」があったことも事実である。「大東亜共栄圏」というシンボルもこの発想の所産であることはいうまでもない。そして、この「理論」が、ナチス流のむき出しの「生存圏」理論とは異質のものであることも否定できないことであろう。しかし、それにもかかわらず、日本ファシズムの対外進出を大衆レベルで支えたものは、後になればなるほど、この種の「無限抱擁」型の「同化理論」ではなくて、「日本民族の生命線」とか「ABCD包囲網」といったシンボルに示されている「生存圏」思想であった。)

スペインとポルトガルの受動的超国家主義

ところで、「ファシズムの時代」に登場したさまざまのファシズム体制のなかには、伊独日のように攻撃的な形で「生存圏」思想を説くファシスト帝国主義とは異なり、むしろ、一時代まえに確立ずみの植民帝国を防衛しようとする、いわば受動的な形での膨脹主義的ナショナリズムを体制イデオロギーとするものがあった。スペインとポルトガルの場合がそれであって、そこでは、いずれもファシズム体制への歩みのなかで、アフリカ原住民をも統合する多民族社会の建設を唱える「多民族統合主義」があらためて体制イデオロギーとされた。これは、人種的偏見を露骨に押し出したものではなかったが、自立へのきざしを見せるアフリカの原住民を強制的に「帝国」に「同化」させようとするものであった。

スペイン・ポルトガルは後述するように、その国内体制においても伊独のような「擬似革命」主導型のファシズム体制とは区別される「権威主義的反動」主導型のファシズム体制であったし、第二次大戦に際しても、ファシズム国家群に親近性を示してもはっきりとそれに加担して戦争に参加することはなかった。そして、そのナショナリズムも、本質的に膨脹主義的ではあるにしても既成の植民帝国の防衛という受身の形をとるものであった。その意味では、「ファシズムの時代」のさまざまのファシズム国家乱立の様相を伊日独の〝持たざる国〟の挑戦だけで塗りつぶしてしまうことは、世界史のこの局面を単純化してしまうことになるといえよう。

Ⅳ　体制としてのファシズム

ヒトラーとムッソリーニ(ムッソリーニのドイツ訪問，1937 年．ノルテ 270 頁)

1　ファシズム体制の成立

ファシズム体制成立の時点

常識的にいえば、ファシズム体制が成立したのは、イタリアの場合は、一九二二年一〇月三一日のムッソリーニ内閣の成立の時点であり、ドイツの場合には一九三三年一月三〇日のヒトラー内閣の成立の時点ということになろう。そして日本の場合だけが、このようなイタリアとドイツに見られる明確な転換点を探すのに苦労するということであろう。

しかし正確にいえば、イタリアとドイツの場合にもこの転換点はそれほど明確なものでもなく、逆に日本の場合は、それほど不明確でもない。というのは、イタリアの場合もドイツの場合も、最初のファシスト政権は、連立内閣であり、しかもそのなかでのファシスト閣僚の数はきわめて少数だったからである。

まずイタリアの場合についていえば、最初のムッソリーニ内閣では、ファシスト党員の閣僚は、首相、内相、外相を兼ねたムッソリーニの他には、蔵相、司法相、解放領土省の三人であり、重要なポストを押えていたとはいえ、計一四人の閣僚中の三分の一にも達していなかった。その他は、国家主義者協会のフェデルゾーニ、無党派の哲学者ジェンティーレ(文相)、陸、海軍代表ら保守派の代表が目につくが、イタリアの場合には、その他にも人民党、民主派、自由派、社会民主派からの閣僚も入っており、ファシスト内閣というよりも、社会党を除くほとんどの勢力の寄合世帯の観を呈していた。

ドイツのヒトラー内閣の場合にも、一二人の閣僚中、ナチ党員は首相ヒトラー、内相フリック、無任所相(プロイセン担当)ゲーリングの三人だけであり、全閣僚の四分の一にすぎなかった。ただイタリアと違って、その他の閣僚は、保守反動派の国家人民党系と官僚ならびに軍部代表者だけであり、その性格は、ファシストと保守反動派の連合政権と評すべきものであった。内閣自体の自己規定も「国民的結集の政府」というものであった。

保守派とナチスの提携(ヒンデンブルク大統領を囲んでヒトラーとゲーリング――1933年2月の「ポツダムの日」. ヒトラー44頁)

このように見てくると、これまでわが国の学界で大きな影響力をもって来た丸山真男氏による日本ファシズム運動の時期区分もそれほど奇異なものには思われない。丸山氏は、「日本ファシズムの思想と運動」という一九四七年の論文のなかで、「日本ファシズム運動の時代的区分」として、第一次大戦の終了から満州事変にいたる「準備期」、満州事変から二・二六事件にいたる「成熟期」をうけて、二・二六以後の粛軍の時代から終戦の時までを「日本ファシズムの完成時代」としている。この時期区分は氏によれば、あくまでも「運動としてのファシズムを中心に考える場合」のものであるとされてはいるが、丸山氏がこれとは別に「ファシズム体制」のメルクマールについて明確な指標を提示しなかったこともあって、ここにいう「日本ファシズムの完成時代」という規定はそのまま日本におけるファシズム体制の時代と解されて来た。つまり、二・二六事件の後に成立した広田内閣から日本でもファシズム体制の局面に入ったという漠然とした理解がそれである。

このような理解がそれほど奇異でないというのは、前述のように、イタリアやドイツの場合も、ムッソリーニ内閣やヒトラー内閣の登場がファシストの全一的支配の成立を意味するわけではなかったという事実がある反面、日本の場合も、この広田内閣の時代に、それまで大正デモクラシーのなかで棚上げにされていた陸海軍大臣現役武官制がふたたび復活され(一九三六年五月)、それ以降、陸海軍首脳部が内閣の進退を制するにいたったという事実があるからである。

もちろん、このような指摘に対しては、当時の陸海軍首脳部がファシストであったのかとか、また、仮にそうであったとしても、彼らが直接に首相のポストを握ったわけではない、といった議論が提起しうる。しかし、ここではその種の議論に入る前に、そもそもファシズム体制の成立を語りうるための標識は何かという問題を解明しておく必要がある。そして、その点からいえば、ムッソリーニ内閣やヒトラー内閣の成立の時点をそのままファシズム体制の成立と考えて来た常識論自体がまず点検されなければならないのである。

ファシズム体制の標識――コミンテルンの認識

本書ではファシズム体制そのものの標識についてはすでに第I章で明らかにしている。(1)既成の支配層のなかの反動化した部分といわゆる擬似革命勢力との広い意味での政治的同盟の成立、(2)一党独裁と、それを可能にする政治的、社会的な「強制的同質化」の貫徹、(3)自由主義的諸権利の全面的抑圧と政治警察を中核とするテロの全面的制度化、(4)「新しい秩序」と「新しい人間」の形成に向けての大衆動員、の四つがその標識なのであった(三二―三頁)。

しかし、このようなファシズム体制そのものの標識と、このような体制の成立へと導く政権の登場の時点を明らかにするための標識とは同じではない。ファシズム体制の場合でも、他のあらゆる政治体制の場合と同様に、その成立と同時に、その体制のもつ特質が直ちに全面的にあらわれるわけではないからである。

ところで、このファシズム体制成立の時点を見定めるための標識について初めて本格的に議論がなされたのは、ドイツのヒトラー内閣成立の直前のことであったといってよい。このヒトラー内閣成立の場合には、イタリアのムッソリーニ体制という前例がすでにあり、それに照してファシズムの政治体制の特質をめぐる議論もすでに一定の成熟をみせていたために、ともかくもこの種の検討が可能だったわけである。そしてこの時にこの議論をもっとも集中的におこなったのが、当時ファシズムの最大の敵手となっていたコミンテルンとその周辺の左翼の理論家たちであったことは否定することができない。

しかし、そこでの議論は、ファシズム体制成立の標識を明らかにすることが実はそれほど簡単な作業ではないことを証明する結果に終っている。

まずコミンテルンの理論家たちのあいだの議論のなかでは、(1)「政党間の関係や結びつきから独立した」政府、つまり議会内多数派に基礎をおかないばかりでなく、議会そのものと無関係に大統領の信任のみに依拠した政府の登場をもってファシスト政権＝ファシスト体制の登場とみなしたり(ドイツのブリューニング内閣に対するドイツ共産党の一時期の評価)、(2)今度はそれと逆に、「議会主義的形態が廃棄されているか、維持されているかということとは独立に」、時の政府が「プロレタリアートの階級組織の粉砕に努めている度合」によって、ファシズムであるかどうかを判定しようとしたり、(3)はては、もっと抽象的に、「国家の暴力装置の途方もないまでに高められた集中」に基準を見出そうとした(つまり、(2)と(3)の場合には、もっぱら共産党弾圧の激しさや警察力の強化といったことからファシズムの成立を断定しようとしたのである)。

しかし、以上のいくつかの基準はいずれも「反動化」といわれることの一般的な基準であるとはいえても、その「反動化」の特殊な形態としてのファシズムの成立を判定する基準にはなりえない。この点の自覚はヒトラー内閣の成立後二年半を経てようやく反ファシズム「人民戦線」戦術を打出したコミンテルン第七回大会(一九三五年)でのディミトロフ報告のなかではさすがに明らかになっている。ディミトロフは、「ファシズムの権力掌握は、一つのブルジョア政府と他のブルジョア政府との普通の交代ではなく、ブルジョアジーの階級支配の一国家形態であるブルジョア民主主義と、そのいまひとつの国家形態である公然たるテロ独裁との交替である」と述べて、ファシズム体制の成立が「国家形態」の転換であることを強調している。しかし、ここでもなお、この転換が一定の質的な転換であることは強調されても、その転換の内容は「ブルジョア民主主義」から「公然たるテロ独裁」への転換というなお漠然たる表現しか与えられていなかった。

「国家形態」の転換とはなにか

しかし「国家形態」の転換という場合には、少なくとも次の三つの点で基本的な転換が起ることが必要であろう。

まず、その第一は、国家権力の正統性原理の転換である。つまり、国家権力が自己の支配の正当性を国民に納得させるその根拠づけが大きく転換することが必要なのである。その点でいえば、ここでいう「ブルジョア民主主義」もしくは自由主義的議会制民主主義、もしくは一般に自由主義的民主主義体制の場合には、権力の正統性原理は、結局は、「個人の自由」もしくは「権利」の保護ということに帰着するであろう。そして、そのことを保障するために「三権分立」体制や「法の支配」があり、権力は、この点の保障そのものには手をつけられないし、むしろこれを守ることを少なくとも建前としては堅持しなければならないであろう。それに対してファシズムの場合には、正統性原理の核心におかれるのは、もはや「個人」ではなくて、「民族」であった。広い意味での「民族共同体」の「防衛」もしくは「発展」に奉仕するというのが、権力の自己正当化の核心的な論理であった。前述のように、この「民族共同体」の論理の具体的な表現形態は、「国家」であったり(イタリア)、「国体」(日本)であったりした。ドイツの場合のように、もう一歩進んで「人種共同体」の主張まで進んだところもあったが、この場合でもファシズム体制の出発点にあたっての「国民的合意」の基盤は、もっと素朴な「民族共同体」の論理であった。そして、この究極目的のためには、権力の「分立」でなく「集中」が、「形式的な法」の支配ではなく「健全な民族感情」に適合した「実質的な法」の支配が説かれた(ただし「健全な民族感情」というのはドイツの表現であって、イタリアではもっと端的に「ファシズムの精神にのっとった法の解釈」が主張された。アンリ・ミシェル『ファシズム』長谷川公昭訳、三六頁)。とにかく、ファシズム体制の成立を語るには、このような正統性原理のレベルでの基本的転換が必要である。

第二には、国家の政策決定のメカニズムの基本的転換が必要である。ここでも自由主義的民主主義体制の場合には、複数の政治勢力がそれぞれの政策や路線を国民の前に公然と提起し、それに対する国民の側の選択が議会での論議を中心にして国家政策の形成過程で無視できない役割を果すし、さらに、議会制民主主義の場合には、議会の多数派の代表が政府を構成する。しかし、ファシズムの場合は、これとは逆に、単一の独裁政党しか存在を許されず、しかもこの政党は上から下への上意下達の機能しか果さなくなることによって、国家政策の決定は、この単一政党の指導部ならびにそれと融合した国家の執行権力の頂点部によって独占されることになる。

そして最後に、「国家形態」が自由主義的民主主義からファシズムに転換するという場合には、「国家」と「社会」の関係のあり方において、あるいは「国家」による「社会」の編成化のあり方において大きな転換が起ることを意味する。すなわち、自由主義的民主主義体制のもとでは、「国家」の「社会」生活への介入の範囲は、個人主義的諸権利の保護によって制約されているばかりでなく、社会生活レベルの諸団体——教会、大学、同業組合、労働組合、市民団体、文化団体——の多元主義的なあり方によっても事実上大きく制限されている。ところが、ファシズムの特徴は、単なる政治団体レベルでの一元化にとどまらず、多くの場合、こうした既成の社会団体——社会学では国家権力と個人との中間にある媒介集団として「中間団体」(intermediary groups)ということが多い——の一元化にまで進むところにある。つまり、ここでは、「国家」と「社会」という伝統的二元主義的把握がもはやなりたたない両者の融合した世界が現出するのである。

要するに、以上三点から明らかなことは、ファシズムは、「プロレタリアートの前衛組織」とされる共産党や左翼一般に対する単なる弾圧体制でもなければ、単なる「公然たるテロ独裁」でもない、それ以上のものであるということである。それはいわゆる「強制的同質化《グライヒシャルトウンク》」の貫徹によって、左翼や労働組合運動ばかりでなく、すべての既成の「中間団体」を解散する(広い意味での社会主義的団体と自由主義的団体の場合)か、もしくはそれらの団体を指導部の大幅な交替と名称の変更を通じて再編成する(保守主義団体や利益団体の場合)かし、その際には、ファシストのイデオロギーが人々をそのような「変革」の要求もしくは支持に向けて動員するうえできわめて重要な役割を演じるのである。

ファッショ化過程の諸契機

ファシズム体制の標識を以上のように考え、ファシズム体制の成立が「国家形態の転換」を意味するほどのものであることを理解するならば、次の問題は当然、このような体制の確立に向っての移行期の諸契機を明らかにすることでなければならない。

この移行期、つまり「ファッショ化過程」は――敗戦や革命や恐慌をその背景にしていることはいうまでもないが、ここであえてその政治的発現形態に目をすえて整理すると――少なくとも次の四つの契機を含むものでなければならない。まず第一は、「政治的危機」の発生であって、それは簡単にいえば、支配層がもはやそれまでのような支配体制によっては支配を維持することが不可能になるような状況を意味する。そしてそのような「政治的危機」の内容をさらに整理すれば、それはさらに、(1)それまでの支配体制を支えて来た基本的イデオロギーの大衆統合力の喪失(「支配イデオロギーの危機」)と、(2)支配層内部における統一的意志形成の破綻の二つに分けられる。後者はいいかえると、それまでの支配層を構成して来た諸フラクション間の関係が根本的組替えを必要とするまでに崩れて来ており、そのなかに先鋭な危機意識にとらえられて突進するグループが出て来るという事態の発生を示している。

第二の契機は、体制の正統性原理の転換を必要とするほどの国民意識の変容である。それは第Ⅱ章で説明したようなファシズムの運動、第Ⅲ章で説明したようなファシズムの思想が体制の転換を必要とする程の広がりで大衆をとらえることである。そして、このような状況が中間的諸階層を中心にして発生するのは、一口にいって、既成の支配層が腐敗や失政の連続によって大衆の信頼を決定的に失うと同時に、社会主義運動が期待された変革の実現に失敗することによって大衆の幻滅を一挙に拡大したり、あるいはまた、労働運動が社会的に孤立したままの形で不毛な突撃をくりかえす場合である。そして、そこでは多くの場合、「進歩」と「反動」、「革命」と「反革命」といった観念についての既成の枠組自体が溶解し、それに対応して、前述のように「進歩」と「反動」の両義性をもったファシストによる大衆動員や意識操作が可能になるのである。

第三の契機は、執行権力の自立化である。それは、第一と第二の契機の重なり合いの結果としての「議会政治の危機」のなかで、保守派のイデオローグに擁護され、実務官僚の要請によって推進され、国民のあきらめによって受忍される。「政治的危機」のなかで「階級闘争」が激化する場合には、軍と警察による一時的なボナパルト的独裁が登場し、この傾向を一挙に促進することもある。

そして最後に、第四の契機として、前述の「強制的同質化《グライヒシャルトウンク》」という一種の「飛躍」が、体制の転換の仕上げをすることになる。この概念は、これまで主としてファシスト政党以外の一切の政党の解散による一党制の確立の過程を指すものとして用いられて来たが、われわれは、これを政党レベルに限定せず、社会団体レベルでのファシスト的再編成まで含めてとらえる必要がある。さらに、この過程を、上からの権力的画一化の面だけでとらえるのでなく、下からのファシスト大衆の突撃や一般国民の消極的承認や、関係諸団体の「自発的」解散の問題も含めて考察する必要がある。とにかく、ファシズム体制への最終的移行の標識としては、このようなファッショ化過程の最後の仕上げとしての

「強制的同質化《グライヒシャルトウンク》」が、どの時点でどのような形で貫徹したかを見る必要がある。

このように整理して来ると、われわれは、本章の冒頭で提出したファシズム体制の成立の時点はいつか、という問題に初めて回答を与えることができる。つまり、この問題は正確にいえば、(1)厳密な意味でのファシズム体制の成立の問題と、(2)そのような体制の成立に向っての幕開けとなるファシズム政権の成立の問題とに分けて扱う必要があるのである。そして一九二二年一〇月のムッソリーニ内閣の成立、一九三三年一月のヒトラー内閣の成立、一九三六年(昭和一一年)三月の広田内閣の成立は(2)の問題であり、それとは別に、(1)の問題があるのである。そして(1)については、「強制的同質化《グライヒシャルトウンク》」の貫徹が標識になるのであり、これを伊独日のそれぞれについて先廻りして指摘しておくと、イタリアの場合が、ムッソリーニ内閣成立後四年余を経た一九二六年一一月二五日(国家防衛法の成立)であり、ドイツの場合が、ヒトラー内閣成立後五カ月半を経た一九三三年七月一四日(政党新設禁止法の成立)であり、日本の場合が、二・二六事件後四年七カ月余を経た一九四〇年一〇月一二日(大政翼賛会の成立)である。

ファシズム体制成立過程の諸類型

ファシズム体制の標識を上述のように規定したうえで、われわれが次になさねばならないのは、さまざまのファシズム体制を、その成立過程の特殊な性格に即して区分けすることである。ここでも結論を先にいえば、そこには、四つの違ったタイプがあることがわかる。その第一は、ファシズムの巨大な大衆運動が展開され、その指導部が政治権力の中枢部を掌握する形でファシズム体制にいきつくイタリアとドイツの例であり、これがいうまでもなく、ファシズム体制の原型である。そして第二は、保守主義的権威主義体制が「上から」のなしくずし的ファッショ化を通じてファシズム体制に移行する例で、日本とポルトガルの例がそれにあたる。そして第三は、階級闘争の激化の果てに内乱状態になったなかで反ファシズム派が敗北して生まれた軍部独裁型ファシズム体制で、スペインのフランコ体制がそれにあたる。そして第四が、主としてナチス・ドイツの第二次大戦中の軍事的勝利に支えられて生まれた傀儡政権のもとで成立したファシズム体制で、ノルウェーのクヴィスリング体制、フランスのヴィシー政権、イタリアのムッソリーニの失脚後に再建されたサロ共和国ならびにクロアチアのウスタシ国家などである。この第二、第三、第四のタイプは確かに原型からの逸脱形態ではあるが、真性ファシストに政治権力を明け渡さない場合でも、ファシズム体制の外面的特性をほぼ備えるとともに、第Ⅲ章で明らかにしたようなファシスト的思想要素をかなりの程度までその体制イデオロギーの重要な一環に組みこんでいるか、もしくは、それまでの体制イデオロギーのファシスト的読みかえがおこなわれている。さらに第四のタイプの場合には、ナチス占領軍の力を背景に、まがうかたないファシストが政権の中枢部に入りこんでいる。（この第二、第三のタイプを擬似ファシズム体制として原型から区別することは可能ではあろうが、そのことが、ファシズムではなかったとする強調に道を開くことになるならば、歴史的事実からの逸脱は、これらをファシズム体制の変種とする場合よりも一層大きいことになろう。これらの諸類型の政治形態と体制イデオロギーにおける顕著な共通性に加えて、世界現代史の重要な転換点における基本的対立関係（民主主義対ファシズム）において、ファシズムの陣営の一翼を担ったという事実は歴史的評価に際しては度外視することはできないからである。）

2　権威主義的反動と擬似革命

伝統的支配層の危機とファシズム

ところで、ファッショ化過程が開始されるときには、その具体的内容の違いはあれ、どこでも前述のような意味での「政治的危機」が発生しており、そのなかでかなり深刻な危機意識が支配層をとらえ、最初はそのなかのごく少数の異端的分子が、しかしまもなく、そのなかのかなり重要な部分がファシストと結びついて画策したり、あるいは自らファッショ化の推進者となることになる。

このファッショ化につながる支配層の危機意識のあり方は、通常、(1)本物の「革命」への恐怖、という点に単純化されるが、これは共産主義運動との対抗関係だけで支配層の行動様式をみようとする狭い考えである。われわれが歴史上知っている事例としては、第一次大戦直後のドイツ、イタリア、それに北欧と東欧の若干の国々(バルト三国とハンガリー)と、三〇年代なかばの内乱のなかでのスペインの支配層に、この種の危機意識を見出すことができるが、戦前の日本はもとより人民戦線の時期のフランスにおいてさえ、この種の危機意識はそれほどのものではなかったといえる。それに対して、もう一つの危機意識のタイプは、(2)強力な改良主義的労働組合運動の展開に直面した場合に生じるものである。これがとくに資本家のあいだに、「高い賃金」と労働者の政治的・社会的発言力への恐怖感を生み出し、多くの場合、経済的危機とからまり合って、この隘路からの力ずくでの脱出路を求める模索を生み出す。歴史的な事例としては、世界恐慌期のドイツとオーストリアがあり、そこではともに強力な社会民主党の運動が経済的危機のなかで資本家や経営者の側であまりにも大きな負担と考えられたことが、ファシズムにつながる反動化の出発点であった。(当然のことながら、コミンテルン系の理論家は第一の危機意識を問題にし、オーストリアのオットー・バウアーのような社会民主党系の理論家は第二の危機意識を強調している。)

しかし以上の二つの危機意識のタイプでは戦前の日本のケースはまだ説明できない。そこでは、まだ「革命」への恐怖も「労働運動の強大さ」による圧迫感もまだそれほどのものではなかったからである。むしろそこでは、明治以来なんとかして切り開いて来た後発的帝国主義国家としての歩みが、中国革命の進展とソヴェトの発展による「満蒙の既得権益」の危機という形で壁にぶつかり始めたということと、この壁を破れなければ、やがて国内における統合も破綻するのではないかという危機意識が日本の支配層をとらえたということであろう。

このようにファッショ化につながった支配層の危機意識には大別して三つのタイプがあったといえるが、このいずれの場合にも共通していることは、彼らがそこからそれまで通りの支配形態では広範な大衆の体制への忠誠もしくは同意を維持できないのではないかという懸念にとらわれるにいたったことである。そしてその場合には、当然、(1)反対勢力の弾圧、(2)政治制度の反動的改革、(3)新しい統合イデオロギーの創出と普及が課題になる。

しかし、このような危機意識にとらわれた支配層がファッショ化過程で果す役割を考えるときには、次のいくつかの点に留意する必要があるものと思われる。

まず第一には、支配層が全体としてファッショ化過程の主たる推進者になることはまずめったになかったということである。ファシスト諸集団に対する資金援助者として重要な資本家の名が浮びあがることは確かに多い。ドイツの一連の重工業資本家(テュッセン、フリック、フェーグラーら)によるナチス支援、イタリアの一部重工業家、アンサルド、商業銀行、ロメオ等の大企業による初期ファシズムへの資金援助、フランスの香水王コティの極右団体への資金提供、日本の三井の池田成彬による北一輝への援助などはいずれも有名な話である。しかし、これらの事例からすぐその国の財界が全体としてのファシストを支援したかのようなイメージをもつと歴史の単純化になる。これらの場合には、個々の特異な資本家の異端的な行動であった場合が案外多いし、また財界による政治資金の提供は、個々の事例をとり出すだけでなく、その全体としての流れとその構造を明らかにして、そのなかでファシストに回った分の比重と意味づけ(一種の「保険金」や情報収集費の場合が多い)を慎重に行なうべきである。そのうえ、財界の全体としての政治行動は、単純な経済主義的歴史理論が描き出す「陰謀説」的解釈による想定とは異なって、政治的変化の積極的・先取り的な推進力である場合よりは、むしろ後追い的な適応である場合が案外多い。研究がもっとも進んでいるドイツの例に即していえば、一方で、ヒトラーの個人的経済顧問であったケプラーを中心とし、かなり有力な財界のトップ・リーダーたちを集めた「ケプラー友の会」によるヒトラー内閣成立直前の画策があったということが確認されなければならないと同時に、他方では、財界の正面切っての全面的なナチスへの資金援助は、ナチスが大衆運動として発展し、第一党になって政権を掌握した直後であったことも今日では明らかにされている。要するに、「独占資本によるナチスの系統的育成」というイメージは今日ではなりたたず、むしろ、ヒトラー内閣成立後の「第三帝国」への財界のコミットが問題となるにいたっているのである。

第二に、伝統的支配層といっても、もちろん財界だけではなく、軍部、官僚、地主・貴族それに保守政党の幹部など複雑な構成をもっている。そのなかのどの部分――イタリアでもドイツでも日本でもスペインでも東欧諸国でも、財界よりは軍部の方がファッショ化に積極的なかかわりを示したのが事実である――がとくに能動的であったかを明らかにする必要がある。また、ファッショ化過程のさなかにおいては、伝統的支配層は、その内部の利害関係の自己調整ができず、支配層内部――それは程度の差はあれつねに複数のフラクションから形成されている――においても、それまでの主導的フラクションの権威が崩れていわゆる「ヘゲモニーの危機」(グラムシ＝プーランツァス)が生じているのがつねである。要するに、支配層は重要な問題――君主制か共和制か、遅れた経済的セクター(多くの場合農業の危機)をどう処理するか、ファシストをどう評価するかなど――について統一的な意志形成の能力を少なくとも一時的には喪失している状態にあるものである。

そして第三に、そもそもファッショ化過程そのものが一直線というわけではない。それに反対する勢力とのあいだの力関係によってジグザグがあるだけでなく、「国家形態の転換」という形がはっきりと浮びあがる場合ほど、この転換期には、「現体制」にとって代るべき新たな体制についてさまざまの体制構想が、主として支配層の内部から噴出する。典型的なドイツの場合についていえば、ヴァイマル共和制の議会制民主主義にとって代るべき体制構想としては、イギリス型立憲君主制(ブリューニング)、復古主義的身分制国家

（パーペン）、第二帝制への復帰（ヒンデンブルク）、ナチス左派と労働組合に基礎を置いた社会的軍事国家（シュライヒャー）などさまざまの構想がファッショ化過程のそれぞれの局面で浮びあがったのである。そして、ヒトラー内閣は、支配層の大勢からいえば、これらのさまざまな構想が破綻したのちにたどりついた最後の賭けとして、しかも伝統的保守派によるファシストの囲いこみを夢みて、受容されたものであった。

さらに最後に、伝統的支配層の側にはファシストと手を結ぶ決意をしたあとでも、つねにファシスト（とくにその急進派）に対する危惧の念が残るものである。それは支配層の多くの構成メンバーにとって、「目を閉じて清水の舞台から跳びおりる」決断であったり、少なくとも慎重に警戒の念をもって見守っていく必要のある性質の実験であった。

「権威主義的反動」と「擬似革命」の結合の二つの形態

ところで、すでにたびたび言及したように、いわゆる「上からのファシズム」であると「下からのファシズム」であるとを問わず、ファシズムの支配体制は、支配層のなかのファッショ化した部分（すなわち「権威主義的反動」）と、多かれ少なかれ自立性をもった「下から」のファシズム運動（「擬似革命」）との、なんらかの形での結合によって成立する。そしてその場合、基本的にいって主導権がこの両者のどちらの側にあったかによって、われわれは、この場合、ファシズム体制を二つのタイプに分けて考えることができる。

すなわち、一つは、「擬似革命」が主導権を握ったファシズム体制であって、これは、大衆レベルでの民主主義的解放が、中途半端な形で、しかもその社会のかなりの部分をとらえるにいたった段階で社会主義運動が挫折するという状況が発生し、しかもそれに重ねて深刻な経済的危機に見舞われた場合に登場している。第一次大戦直後の中途半端な革命の後に生まれたデモクラシーがファシズム体制にとって代られたイタリア、ドイツとオーストリアの場合がそうである。フランスのヴィシー体制とスペインのフランコ体制の場合には、いずれも「権威主義的反動」が主導権を握っているが、フランスの場合は、そもそもヒトラー・ドイツの軍事的勝利という背景をぬきにしては考えられないし、それに大革命以来の歴史をもつこの国における民主主義の成熟の度合は、もはや「擬似革命」主導のファシズム体制の形成を許さないほどのレベルに達していたといえる。スペインの場合は、階級闘争の展開が内戦にまで発展したなかで、それを押えこんだ軍部の比重が決定的に高まったことが「権威主義的反動」派の勝利を結果したといえよう。

したがってファシズム体制の第二のタイプである「権威主義的反動」が主導する型の代表例は、フランスでもスペインでもなくて、むしろ――独立国家としての再出発の歩みのなかでファシズムに紙一重の体制に迷いこんだポーランドの後をうけて成立した――ポルトガルと日本であったといえよう。この両者のあいだにはもちろんさまざまの重要な相違があり、社会発展の段階的相違さえあるが、民族的・地域的対立に引き裂かれることのない高度に同質的な社会を背景に、第一次大戦前後の弱々しい民主主義への胎動が軍のクーデタによって押しつぶされた後、伝統主義的・保守主義的権威主義体制が再建され、そこから自生的かつなしくずし的にファシズム体制への移行が始まったという共通性がある。このような発展のなかでは、ファシズム体制は、明瞭な「国家形態の転換」をともなって登場するわけではない。日本の大正デモクラシーやポルトガルの「第一共和制」(一九一〇—二六年)における民主主義への胎動は、国民主権の原理を大衆的に確立するほどのものではなかった。(当時の日本ではデモクラシーは「民本主義」と訳されて国民主権をあいまいにしたし、ポルトガルの議会主義共和制は都市住民の八〇%が棄権するなかでクーデタが二六回も起るといったレベルのものであった。)したがって、そこでは、国家権力の正統性原理は基本的には伝統主義的な性格のままであり、ファシズム体制の登場といっても、この伝統主義的国家主義の原理のファシズム的方向での読みかえ、ないしはファシズム・イデオロギーによる補強といったレベルでの変化しか示さなかった。さらに「国家と社会」の関係は、もともとその両者が未分化のままであるような状態から「国家」による「社会」の統合＝吸収へと進むのだから、これもそれほど明確には表面化しない。ただ、政策決定のメカニズムだけが、一党制の確立、議会の実質的排除によってかなり明確化するのである。当時の歴史段階でこのような「権威主義的反動」が主導権を握ったファシズム体制の原型となる国々の共通の特徴は、大衆レベルでの民主主義的解放がきわめて低レベルにあって、国民主権を原理的に確立するところまでいっていなかったということであろう。

ここでは、以上のように、「擬似革命」と「権威主義的反動」のいずれが主導権を握っていたかによって、ファシズム体制の二つのタイプを区別したが、これを前節で述べたファッショ化過程の相違によるファシズム体制の四類型とつきあわせると、次のようなことになる。まず、ここでいう「擬似革命」主導型は前述(二二〇頁)のタイプ㈠の「下からの大衆運動」主導型と重なり、「権威主義的反動」主導型はタイプ㈡の「上からのファシズム」型と重なる。それに対して、前述のタイプ㈢の内乱型は、フランコ体制についていえば「権威主義的反動」主導型だが、ルーマニアの鉄衛団がもしもアントネスク政権に対する一九四一年一月の蜂起で成功していたら、これはこのタイプの「擬似革命」型ファシズム体制になっていたであろうといえる。そして最後のタイプ㈣の「傀儡政権」型ファシズムについていえば、これはナチス・ドイツの占領政策との関係で、ある場合には、「擬似革命」型になり、他の場合には「権威主義的反動」型になった。前者の例としてあげられるのは、ノルウェーのクヴィスリング、クロアチアのウスタシ国家、ムッソリーニの「サロ共和国」であり、後者の例としてあげられるのは、フランスのヴィシー政権、ルーマニアのアントネスク政権であろう。

ここでは、以上の基準にしたがって、それぞれの国のファシズム体制を分類し、それぞ

ファシズム体制の諸類型

ファシズム体制の諸類型	国名	存続期間	権威主義的反動	擬似革命
A「擬似革命」主導型ファシズム体制				
1自生型	イタリア	一九二六・一一―一九四三・七	(国家主義者協会系)	ムッソリーニ(国家ファシスト党)
	ドイツ(「第三帝国」)	一九三三・七―一九四五・五	ヒンデンブルク、シャハト、パーペンら(ドイツ国家人民党、鉄兜団系)	ヒトラー(国民社会主義ドイツ労働者党)
2傀儡型	オーストリア	一九三八・三―一九四五・五	(キリスト教社会党系、護国団系)	(オーストリア・ナチ党)
	クロアチア	一九四一・四―一九四五・五		パヴェリチ(「ウスタシ」)
	ノルウェー	一九四二・二―一九四五・五		クヴィスリング(国民結集党)
	イタリア(「サロ共和国」)	一九四三・九―一九四五・四		ムッソリーニ
	ハンガリー	一九四四・一〇―一九四五・二		サーラシ(矢十字党)
B「権威主義的反動」主導型ファシズム体制				

1自生型	ポルトガル（「新国家」）	一九三三・三—一九七四・四	サラザールと「国民同盟」（「社会カトリシズム系」）	（ルジタニア統合主義者系、民族サンジカリスト系）
	ポーランド	一九三五・四—一九三九・九	ピウスーツキの後継者たち（国民統一陣営）	
	ブラジル（「新国家」）	一九三八・一一—一九四五・一〇	ヴァルガス	サルガード（「ブラジル統一行動党」）
	日本	一九四〇・一〇—一九四五・八	宮中グループを中核とする軍・官僚機構内の保守派	「革新」将校と「革新」官僚
2内戦型	スペイン	一九三九・三—一九七五・一一	フランコ	ホセ・アントニオ・プリモ・デ・リヴェーラ（ファランヘ党）
3傀儡型	アルバニア	一九二五・三—一九三九・四	ゾーグ	
	スロヴァキア	一九三九・一〇—一九四四・一〇	ティソ（スロヴァキア人民党）	トゥカ
	フランス（「ヴィシー体制」）	一九四〇・六—一九四四・八	ペタン（「民族革命運動」）	ドリオ（「フランス人民党」）、デア（「人民国家連合」）、ドロンクル（「革命的社会運動」）、ビュカール（「フランシスム」）
	ルーマニア	一九四〇・九—一九四四・八	アントネスク	コドレアーヌ、ホリア・シマ（「鉄衛団」）

れの存続期間と、「擬似革命」ならびに「権威主義的反動」の代表的人物の名を表にしておいた。

ファシズム体制成立過程での矛盾とその解決

このようなファシズムの支配体制の成立は、それまでの伝統主義的支配層のなかのファッショ化した部分と、いわゆる「下からの擬似革命」として登場するファシスト運動との間で何らかの形での提携を必要とするが、この提携が成立し、最終的に定着するまでの過程は、どの場合でもかなりの波乱に満ちている。そこでは、まず、(1)その両者のあいだに激しい指導権争いが生じるし、(2)それと絡まり合って、旧支配層との提携のあり方やファシスト「革命」のテンポをめぐって、「擬似革命」の内部にも亀裂と対立を生み出す。

まず(1)についていえば、わずかにイタリアの場合だけがそれほどの波乱なしに、国王、軍首脳部、ナショナリスト団体とファシストの提携を生み出している。そこでは、かつての共和主義者ムッソリーニの君主制支持への戦術的な転向があり、国王と軍首脳部、そして教会はそれまでの地位を維持しつつファシズム体制に入りこむ。運動レベルでも、ファシストと国家主義者協会の幸福な融合があり、さらに、正規軍と、ファシスト民兵組織から発達した「ファシスト国防義勇軍」との平和共存が――一九四三年七月のムッソリーニの失脚までは――持続される。

それに対して、ドイツの場合には、両者間の指導権争いはもっと大きな波乱を招き、しかも事態は、「擬似革命」の優位のうちに進行する。イタリアと異なり、旧支配層の側は、帝制復活の最終的断念を強いられ、イタリアの国家主義者協会にあたるドイツ国家人民党は、他の保守政党ともども「自発的解散」に追いこまれ、またその準軍事組織「鉄兜団」もナチ党の突撃隊に吸収されてしまう。しかし、それでも、ナチ党が旧支配層を全面的に圧伏してしまったわけではなく、財界は、その代表者シャハトが国立銀行総裁と経済相を兼ねた「経済界の独裁者」として「政治の世界の独裁者」ヒトラーになお拮抗しうる力を維持し、国防軍は突撃隊の挑戦に対してはヒトラーの支援を獲得し、官僚は、さしあたりは「職業官僚制の再建」を約束するナチスの対応によって、「政治的中立性」の残り滓を保持しえたのである。

それに対して、フランコのスペインとサラザールのポルトガル、日本の場合には、この種の調整が、ドイツともイタリアとも異なり、既成の支配機構に依拠する側の勝利に終っている。フランコは、周知のように、スペイン内戦における勝利が確定する以前(一九三七年四月)のいわゆる「政党統一令」によってスペインの代表的ファシスト政党たるファランヘ党を、「カルリスタ」と呼ばれる伝統主義的君主主義者の集団と強制的に合同させ、自らこの単一国家政党の党首に就任するとともに、これに反対するファランヘ党の有力な指導者たちを投獄して抑圧した。また日本の場合には、最終的には一九三六年の二・二六

粛清された突撃隊参謀長
レーム(ノルテ 185 頁)

事件で決起した皇道派の青年将校とともにこれに関係していた北一輝らの民間ファシストを、宮中グループと結びついた統制派幕僚集団が抑圧し、皇道派による「下からのファシズム」の動きは、北一輝、西田税の二人と、磯部・村中らを含めた一七名の青年将校が裁判の結果処刑されて、終息した。

その他にも、ルーマニアの鉄衛団が蜂起してアントネスク将軍に弾圧された例(一九四一年一月二一—三日)、同じくブラジル統一行動《インテグラリスタ》党の蜂起を抑えこんだヴァルガスの例(一九三八年五月一一日)、オーストリアのドルフスとシュシュニックがオーストリア・ナチ党を抑えようとした例(一九三四—三八年)、フランスのヴィシー政権のもとで、ペタン元帥が、ドリオ、デア、ドロンクルらファシストに対して優位を保持しえた例などが、同様の事態を示している。

それに対して、「擬似革命」の側が力が強く、これが「権威主義的反動」に対して優位に立ったり、少なくとも対等のパートナーとなるまでの勢いを見せたドイツとイタリアの場合には、前記の(2)の問題、つまり「擬似革命」内部の亀裂も表面化している。

有名なのは、ドイツでヒトラー内閣成立後一年半して発生したレーム事件(一九三四年六月三〇日—七月二日)である。この時、ヒトラーは、突撃隊をナチス流の「人民軍」として位置づけ、これをユンカー出身者が牛耳る伝統的国防軍にとって代らせることを夢みていた突撃隊の参謀長レームとその腹心グループを粛清して、正規軍の顔を立てたのだが、この事件の背後には、ナチスの突撃隊と伝統的国防軍の対立ばかりでなくもっと複雑な事情がからんでいた。つまり、当時は、ヒトラー内閣の成立後確かに左翼の諸政党や労働組合ばかりか保守派の諸政党、団体まで解散させられたものの、軍、財界、官僚機構を握る伝統的支配層の中心部分にはなお手はつけられず、ヒトラーとナチス指導部は、むしろ、これらの旧勢力とさしあたりは提携していく方向を明らかにしつつあった。そしてこのような状況に対してナチスの急進的な活動家層の一部(彼らから見ると伝統的支配層は「反動派《レアクチオネール》」であり、それと安易に提携しようとするナチスの指導部は「中途半端な分子《ハルベン》」であった)には、苛立ちと反発が蓄積され、次第に「第二革命」(「ナチ革命」のやり直し)の必要性がささやかれるにいたっていた。レームの粛清は、ヒトラーとゲーリング、ヒムラーらがこれに先手をうったものであって、その証拠に、この時どさくさにまぎれて殺害された人々のなかには「ナチス左派」の領袖で、ヒトラー内閣成立直前まで党のナンバー2的存在であったグレゴール・シュトラッサーがいたし、その他にも、当時党内の左派的傾向の人々のたまり場になっていた「ナチス経営細胞」(NSBO)の役員たちが合せて罷免されたり、左遷された。

そしてヒトラーは、その代りに、当時死期が近づいていたヒンデンブルク大統領の後任者として、自ら国防軍の統帥権者となることについて、国防軍首脳部の承認を手に入れたのだった。

イタリア・ファシズムの場合には、この問題のあらわれ方はかなり異なっている。イタリア・ファシズム運動内部で急進派を代表したのは、R・ファリナッチ(Roberto Farinacci, 1892–1945)であり、彼は、党内の都市的、妥協的要素に対抗して、農村的、非妥協的破壊主義・行動主義を代表し、国王、官僚、地主、財界、教会、そして今やファシスト党に合流するにいたっていたナショナリスト(フェデルゾーニ、ロッコ)に対する小市民的反発を体現した存在であった。ムッソリーニは、出発したばかりのファシズム体制が、一九二四年六月のマテオッティ事件によって危機に陥った時には、このファリナッチを書記長に登用し(一九二五年二月)、急進派のエネルギーをかき立ててこの危機を乗り切ったが、それに成功すると、今度は、この書記長を解任(一九二六年四月)し、より穏健なトゥラーティにかえた。ドイツのレームと違い、ファリナッチはその後も党内で一定の役割を演じ、ムッソリーニ失脚後のサロ共和国の局面で急進的反ユダヤ主義者としてふたたび浮上するが、とにかく、この一九二六年春の彼の書記長解任は、フェデルゾーニ、ロッコら旧ナショナリストの実権掌握とそのことによる「党の国家への従属化」に道を開くことになる。そして、ほぼ同じ時期に見られた、工業界に対するもう一つのファシスト急進派たるロッソーニらのファシスト労働組合の攻勢についても、結果は同じであった。すなわち、工業総連盟は、受身に立たされながらも「内部組織も、精神も何も変えず」に、ただ「ファシスト」という名称を正式にその団体名に冠せるだけで、工業雇用者の排他的代表として公式に承認され、その自立性を全うしてファシズム体制に適応することに成功する（一九二六年九月）。

3　執行権の独裁

執行権力による立法権の簒奪

ファシズムの政治体制の第一の形式的特徴は、執行権による独裁、つまり、政策決定過程からの国民代表機関（議会）の排除にある。ナチス・ドイツの場合には、有名な授権法（もしくは全権授与法――一九三三年三月二三日国会可決）によって、執行権独裁体制の法的基礎が築かれている。同法は、わずか五カ条の簡単な法律だが、そこでは、ドイツ国政府が議会を全く無視して法律を制定できること（第一条）、その場合の法律は、国会と参議院を廃止し、大統領権限に手を触れるようなものでない限り、憲法違反の内容のものであってもかまわないこと（第二条）、外国との条約についても議会の同意は必要ないこと（第四条）が定められていた。この法律は、法形式的にはそれでもなお、(1)四年間の時限立法であること、(2)国会、参議院の存在そのものと大統領の権限には手をつけられないこと、(3)現在の政府が交代すれば失効することという三つの制限を内包していたが、実際には、ナチスは、これらの規定をも大幅に無視して、執行権独裁体制を「第三帝国」の滅亡の日まで強引に維持し続けた。

ドイツの場合には、このような転換は、ヒトラー内閣成立後わずか二カ月足らずで実現されたが、イタリアの場合には、これに見合う事態は、ムッソリーニ内閣登場以降、三年余を経た一九二五年一二月から二六年一月にかけて生じている。とくに一九二五年一二月二四日の法律は、統領《ドウーチエ》たるムッソリーニの事前の同意のない法案の議会提出を一切不可能にし、さらに一九二六年一月三一日の法律では、統領の発した政令は、議会を通さなくてもそのまま法律になるという決定がなされている。

以上の独伊の例にあたるのは、日本の場合には、一九三八年(昭和一三年)四月一日公布の国家総動員法であろう。日本におけるファッショ化の推進力であった軍部(とくに陸軍統制派)は、すでに一九三六年の二・二六事件の後(五月)の軍部大臣現役武官制の復活によって、内閣の進退を完全に制するにいたっていたが、その後の日中戦争の勃発とともに、今や、「国家総動員上必要ある時」は議会を無視して、政府が「勅令」という形式でありとあらゆる「人的資源」と「物的資源」を動員するための立法行為を行ないうるような体制がとられるにいたったわけである。この法律には、当時すでに野党の一部から「ナチスの授権法にも比肩しうるもの」として憲法違反であるとする批判もあったが、結果的には、民政党、政友会から社会大衆党まで含めて満場一致で可決されている。そうなったのは、この法案の審議のなかで、陸軍省説明員佐藤賢了中佐が議員に対して「ダマレ！」と一喝したことにあらわれる軍の側からの威嚇もあったが、「この法律は現在の支那事変には適用しない」とか、「国家総動員審議会の委員会の過半数を国会議員から構成する」といった約束も効果があったと思われる。そのあたりの事情は、ナチスの授権法通過の際に示された前記のような条件の提示とそれによる中央党の抱きこみ工作を思い起こさせるが、いずれにせよ、日本におけるファッショ化過程の重要な里程標の一つである。独伊との相違をあえていえば、独伊の場合、議会内の反対党派が激しい弾圧のなかでなお反対の意志表示をしたのに対して、日本の場合には、前述のように議会権限の放棄が議会の満場一致の決定によってなされたということだけであろう。

執行権独裁のファシズム的形態

このように、執行府が議会を無視して広範な立法権を直接に行使するという執行権独裁の体制はファシズム体制の最も重要な特徴の一つである。しかしファシズム体制の特徴はそれだけに尽きるものではもちろんないし、逆に、執行権独裁はファシズム体制にだけ見られる特徴でもない。それは、国王専政体制や軍部独裁やさらにはいわゆるボナパルティズム体制やスターリン型社会主義体制にも見受けられることである。しかし、ファシズム体制には、同じ執行権力の独裁といっても、その他の場合とは異なるいくつかの顕著な特色がある。その第一は、そのような執行権力の独裁が、反対派の事前の権力的排除の後、国民のかなりの部分の積極的で能動的な支持を受け、場合によっては国民投票という形式でそのことが明確に表明されてもいる(いわゆる人民投票的独裁)ということである。ただし、この点は、国王専政体制や純粋の軍部独裁にはあてはまらなくても、ボナパルティズムやスターリン型社会主義体制にはあてはまることである。そこで、第二に、この後者の二つにもあてはまらないファシズム体制独特の特徴が問題になる。それは、一口でいえば、執行権力を支える広い意味での官僚機構の二重構造である。

ナチズムを例にとると、「第三帝国」の成立以来、ドイツには、伝統的な、専門的訓練を受けた国家官僚制、普通警察、正規軍と並んで、ナチスの大衆運動を背景に形成された一連の新しい執行権力の装置が存在することになる。具体的にいえば、それまでの経済省と並んでゲーリングの主宰する軍事経済確立のための「四ケ年計画庁」が生まれ、外務省と並んで、形式的にはなお党の機関ではあるがリッベントロープ機関、ならびにその他の機関が乱立する。さらに、ゲッベルスの主宰する「国民啓蒙宣伝省」という新しい省も誕生する。また警察の領域では、従来の内務省と並んで、ヒムラーを長とし、ナチス親衛隊《エスエス》に支配された政治警察の体系が生まれ、急成長する。司法の領域での「人民裁判所」の創設（一九三四年）も見逃せない。また、軍隊については、伝統的なドイツ国防軍と並んで——それにとって替ろうとした突撃隊《エスアー》は前述のように敗北したが——ヒムラーの親衛隊《エスエス》の戦闘部隊として生まれた党の政治的軍隊「武装親衛隊」（Waffen-SS）が存在する。このような執行権力の二重性は、「第三帝国」の後半期には、伝統的官僚制に対するナチ型官僚制の優位の確立と後者による前者の浸蝕によってある程度解消するが、それでもなお最後までナチ体制の特徴たることをやめない。

ドイツの政治学者フレンケルによって「二重国家」（"The Dual State"）と呼ばれたこのような事態は、イタリアにおいても、ドイツほどではないにしても見られることである。そこでは、伝統的な職業官僚制がドイツほど確立されてはいなかったこともあって、一般官僚制の場合には、古い官庁と新しいファシスト的官庁の二重の存在という形にはならなかったが、それでも、それまでの警察と並んで秘密警察が新設され、「特別裁判所」も設けられた（一九二六年一一月の国家防衛法）。また、既述のように正規軍と並んで「ファシスト国防義勇軍」（一九二三年一月創設）が存在した。さらに、その他に、イタリアの場合には、教育と青少年問題に関連して、ローマ法王庁とファシスト党の張り合いがあり、一九二九年二月一一日のラテラーノ条約と一九三二年の「二度目の和解」に示されているような二重性が存続しつづけた。

このような「二重国家」的状況が生まれるのは、前述のように、ファシズム体制が基本的に旧来の伝統的支配層の反動化した部分とファシズムの擬似革命的大衆運動の指導部との妥協を内実としていたところに由来する現象であって、その点で、スターリン型社会主義体制における基本的に一元的な性格とははっきりと異なっている。また、いわゆるボナパルティズム体制の場合には、まだこの種の二重性は萌芽的にしかあらわれていない。

しかし、ファシズム体制論にとって問題なのは、この意味での「二重国家」的状況が、日本やスペイン、ポルトガルなどの「権威主義的反動」主導型のファシズム体制においては見られないことである。日本における「国務と統帥の二元性」、シビリアンと軍人の二元性は、もしも軍内部での擬似革命派たる皇道派が勝利していたら、ここでいう「二重国家」的状況へと発展していたかもしれないが、そうはならないままに伝統的な統治機構の内部における二元性の枠を出ることはなかったといえる。権威主義体制がファッショ化して生まれた「権威主義的反動」主導型のファシズム体制が、「擬似革命」主導型のファシズム体制に極めて接近しながらもなお性格を微妙に異にする点は、この他にもさまざまな領域に見受けられる。

一党制の成立とファシズム体制の確立

ファシズムの政治体制の第二の形式的特徴である一党体制についても、ナチス第三帝国の場合が最もはっきりしている。ヒトラー内閣成立から五カ月半を経た七月一四日の日付けをもち、わずか二カ条からなる「政党新設禁止法」は、「ドイツには唯一つの政党として国民社会主義ドイツ労働者党が存在する」(第一条)ことを確認したうえで、「それ以外の政党の組織的結束を維持しようとしたり、新たな政党を結成することを企てる者は、……三年以下の懲役もしくは、六カ月以上三年以下の禁錮に処せられる」(第二条)ことを宣言している。そしてこの法律はもちろん、前述の授権法に基づいて政府の決定によって生まれたものである。

ここにいたるまでには、二月二七日の国会議事堂放火事件を口実とする国会議員全員を含む共産党活動家の追及の開始、その翌日の大統領緊急命令によるヴァイマル憲法の基本権を保障する条項の「当分の間の失効」宣言、五月二日の社会民主党系のドイツ労働総同盟の強制解散ならびにその他の組合の「自発的解散」、六月二二日の社会民主党に対する内務大臣の活動停止命令と同党国会議員全員の議席剝奪措置という順序で、左翼勢力の解体が進行していた。そして、その他の中間派、保守派の諸政党は、ヒトラー内閣に党首フーゲンベルクを送りこんでいた国家人民党やその行動組織であった鉄兜団を含めて、すべて六月末から七月初めにかけて「自発的解散」を行なっていた。

ドイツの場合には、このような「強制的同質化《グライヒシャルトウンク》」の前にナチ党がともかくも選挙で第一党(二八八議席)となり、四三・九%の得票率(一九三三年三月五日の国会選挙)を得るところまで勢力を拡大していたが、イタリアの場合には、事情はかなり異なる。イタリアのファシスト党が、ムッソリーニ政権の誕生の時にはわずか三五議席にすぎなかったことはすでに述べたが、イタリアの場合には、その後一年半のあいだにファシストが国家主義者協会と合同して飛躍的に勢力を拡大し、一九二四年四月の選挙でも、ファシスト党を中心として同調者を結集した選挙名簿でのぞんだことが、全体の約六五%の得票率で五三五議席中三七四議席を獲得させる結果になった。そして、その後、マテオッティ事件による危機を契機に開き直ったファシズムによる「強制的同質化」が開始される(その出発点は一応一九二五年一月三日のムッソリーニ演説とされる)が、ドイツの場合と異なり、――水ぶくれしたファシズム運動の寄合い世帯的性格からくる突進力の弱さは否定しようもなく――それが完了するまでにはなお約二年を要している。具体的には、ようやく一九二六年一〇月三一日のムッソリーニ狙撃事件を契機にして、同一一月九日、いわゆるアヴェンチーノ派と呼ばれる政府反対派議員一二六名の議員資格剥奪決議を実現し、同一一月二五日の「国家防衛法」でもって、やっとファシスト党の一党制が法的にも確立されるのである。これはムッソリーニ内閣成立の時点からすれば、四年余を経たことになる。

それに対して日本の場合は、ファッショ化を推進しようとする中心勢力(日本の場合には、それは国家総動員体制の樹立を目指す陸軍内部の統制派であった)が、政府権力の一廓に拠点を確保するのに成功してから、一国一党制の樹立にいたるのにかなりの時間を要した点では、ドイツではなくイタリアに似ている。日本で政友会、民政党から社会大衆党にいたる全政党が解散したのは、一九四〇年(昭和一五年)八月、それを受けて大政翼賛会が発足したのは同一〇月一二日だが、これは、陸海軍大臣現役武官制の復活によって陸軍統制派が内閣の進退を制しうるようになった一九三六年五月を起点とすれば四年余を経ていることになる。

ただ、内容的には、日本の場合には、(1)陸軍統制派が、この間に、――さきの国家総動員法の時点での「ダマレ!」発言では陸相が陳謝したのに、この一九四〇年二月の民政党斎藤隆夫の反軍演説では斎藤の方が議員を除名されるという具合に――支配層内部では発言力を一層強化してはいたものの、それでも広範な国民的支持をなお欠いていたために、宮中グループに支えられた近衛文麿の時局収拾のイニシャティヴや、弱体化した議会、政党勢力、民間の観念右翼を一方的に押し切ってしまえるだけの力をもっていず、海軍とのあいだの調整もなおできてはいなかった。その結果、日本の一党体制は、ドイツと異なり、支配層内部のさまざまの分派がさまざまの微妙に異なる思惑をもちよって集まった「寄合い世帯」的性格を強くするものになった。(イタリアはその点、日本とドイツの中間的位置を占めるものといえる。なお、ナチ体制においても、ヒトラーとシャハトならびに国防軍首脳との同盟関係はあったが、この場合に生まれる前述の「二重国家」もしくは――さらに進んで、ファシスト指導者群像の個人的権力欲の全面的解放によって現出した――

「多頭制《ポリクラテイー》」(Polykratie)現象は、前述のように執行体制に関して見られる事態であって、ここで問題になっている国民的統合の方式のレベルの問題ではない。)

(2)そして第二に、日本でその独特の「寄合い世帯」型一党制を生み出したのは、国内政治の場での意識的な国民統合の努力の成果というよりも、むしろ国際情勢の推移によって生じた一種の「ナダレ現象」であった。つまり、この前年九月に第二次世界大戦が勃発し、ポーランドを征服したドイツが、この年に入ってからは、ノルウェー、デンマーク(四月)、ベルギー、オランダ、ルクセンブルク(五月)に続いてフランス(六月)までも征覇し、西ヨーロッパを完全に支配してしまったかに見えたが、そのことが、陸軍をして、日独伊三国同盟の締結、南進政策の推進と国内におけるナチスにみならった新政治体制の樹立という要求にはずみをつけさせることになり、既成政党や民間「革新」右翼のあいだにそれに呼応する気運を生み出すことになった。「バスに乗り遅れるな」というのが当時の日本の内外両面における新情勢への対応のための合言葉になった。一九四〇年八月一日の松岡外相の談話での「大東亜共栄圏の確立」という言葉の初登場、九月二七日の日独伊三国同盟の調印、一〇月一二日の大政翼賛会の発足は三位一体をなすものであった。

このように、一党体制の確立をもってファシズム体制の確立の決定的標識とするならば、イタリアは、一九二六年一一月、ドイツが一九三三年七月、日本が一九四〇年一〇月ということになる。そして、この日付けはドイツの場合はヒトラー内閣成立とそれほどズレないが、イタリアと日本の場合は、ムッソリーニ内閣の成立や二・二六事件とは大きくズレていることに留意すべきである。そして、この一党制樹立を「強制的同質化《グライヒシャルトゥンク》」の完成ととらえるならば、既述のように、ファシズム体制の確立の時点は、必ずしもファシストの政権到達ではなく、この「強制的同質化」の完成時に求めるべきであり、この「強制的同質化」のテンポと性格の比較が、比較ファシズム体制論の中心問題の一つとなるべきであろう。

4　テロの制度化

テロと動員の二重性

「強制的同質化」の問題は単なる政党レベルの問題と考えてはならない。それは、政党の他にも労働組合や各種の職能団体や文化団体、サークルにも及ぶという意味では、――それぞれのファシズムの力量によって到達する深度に違いはあるにしても――政治の領域だけでなく、社会生活の深部にまでも下降するものである。いや、場合によっては、ナチス・ドイツについてブレヒトのドラマ『第三帝国の悲惨と貧困』が描き出したように平和な家庭の親子関係のなかにまで入りこみ、子の親に対する反逆をも政治的に組織しうるものである。また、「強制的同質化」の問題を――大衆社会論者が往々にして過度に単純化しているように――一切の社会集団のテロを背景とした強行的解体という面からのみとらえることも間違っている。ファシズムのもとではすべての集団が一様に解体されるのではなく、また、テロだけが威力を発揮するわけでもないからである。ファシズムは、その純粋型においては、むしろ大衆の能動性の組織化と制度化、つまり「動員」(mobilization)を特徴としており、その結果、大衆エネルギーの「下から」の爆発が「上から」のテロと呼応し合ったり、強力でダイナミックな新しい運動体が登場したりするものである。したがってまた、自立した労働運動や社会主義運動さらには自立した市民の連合を内実とする文化団体は強行的に解体されるにしても、保守派や中間派の諸団体は、その指導層のなかば自発的な意志決定による一応の「解散」と名称その他の外見のみの衣替えによって新しい時代に適応したり、あるいはせいぜい指導層の部分的入れ替えや活動形態の修正によって実体はそのまま存続するということが往々にして見られるのである。いずれにせよ、「強制的同質化」の問題は(1)テロと(2)動員という二重の側面を一応区別して考察する必要がある。

政治テロの基本法制

まず前者の点についてみると、ここでも、ナチス「第三帝国」がもっとも徹底したあり方を示している。そこでは、ナチ党以外の一切の政党を禁止した前述の「政党新設禁止法」の他に、そもそも、ヴァイマル憲法の定める基本権の保障が、ナチ政権発足時の「国会放火事件」を利用して一挙にかつ全面的に棚上げにされている。すなわち、この事件の翌日の日付け(一九三三年二月二八日)をもつ「民族と国家を防衛するためのドイツ国大統領命令」は、大統領の非常大権を認めたヴァイマル憲法第四八条第二項の規定に基づいて、「共産主義者による国家を脅かす暴力行為に対処するために」という名目で、同憲法の第一一四条(人身の自由)、第一一五条(住居の不可侵)、第一一七条(信書の秘密)、第一一八条(言論の自由、検閲の禁止)、第一二三条(集会の自由)、第一二四条(結社の自由)ならびに第一五三条(財産権の保障)を「追って定めるまで」ということで効力を停止した。

そしてこのなかでも、第一一四条(人身の自由)の効力停止が重大な帰結を生むことになった。それは、それまで存在していた、具体的な犯罪行為の疑いのある人物を裁判官によるコントロールのもとに警察が検束する「刑事検束」とも、治安の維持のために二四時間以内に裁判官の承認を得ることを条件に行なわれる「警察検束」とも異なる、悪名高い「保護拘禁《シュッツハフト》」の制度が導入されることを可能にしたからである。この「保護拘禁」は、ナチスの法律家によって、「国家に敵対する分子によってひきおこされる危険」を除去するための「予防的な」警察措置とされているものであるが、要するに政府とナチ党によって「国家の敵」と認定された者は、具体的な「犯罪」行為の疑いがなくても、司法部による

政治犯を収容した最初の強制収容所(ヒトラー 49 頁)

コントロールなしに検束されることになったのである。ナチスの有名な「強制収容所」は、ユダヤ人や捕虜を収容するはるか前に、まずこの「保護拘禁」によってとらえられたナチスの政敵――共産党員、社会民主党員、自由主義者、聖職者、はてはナチ党の主流からはみ出した人々にいたるまでの――によってあふれたのである。そしてそれを執行したのは最初は、ナチスの突撃隊《エスアー》――彼らはヒトラー内閣成立直後「補助警官隊」にくみいれられた――であり、レーム事件で突撃隊首脳が粛清されたあとは黒シャツの親衛隊《エスエス》であった。そして、この親衛隊の全国指導者H・ヒムラーは最初、通常の裁判所はもちろん、行政裁判所の審査にも全く拘束されない秘密国家警察《ゲシュタポ》の長官となり、ついでドイツ警察全体の長官(一九三六年六月)を経て、内務大臣にまでなった(一九四三年)。ナチ体制の後半期においては、文字通り、この親衛隊が通常警察、政治警察、強制収容所の体系を支配した(「親衛隊国家」)。また司法部においても、特設された人民裁判所を頂点にして、法の解釈の基準を「健全な民族感情」(＝ナチスの人種主義の教義)においた「法」の運用が行なわれるにいたった。

イタリアの場合には、テロの制度化は、一党制を法的に確立した前述の一九二六年一一月二五日の「国家防衛法」ならびに、これと同じ日付けをもった「公共の安全に関する法律」を中心に行なわれた。ここでも、政治的なものであっても非政治的なものであっても一切の集会や催しものが、知事もしくは首相(全国的規模のものの場合)の事前の許可を必要とすることになり、団体の結成についても同様であった。また身分証明書がなければ宿泊は一切不可能となり、ホテルは日毎に宿泊客の出入りを警察に報告することを義務づけられた。また警察は一切令状なしに家宅捜索をなしうることになり、信書の秘密も検閲制度によって否定された。

また、ナチスの場合、前述の「保護拘禁」による強制収容所送りという形で行なわれた政敵に対する迫害は、イタリアの場合には、「公共の安全に関する法律」の第一六六条によって次のように、やや手のこんだ形で制度化されている。この条項はまず、「社会的に危険な」人物を列挙しているが、そのなかに「国家の国民的秩序にとって危険な人物」というのがあげられている。誰がこの規定にあてはまるかを判定するには、「世論」が「危険」を報じていることだけで充分とされ、該当する人物には、次の三段階の措置がとられる。第一段階は、「警察による警告」であって、これには家宅捜索と監視がともなう。第二段階は、二年間の「警察監視《アモニツイオーネ》」であって、その間は、対象となった人物は「法を守り、疑惑を招くような行為を行なわず、警察に連絡することなしには住居を離れず……疑惑をもたれている人物と付き合わず、定められた時間より遅く帰宅したり、早く家を出ることをせず、レストランや居酒屋や売春宿への出入りを控え、公けの会合にも出ない」ことを要求される。そして最後の第三段階が居住地からの追放《コンフィーノ》、流刑であって、流刑先は通常孤島で、刑期は一―五年であった。また、以上の措置を決定するのは、州知事を委員長とし、検察官とその地区の国家警察《カラビニエリ》の長ならびに国防義勇軍の高官からなる委員会であった。

また、イタリアの場合には、統領《ドウーチェ》によって任命された裁判長と、国防義勇軍と正規軍の将校からなる特設裁判所(「国家防衛特別裁判所」)が一九二七年二月から設けられ、これが、通常の司法部から独立して、国王ならびに統領に対する犯罪と、「暴力的に階級独裁を樹立しようとしたり」、「国家の経済的、社会的制度を暴力で転覆しようとする」共産主義者やアナーキストを追及した。また通常の裁判所でも、「職能組合国家の原理」に適った司法が目指された。

独・伊・日の差

日本の場合には、ナチス・ドイツの「民族と国家を防衛するための大統領命令」やイタリアの「国家防衛法」と「公共の安全に関する法律」にあたるものとして、周知の「治安維持法」がある。治安維持法は、成立したのは、一九二五年(大正一四年)で、そこでは、「国体ヲ変革シ又ハ私有財産制度ヲ否認スルコトヲ目的トシテ結社ヲ組織シ又ハ情ヲ知リテ之ニ加入シタル者ハ十年以下ノ懲役又ハ禁錮ニ処ス」と定めていた。しかし、正確にいえば、この治安維持法そのものはまだファシズムにおける「テロの制度化」の直接の標識とはならない。ここでは、むしろ奥平康弘氏のいう「治安維持法体制の『ファシズム化』」の局面が問題なのである。それは、まず一九三四、五年の二度にわたる治安維持法全面「改正」の動きとなってあらわれ、これが一九四一年三月、最初の「翼賛議会」となった第七六回帝国議会で初めて通過する。その要点は、取締り対象を、「党組織」ばかりでなく、いわゆる「外郭団体」にまで拡大することの他に、「思想犯保護観察」と「予防拘禁」の制度を導入することであった。このうち、イタリアの前記の「警察監視《アモニツイオーネ》」にほぼ対応する前者の制度は、一九三六年に「思想犯保護観察法」という単独立法の形で具体化していたのだが、ナチスの強制収容所入りの前提となった「保護拘禁」に見合う「予防拘禁」の制度は大政翼賛会成立の直後に導入されたわけである。また、この時期になると、治安維持法にいう「国体」という概念の意味が、国家「主権の所在」を示す限定的な法律概念から拡大解釈されて、「日本精神」とか「臣民道」といった内容までつつみこむものとして扱われることになったことも重要である。そして、このように拡大強化された治安維持法体制は、一九一一年(明治四四年)八月に幸徳秋水らの大逆事件を契機に生まれ、その後日本におけるファッショ化とともに強化された特別高等警察(いわゆる「特高」)に活動の舞台を提供したのである。

ところで、このような展開にもかかわらず、日本におけるファシズム体制の成立を正面から否定する立場がある。そしてその立場から根拠として示されるのは、日本で実際に治安維持法の犠牲になったものの数が極めて少なかったことと、日本にはナチス・ドイツのような強制収容所がなかったことなどである。実際、犠牲者についていうならば、確かにナチスの場合は桁はずれに多く、「第三帝国」期を通じて、ドイツの内外でユダヤ人だけで六〇〇万人の犠牲があったことが知られている。ただユダヤ人殺害は、ナチス独特の現象(あとは、ハンガリーとルーマニアで大量のユダヤ人がファシズムの犠牲になった)で、イタリアでは、ムッソリーニが一度失脚してナチスに救出され、その傀儡政権をつくったサロ共和国(イタリア社会共和国)の局面以外はそれほど見られなかった。したがって、それを除外して計算すると、一九三三年の二月から七月にかけての「強制的同質化」の過程で強制収容所に入れられた政治的拘留者は公式記録によれば約二万七〇〇〇人(一九三三年七月三一日現在)であり、さらに、この時期に、政治的理由で強制収容所や刑務所、さらに街頭で殺害された者の数は約五〇〇人(アインシュタインを議長とする「ドイツ・ファシズムの犠牲者のための世界委員会」編の『ヒトラーのテロに関する褐色の書』一九三三年による)である。また大逆罪を中心にして政治犯を裁いた「人民裁判所」が一九三四―四四年に下した死刑判決の数は五二一四人に達する。

それに対して、日本の場合には、強制収容所は全くなかったし、治安維持法によって二〇年間に検挙された者は六万人いたが、起訴された者は六〇〇〇人、そのうち同法のみによる死刑判決は一件もなかったというわけである。また、予防拘禁制度も確かに導入されたが、ナチスの場合の「保護拘禁」制度は何ら犯罪を行なっていない人々の強制収容所への「予防」的収容を中心にしていたのに対して、日本の「予防拘禁」制度は、正規の刑期を終了した人々や検挙後一旦釈放された人々のなかでとくに非転向の人々に限定して適用されたといういい方も可能であろう。

しかしファシズム支配下のテロの犠牲者の数でいうならば、今日では、ファシズムの発祥の地イタリアの場合でも――既述のような運動形態のため、政権掌握までの過程で多数の政治的殺人を行なったのは事実だが――政権掌握後は、ドイツよりは格段に少なかったことが知られている。前述の「国家防衛特別裁判所」の場合、全期間(約一八年)を通じて起訴されたのが五六一九人、死刑判決は三三人(うち執行されたのが二二人)であり、起訴された人の数は日本とほとんど同じである。ただ日本と比べると死刑数がかなり多く、そのうえ、ドイツの強制収容所と日本のようにそれが全くない状態との中間的形態ともいうべき、流刑《コンフィーノ》の制度があった。それは、前述のように事前に二つの段階を経て行なわれるものだが、ムッソリーニ独裁の全時期を通じて約一万人がこれを適用されて、ウスティカ島やリパリ島などに追放された(それに対して、「警告」と「警察監視」の対象となったのは約一六万人といわれる。――デルツェル『ムッソリーニの敵』一九六一年、四〇頁)。

このようなイタリアの状況は確かに日本よりははるかに厳しいものであった。しかし、同時にナチス・ドイツと比べるとなお格段の差があり、そのため、ドイツの代表的な研究者の側から、ナチズムを「ファシズムのドイツ的形態」として理解すると、ナチズムの全体主義の独特のすさまじさをとらえそこなうことになるとして、「ドイツ・ファシズム」という表現を使うことに反対するものがあるほどである(K・D・ブラッハー、『思想』一九七六年一月号論文、三〇頁)。そして、まさにこの点をめぐってわが国のファシズム理解にも混乱が生じていたように思われる。つまり、わが国では、日本にファシズム体制が成立したかどうかという問題を考える場合、ナチス・ドイツの極限状況をファシズムのモデル・ケースとみなし(しかもその際、暗々裡にイタリアもこれと同様であったと考え)、それに比べれば、はるかに穏健(?)な戦前・戦時の日本の専政体制をファシズムではないとしたのである(中村菊男『天皇制ファシズム論』一九六七年、原書房、はその代表である)。しかし、今日では、ドイツとイタリアの差自体が認識されて、ファシズムについては、その言葉自体の発生の地であるイタリアの状況をモデルと考えるべきであるという主張が広がりつつある。そしてそれとの関連では、前述のブラッハーのように、それよりもはるかにすさまじいドイツ・ナチズムはファシズムに入れるべきでないとして、むしろソヴエトとともに「全体主義」という別の表現を提唱するか、それとも、ドイツの、とくに第三帝国後半(一九三七年末以降)をファシズムのなかでもとくに急進化した極端な局面ととらえて、それを基準にして他の国がファシズムであったかどうかを判定することには慎重であるべきであるとする見解に分れている。そして著者は、この後者の見解にたっており、その点からも、日本にはファシズム体制は成立しなかったとする見解には距離を置いている。その場合、ドイツとイタリアと日本の間には、同じファシズム体制といいながら、そこでの「テロの制度化」の程度と性格に大きな違いが生じることになるが、それは、ファシズム体制の成立期における三つの社会の内部対立の激しさの違い(それを規定しているのは、労働運動、社会主義運動のあり方の違い、危機の客観的性格の違い、社会関係や価値意識を支えている文化の構造の違いであろう)によるものといえよう。

5　動員の制度化

労働統制の三類型

ファシズムのもとでは、労働者大衆の意志に基礎を置き、国家権力からは独立した労働運動――いわゆる自立した労働運動――の存在が許されないのはいうをまたない。しかしそのことは、ファシズムのもとでの体制による労働者の掌握が国によってさまざまの形をとるのを妨げないし、また、労働者の掌握が上からの権力的統制だけによってなされることをも意味しない。そこでは後にドイツとイタリアの例に即して検討するように、社会政策的、文化政策的側面での労働者の擬似的な解放の促進といったことも大きな役割を果すからである。

しかし、ここでは、まず主としてファシズムの下での労働者に対する上からの権力的統制の三つの形態を紹介しておきたい。

イタリア・ファシズムの労働統制

まず、第一のタイプとしては、資本と労働という別個の立場の存在を認め、その両者間の対等の立場に立っての交渉とその結果としての労資間の労働協約による賃金と労働条件の決定という外見を保持し続けたイタリアの場合がある。これについては、わが国でも早くから具島兼三郎氏の研究(『ファシズム独裁と労働統制』政経書院、一九三四年)があるが、とにかく「協調組合国家」(Stato Corporativo, corporate state)と呼ばれるこの特異な体制については、サンディカリズムの風土とファシスト労働組合運動の一定の発展という背景をぬきにしては考えられない。

とにかく、イタリアの場合には、一見、議会制民主主義下の労使関係と同様の形態をとりながら、実際には、ファシストによる労働統制が容赦なく貫徹しているのである。そのことを保障しているのは、(1)ファシスト公認組合制度、(2)労働協約の内容に対する国家統制、(3)階級闘争の禁止と労働の「公的」性格の法制化の三つである。

(1)ファシスト公認組合制度というのは、雇傭者の場合も被傭者の場合も、その組合が設立される産業部門の全労働者数の一〇分の一以上を雇傭していることになる(雇傭者組合の場合)か、もしくは一〇分の一以上を組織していて(被傭者組合の場合)、しかもその組合の幹事が「善良なる道徳的品行ならびに積極的国家信念」を証明しうる場合に、協調組合大臣―国務院―内務大臣―国王の経路を経て国家的に公認されるものである。この場合、公認されるのはファシストもしくはその同調者が支配する組合ばかりであることはいうまでもないが、大事なのは、一旦公認されると、その組合は、その活動領域内の一切の人々

(非組合員も含めて)を法的に代表する権限を与えられ、彼らの全てから組合費を徴収し、労働協約の独占的締結権と労働関係訴訟における独占的代表権を握ることになることである（一九二六年四月三日法律第五六三号――いわゆる「ロッコ法」）。

(2)このようにして、ファシストが牛耳る労使の組合の団体交渉によって団体労働協約ができるのだが、今度は、この協約が効力を発生するためには、その写しが県庁もしくは協調組合省に届けられ、その内容と形式に関する審査を受けて公表されなければならない（前記法律第五六三号、一九二八年五月六日の勅令第一二五一条ならびに一九二七年四月二一日の労働憲章）。

(3)そして第三に、以上のような制度の前提となる理念に関して、ファシスト・イタリアは、公企業はもちろん私企業についても、労使の双方に対してストライキと工場閉鎖をともに禁止し、階級協調、すなわち階級闘争の停止を法的に強制した。その理由は、雇傭者の場合には、公企業はもちろん私企業といえども単なる私的な存在にとどまらず、同時に国家の繁栄に寄与するという意味で「公的」性格をもつものである（生産の指導に関しての国家に対する責任――労働憲章第七条）という点にあり、被傭者については、「労働は知的なると技術的なると、肉体的なるとを問わず、すべて社会的義務である」（労働憲章第二条）とされて、労働の「公的」義務としての性格が強調された。要するに、労使双方に対して、国力の増強のための「生産」の優位が説かれ、かつ強要されたのである。

ナチス・ドイツの労働統制

これに対して、ナチス・ドイツの労働統制の形態は明らかに異なっている。確かにドイツにもイタリアの「協調組合国家」の思想に似た「職能身分制」思想がナチスの擡頭期にかなりの影響力をもったが、正確にいえばこの両者の思想内容には明らかな相違があったうえ、「第三帝国」のもとで実際に登場した労働統制の形態はイタリアとははっきりと異なっていた。

まずドイツでは、資本と労働とがそれぞれ別個の組織をつくること自体が中途から否定された。一九三三年五月二日にそれまでの一切の労働組合が解散させられた後に、「すべての創造するドイツ人の結集体」として出発した「ドイツ労働戦線」(DAF)は、労働者と職員ばかりでなく「すべての企業主」を含むものであって、労働組合とは全く性格を異にしていた。しかも、最初は、この三者のそれぞれと都市の小商人・職人が一応は別個に組織をつくったうえで「労働戦線」に結集するという形をとっていたのに、それらの職能別組織はすべて一九三三年末に解散され、その後に——一九三四年一月の「国民的労働の秩序に関する法律」によって——新たにそれぞれの経営を単位にして、企業主、職員、労働者の三者を同一組織に包摂した「経営共同体」が全組織の基礎とされることになり、それにナチスのいう「指導者原理」が接木された。つまり、それぞれの「経営共同体」においては、企業主が「経営指導者」とされ、職員、労働者はそれに服従するほかはない「従属者」とされた。イタリアの場合には、外見上、雇傭者と被傭者が対等とされたのに、ここでは上下の関係に位置づけられたのである。そして、ここでもなお経営内部での被傭者の代表としての「信任者会議」が設置されるが、それは「経営指導者」に対して「諮問機関的役割で協力する」ものにすぎないから、賃金や労働協約の労使間交渉による決定という制度自体がもはや存在する余地がない。それらはすべて、州政府もしくは労相の提案に基づいてヒトラーにより直接任命される国家官僚としての「労働の受託者」によって決定されることになる。

このような形態上の大きな相違にもかかわらず、ドイツとイタリアの労働統制の根幹における共通性が存在する。それは、「労働」の基本的な理念上の位置づけであって、その点では、ドイツの「国民的労働の秩序に関する法律」も、その第一条で、労働は「国民および国家の共同利益」に奉仕するものとされて、その「公的性格」が強調され、社会的義務とされたのである。ストライキやサボタージュは、いずれの場合でも単に禁圧されたというにとどまらず、「国家と国民」に対する犯罪とみなされることになったわけである。

日本ファシズムの場合

日本ファシズムにおける労働統制は、一九三七年七月の日中戦争勃発後、官憲(内務官僚と警察)によって労働運動対策としてとりあげられ推進された産業報国会運動(産報運動)に体現されている。そこでは、最初、各工場に労資双方を構成員とする工場懇談会を組織させ、そこで労働時間、賃金、労働災害防止、職工養成問題などをとりあげさせようとした内務官僚の方針と、それが労働者の不満の表面化の契機となりかねないことや官僚統制になることを恐れる産業界の懸念とが交錯し、組織化がなかなか軌道に乗らなかった。しかし、やがて、社会大衆党や日本労働組合会議、全日本労働総同盟など残存労働者組織が労働組合の解散による産報会一本化の方針に同調してゆくなかで、産業界の懸念も弱まり、組織化も一挙に進んだ。前述のように、日独伊三国同盟が成立し、大政翼賛会が発足した直後の一九四〇年(昭和一五年)一一月には、企業単位産報会の数が六万を越え、組織率は全労働者の六六%に達した(その一年後には組織率七〇%にもなる)。そして、これらの企業別産報会が、警察署管区を単位とする支部連合会、知事を会長とする道府県連合会を媒介にして全国規模での産業報国連盟につながった。

この日本の組織は、労働組合が解散し、労資一体となった組織で、しかも個別企業を組織単位としている点で、イタリア型ではなくナチス型に近くなっている。しかし、ナチス型とはっきり異なるのは、単位となる「経営共同体」に非情な「指導者原理」がもちこまれる代りに、極めて日本的な「事業一家」イデオロギーで、労資の一体性が粉飾されたことである(「産業報国連盟綱領」)。そして、さらに基本的なのはイタリアともドイツとも異なり、運動のイニシャティヴをとる「下からの」ファシスト大衆組織が存在せず、戦時体制づくりのムードに乗った「上から」の官製国民運動としての性格が強かったことである。近年の研究が一致して指摘しているところによれば、内務官僚、とりわけ警察官僚の優位は極めて顕著であり、そのことが、日本ファシズムの場合、「下から」の自発性に支えられた大衆動員を困難にしたといわれる。

余暇の組織化

これまで明らかにして来たように、ファシズムのもとでは、政治的自由や社会集団の自治は正面から否定された。しかし、今や個人の権利に代って絶対的なものとされるにいたった「国家」や「民族」の繁栄という大目的の達成のために、労働力の保全、人口の増加ばかりか「勤労大衆」の精神的掌握が至上命令となった。そしてそのためのファシストの努力は、しばしば伝統的身分制的秩序を修正し、それまでの伝統文化の閉鎖性を打破して、広汎な民衆の擬似的解放をもたらした。そのことを最も端的に示しているのがイタリアの「ドーポラヴォーロ」とドイツの「クラフト・ドゥルヒ・フロイデ」による大衆の余暇の組織化である。この余暇の組織化を中心としたファシストの厚生政策は、前述のようなファシストによる勤労者の代表権の権力的独占と次に述べるファシズムの教養の系統的注入と並んで、ファシズム体制下の大衆動員の三本柱の一つをなしている。

イタリアの「ドーポラヴォーロ」

まずイタリアの「ドーポラヴォーロ」(Dopolavoro)は直訳すると「労働《ラヴォーロ》」の「後《ドーポ》」の意であり、文字通り、勤労者の労働後の余暇をファシストが組織しようとしたものである。本来はファシズムに同調する労働組合の事業として生まれたものであったが、一九二五年五月一日の緊急勅令で「ドーポラヴォーロ国家事業団」(Opera Nazionale Dopolavoro——O. N. D.)が創設されて以来、ファシストが支配する(一九二八年以来、トゥラーティ、スタラーチェらファシスト党書記長が総裁を兼ねている)半官半民の事業団として発展した。入会は、ファシスト党員であるかないかにも、前述の公認組合員であるかないかにも一切関係なく、自由意志によるものとされ、入会すれば、同事業団の事業に参加し、施設を利用できるほか、劇場、映画館らの入場料の割引、団体旅行の鉄道乗車賃の割引の特典があった。会員数は、ファシスト全体主義の出発点である一九二六年にはなお二八万人にすぎなかったが、その後、急膨脹し、一九三八年には三五一万人に達している。会員のなかでは、ホワイトカラーのウェイトが高く(約三分の一強)、農業労働者の比率が低かったといわれる。事業内容は、総本部の構成が、三つの管理部門に加えて、運動競技部、芸術・教化部、遠足旅行部、社会事業部を加えた計七部からなっていたところから想像できるが、例えば一九三八年の公式統計によると、競技大会や遠足旅行等体育関係の催し物が約四七万件、音楽、映画、ラジオ関係の催し物約二一万件、素人演劇一万件、一般教養ならびに地方的催し物三万件、職業教育の開設講座数九九五件、救済した病人、傷害者数約二七万人となっている。こうして、かつては一部少数者のみが特権的に享受できたスポーツと文化を国民大衆のものにした、というのがファシストの自負となるのである。

ドイツの「歓喜力行団」

それに対してドイツの「クラフト・ドゥルヒ・フロイデ」(Kraft durch Freude——日本では「歓喜力行団」という訳が定着しているが、正確にいえば、「喜びを通じて力を」という意味である)は、その組織力においても、事業内容の多岐にわたる点でも、イタリアをしのいでいるといえる。ドイツの場合、この「歓喜力行団《クラフト・ドウルヒ・フロイデ》」は、前述のドイツ労働戦線の一部局であったが、このドイツ労働戦線は一九三四年七月の段階で約二〇〇〇万人の構成員と三―四万人の常勤職員をもつ巨大組織になっていた。事業内容に関する統計をイタリアの場合と比較して記録しておくと、同じ一九三八年で旅行ならびに遠足への参加者数約一〇三〇万人、各種競技大会参加者数約二二五〇万人、音楽会、映画会等各種の文化的催し物の開催回数約一五万件、参加者数四五〇〇万人ということになる。そしてこの種の統計を競いあい、自慢しあうところに、両体制の全体主義志向が明らかであるといってよい。そしてまた、ドイツの場合には、労働戦線に加入している経営者に一般の労働者と同じユニホームを着せたり、「歓喜力行団」の主催する旅行で等級制を廃止した乗物を使ったりして、「無階級社会」の実物宣伝に特別の配慮をおこなっている点と、労働戦線に「労働の美」と称する部局を設けて、労働環境の美化運動に力をこめた点などがとくに顕著である。

しかし、以上のような厚生事業の展開は、イタリアの場合でもドイツの場合でも、労働運動の自立性の喪失と、企業収益の飛躍的増大にもかかわらず賃金水準はあがらないという状況への代償として、労働者の体制統合のために支払われたものであった。（ここで詳細な数字を示す余裕はないが、イタリアもドイツもファシズム体制の定着とともに、労働者の実質収入はある程度上昇している。ただ、その上昇は労働時間の延長による部分が多く、さらに、企業収益が、これとは比較にならない上昇を示している。また、ドイツの場合には、恐慌によって生じていた六〇〇万人の失業者を軍拡と軍事産業の増大によって吸収して、短期間に完全雇傭に近づいたことが体制の定着に偉力を発揮した。）また、イタリアでもドイツでも、こうした厚生事業の展開は平和時においてのみ可能だったのであって、本格的戦時体制への移行とともに、その財政的基盤が失われ、厚生事業のネットワークもまた戦時動員体制の一環に組みこまれることになる。

日本の場合

ところが、日本の天皇制ファシズムにおいては、イタリアやドイツの場合のように、労働者もしくは勤労者を対象とする厚生事業と、それを媒介にした動員の体制は存在しなかった。それは当時の日本の労働者運動の未成熟の反映であると同時に、日本におけるファシズム体制の成立が前述のように戦時体制の本格的樹立と時を同じくしていて、もはや厚生事業どころではなかったことによるものと思われる。

中間層の幻想

すでに詳細に述べたように、ファシズム体制の成立には、どこの国でも中間層の社会的救済への期待が大きな役割を果している。しかし、実際には、ファシズム体制の定着後あらわれるのは、(1)まず最初は、彼らの期待の中途半端な部分的実現、(2)ついで戦時体制のなかでの無惨な幻滅、(3)もしくは、新たな欲求充足の期待に駆りたてられての対外進出の先兵化である。そのうち、(3)の問題については次節に譲り、(1)、(2)の二点について、ここで簡単にふれておきたい。

まず第一の点については、ファシストによる中間層の願望の実現の仕方を明らかにしておく必要がある。この問題についても研究が最も進んでいるナチス・ドイツを例にとれば、次のようなことになる。ナチスが中間層の諸集団に約束したのは、一口にいって、小商人に対しては百貨店、消費組合に対する保護であり、職人に対してはギルド的自治組織の強化であり、農民に対しては農家経営の安定であり、またこれらの全体を通じて利子率の低下(「利子奴隷制の打破!」)と、中間的諸階層の社会生活における地位の確保(身分感覚の充足)であった。その点で、ナチスが全く何事もしなかったというのは明らかに事実に反するのであって、まず小商人の場合、二五カ条の綱領に約束してあったような百貨店の公有化(自治体所有化)は実現せず、執拗にそれを要求する人々は抑圧されたものの、百貨店の新規開業の禁止、売場拡張の禁止、大売出しの禁止、景品をつけることの禁止などは、政権掌握直後に法制化された(一九三三年五月一二日の「小売業保護法」)。また、職人(手工業者)の場合には、地域ごとのギルド的自治組織(インヌンク)への加入義務(一九三四年六月一五日)と手工業の経営主になるための親方《マイスター》資格の必須化(一九三五年一月一八日)が定められた。さらに農民の場合には、綱領の「土地改革」条項はすでに政権掌握前に空文化されていた反面、一九三三年九月二九日の法律で、有名な「世襲農場」制が導入された。これは、零細農家は切り捨て、一二五ヘクタール以上の大農園は除外して、その中間の中・小農を自立した「農民《バウアー》」身分と規定し、彼らの農場を、譲渡も分割もできず、ただ一人の継承者にのみ受け継がれるべき「世襲農場」として、国家的に保護しようとするものであった。

また、中間層全般についていえば、思想的にも、その社会的構成においても中間層(とくにその下層部分)的色彩を濃くしたナチ運動の勝利によって、国家と社会の要所要所に、中間層出身の人々が数多く上昇していった。そしてそのことは、いわゆる社会的流動性の低い伝統的なドイツ社会の閉塞状況からすれば、しばしば「革命」的事態であるように見えたものであった。つまり、「出自」や「身分」ではなくて、——体制の基本的イデオロギーに忠誠を誓いさえすれば——「業績」と「能力」によって昇進できる時代が来たように見えたものであった。

旧中間層の幻滅

しかし、これらの注目すべき措置や動向にもかかわらず、彼らの「第三帝国」における地位は安定したものにはなりえなかった。ドイツの場合、「職能身分制」の思想は、ファシズムの勝利の前夜には、これらの旧中間層諸集団の社会的発言権の強化という方向で主張されていたのだが、この組織原理は、労働戦線成立の局面で排除され、旧中間層諸団体は、労働戦線のなかでのささやかな発言権に甘んじるほかはなくなったからである。また、「第三帝国」が本格的戦時体制に移行するなかで、効率の悪い中小経営が容赦なく切捨てられる結果となることは後にふれるとしても、ここでは、それ以前に、職人と農民の問題をめぐって、新たな状況が発生しつつあったことを指摘しておかなければならない。まず中・小農民の場合には、不況期には利益となったかもしれない「世襲農場」制が裏目に出た。ナチスの再軍備政策は工業と都市部にとって有利に働き、農村人口の急速な減少をもたらしたが、そのなかで、農地の保持を義務づけられ、農場を自由に抵当に入れることもできないまま農村に「串刺し」にされた中・小農民は、政府の有効な助成策もないまま大農場との競争で不利な立場に立たされ続けたのである。また、中・小農家を新しく「内地植民」によって創設するという試みも、ユンカーの大農場に手をつけられない「第三帝国」のもとでは、ヴァイマル共和制期の半分程度の実績しか生み出しえなかった。

　また手工業者の世界では、ナチスの勝利は、前述のように当初は親方《マイスター》の地位の強化をもたらしたが、そのことは今度は、それに対するゆりもどしとして、徒弟《レーアリンク》の不満を組織して勢力を拡大しようとする労働戦線の努力を生み出し、ナチス支配層内部での深刻な紛争の種子となった。また、体制の定着とともに、社会的地位の上昇のためにはテクノクラートとしての資質を必要とすることになるが、そのことによって有利になるのはやはり恵まれた家庭の子弟であることがはっきりして来た。

　そして、このように、ナチスが中間層問題を国内で解決できなかったことは、ナチスの対外進出に独特の社会的性格を与えることになった。つまり、最初は、ヒトラーの『わが闘争』以来のナチス・イデオロギーの一環として存在していた「東方大帝国の建設」という主張が、「第三帝国」における中間層政策のいきづまりの結果として、いまやあらためて、農民や職人の植民のための「生存圏」政策の具体的必要性によって裏づけられ、かつその内容を与えられることになったのである。

イタリアの場合

イタリアの場合にも、ファシズム体制初期の中間層をめぐる動向は、中・小農民に対する「世襲農場」法にあたるものが存在しなかった点――イタリアでは農村は大地主と農業労働者に二極分解していた――を除けば、基本的にはドイツと同じである。シロス・ラビーニによれば、イタリア・ファシズムは、権力の座につくと同時に、「大ブルジョアジー」向けの一連の施策をおこなったほか、「小ブルジョアジー」に対しても次のような措置をとった。(1)官僚機構、軍隊、ファシスト義勇軍ならびにその他の党関係機関に大量の人間を雇用した。(2)小商人の利益のために、協同組合に対する政府の援助を停止した。(3)小売業の営業許可の譲渡に関する規定を制限する方向で改めた。(4)さまざまの形で手工業者に対する保護措置を導入した。(5)さらに、輸出産業の企業家には損害を与えることまであえてして、リラ価の切り上げを強行(一九二七年一二月)し、「それまでのインフレ傾向によって被害を受けていた貯蓄家としての小ブルジョアジー」をだきこんで「社会的安定」を図ろうとした。そして、以上の結果、「ホワイトカラーや商業小ブルジョアジー」の平均個人所得は、賃金労働者の場合とは逆に、「ファシズム期を通じ絶対的にも相対的にも顕著な上昇を示したことは確実であるように思われる」という(シロス・ラビーニ『揺れる中産階級』尾上久雄訳、日経新書、八四―五頁)。

この点、イタリアの場合には、工業化の一方的推進による中間層対策のゆきづまりが対外進出への一層のドライブをかけるということはドイツほどではなかったように思われる（イタリアでは、むしろ、一九三一年と三九年の法律によって、農村から都市への移住を禁止する措置さえとられている）。しかし、そのイタリアでも、一九二九年以来の世界恐慌のなかで、政府の施策の重点は、一九三三年一月二三日のＩＲＩ（産業復興公社）設立に見られるようにはっきりと銀行と大工業の救済に重点を置くにいたった。そして、第二次大戦末期に、国王と軍部と産業界によって排除されたムッソリーニが、ナチスに支えられて「サロ共和国」を樹立しなおした時、最後の支柱としたのは、その間に蓄積されていた中間層急進派のルサンチマンであった。

日本の場合

日本の場合には、昭和恐慌以来のファッショ化過程のなかで、支配層の側から一貫して追求された唯一の中間層対策は、いわゆる農村経済更生運動である。日本の都市自営中間層（商工業者、職人）やホワイトカラー（サラリーマン）は、ファッショ化過程においてそれほど顕著な足跡を残していない。前者は確かに満州、中国侵略の展開過程でかなりの排外主義的動向を示したが、ファッショ的政治運動の主体となるほどの政治的エネルギーは発揮せず、また為政者によって、ファシズムの支持基盤として意識的に培養されるべき対象とみなされることもなかった。またホワイトカラーは、日本の場合、西欧的、自由主義的文化の社会的基盤であり、ファッショ化の動向には冷淡もしくは批判的であった。

そのなかで、唯一つ、権力による周到な培養の対象となったのが、農村の自作農中堅と自小作上層からなる農村中間層であった。そうなったのは、農村が理念的には「民族培養の源泉」であり、具体的には陸軍の「兵力供給源」であり、その農村社会の全面的動員のためには、地主層よりはむしろこの層の方が重要だとみなされたためであった。具体的には、一九三二年より恐慌対策として開始された農山漁村経済更生運動は、当初の五カ年計画がさらに延長され、四三年には皇国農村確立運動に引き継がれた。その内容は、農村中堅人物養成、産業組合拡充、負債整理、そしてのちには満州分村計画であった。そして、それに一九四三年からは、目標を一挙に拡大した自作農創設第三次事業（全小作地の六〇%の「解放」を目標とした）が加わった。すなわち、単なる自作農の保護にとどまらず、その新たな創出が目指されたのである。しかし、ナチス第三帝国の場合と同様に、ここでも、実現されたのは目標を大幅に下まわり、かつその過程で、この事業の対象にも入らない貧農大衆の満州移民（約七万戸）を生んだ。

青少年の掌握

日本のファシズム体制がドイツならびにイタリアのファシズム体制と最も様相を異にす

イタリアのファシスト少年団“バリッラ”(シュデコップ160頁)

る領域の一つに青少年の掌握の問題がある。すなわち、ドイツとイタリアの場合には、青少年の全体主義的な掌握のために巨大な党付属団体が発展したが、日本にはそのような事態が見受けられなかったのである。

まずイタリアの場合には、八歳から一四歳の少年のためには「バリッラ」(Balilla)という一八世紀の反オーストリア愛国少年の名に因んだ組織があり、一四歳から一八歳の少年のためには「前衛者」(Avanguardisti)、一八歳から二一歳の青年のためには青年ファシスト団があった。そして二一歳以上になると正規の党員になれた。ドイツの場合もほぼ同様で一〇歳から一四歳までがドイツ幼年団(Jungvolk)、一四歳から一八歳までがヒトラー少年団(Hitler Jugend)、一八歳以上が正規の党員とされた。そしてその後も一九歳で六カ月の勤労奉仕団(Reichsarbeitsdienst)、そして二年間の兵役という順序であった。そしてイタリアの場合には、これらの青少年組織への参加は「自由」とされたが、ドイツの場合には、一九三六年一二月一日から、ヒトラー・ユーゲントは国家組織とされ、すべての青少年の参加が義務づけられた。(もっともイタリアの場合も、青少年の教育を任務とする他の団体の結成は一九二八年四月の法令で禁止されており、ファシストの青少年組織の参加にはさまざまの恩典があったから、「バリッラ」は、当該年齢の少年の七割弱を、「前衛者」は同じく三割弱を組織する――一九三三年――巨大組織となった。)

このように、イタリアとドイツでファシストによる独占的な青少年組織が発展したのは、青少年にファシズムのイデオロギーを注入するための独自の組織が必要だからであった。すなわち、イタリアのファシストは、青少年の教育を教会と家庭に委ねることを主張するローマ法王庁に対抗し続けねばならなかったし、ドイツのナチスは、古い世代――したがって家庭――に残るヴァイマル・デモクラシーの余韻に対抗して、子供たちを親から隔離して教育する必要がなお存在した。それに対して、日本のファシズムは伝統的価値体系の否定ではなくてその急進化のうえに登場し、しかも家族主義国家観に支えられていたため、ファシスト独自の新しい青少年組織をつくるための主体も形成されなければ、必要も生まれなかった。

以上のことと関連して、イタリアとドイツでは、ファシストの勝利によって、独特のエリートのリクルートの通路が開かれることになった。イタリアの場合は、ファシスト党員になるためには、党の青少年組織を経過しなければならないことになったが、前述のように、一四―一八歳の少年を組織する「前衛者」は組織率が三割にすぎず、その内容は、支配層と中間層の子弟で占められた。労働者や底辺層の子弟は、当時のイタリアでは、ファシストの青少年組織に参加する時間と余裕を欠いていた。ドイツの場合には、ヒトラー・ユーゲントは義務化されたため、そこではこの問題は発生しなかったが、その代り、党幹部となるためのエリート・コースは、アドルフ・ヒトラー学校(ギムナジウム)など特別の党学校の体系として実現された。そこでは、建前としては、社会的出自は生徒の選抜にあたっては全く問題とはならないことが強調されたにもかかわらず、その入学者の五分の四は「ブルジョア的中間層」の家庭の子弟であったという。それに対して、日本の場合には、エリートのリクルートの仕組は、ファシズムの時期になっても、明治国家以来の制度に基本的変更はなかった。

6　ファシズムと戦争

ファシズム外交の特質

ファシズムと戦争は不可分である。すでにファシズムの運動の発生に関する部分で明らかにしたように、ファシズムはさまざまの意味で第一次世界大戦という戦争の落し子であり、また国内政治を平和的な妥協と調整の作動する場ではなく、敵の絶滅を目標とする「戦争」にしてしまった運動であり、また、国内政治の唯一絶対の目標を次の戦争に備えた「国家総動員体制」の確立に置いた運動である。

そのファシズム体制のもとで展開される「ファシズム外交」の特質については、さしあたり、次の三点が指摘できると思われる。

その第一は、ファシスト特有の「生存圏」理論による対外進出の根拠づけである。この「生存圏」理論(=後発帝国主義国家による世界再分割闘争の理論)自体についてはすでに説明ずみなので、ここでは再説しないが、それが、(1)「持てる国」に対する「持たざる国」の論理として、また、外側から包囲され攻撃を受けているという「籠城心理」(siège psychology)と裏表にはり合わされた主張――「民族の生存権」！――として、日独伊などの後発帝国主義国家では広汎な民衆の同意を調達しえたということと、(2)その際、この「民族の生存権」の主張が、近衛文麿が既述の論文のなかでいっているように「劣等民族」の領土に対する侵略の「機会の平等」という論理をとっていたことだけを指摘しておきたい。そして、このように見るときには、「生存圏」理論は、それを「アーリア人種の優越」や「ローマ帝国の再建」や「八紘一宇」「皇道宣布」によってさらに根拠づけるところだけがファシスト特有の論理であって、それを除けば、当時の後発帝国主義諸国のナショナリストや保守派一般、さらには民衆レベルの素朴なナショナリズムの核心的主張であったといえる。ファシストはその意味で、その対外政策の展開において、広大な支持の裾野をもっていたのである。

第二の特質は、外交と戦争の区別の喪失、もっと正確にいえば、軍事と謀略の優先と、外交のそのための手段化である。つまり、外交は軍事に従属し、戦争の単なる補助手段と化するのである。ヒトラーはその点を、初期の『わが闘争』のなかでは、「全民族の解放と統一」のための「戦闘力のある剣」の「鍛造」の必要性という表現で語り、さらに「この剣を鍛造することが一民族の国内政策上の指導の課題であり、鍛造作業を安全にし、戦友を探すのが外交政策指導の課題である」としている。そしてさらに有名なラウシュニングとの対話(一九三四年)のなかになると、「私はいかなる手段もためらいはしない。いわゆる国際法なるものも、協定も、私が提供された便宜を利用するのをさまたげることはできない」と述べて、「あらゆる精神的、伝統的規範」からの解放を宣言している。――そして、このような外交政策の単なる手段化＝軍事と謀略の優先というあり方は、第二次大戦に突入する過程でのファシズム諸国の外交の具体的展開のなかからその実例をいくらでも拾い出すことができる。

ファシズム体制における二重外交――ドイツ

ファシズム外交の第三の特質は、いわゆる「二重外交」の展開にある。すなわち、そこでは、伝統的なルールにしたがい、平和的解決の建前を放棄しない伝統的外務省―在外公館のルートでの外交と、ファシスト的特務機関(ドイツの場合は、リッベントロープ機関、ローゼンベルクの党外政局、ボーレの党在外ドイツ人局など。日本の場合には、在外公館に配置された武官)による謀略外交の二重性をもった展開である。この二重性は、ドイツの場合も日本の場合も、ファシズム体制といわれるもののなかでも、ファシスト・グループと伝統的保守派との支配機構内部での二元的存在が最後まで完全には克服されなかったことによるものであり、既述のようなファシズム体制に関する「同盟理論」によって説明できるものである。しかし、それでもファシズム体制の初期においてはこの二重外交はとりわけ顕著であり、後期になるとファシスト的方向の貫徹によって、それほどでもなくなった。ドイツの場合、「第三帝国」に入ってでも一九三三年からリッベントロープが直接外相になる一九三八年までは、外務大臣はヴァイマル共和制末期のパーペン内閣で登場したフォン・ノイラートという保守派の代表であったため、二重外交的性格は顕著であった。とくに、ドイツの場合には、この二重性は、ヴェルサイユ体制の修正による一九一四年の国境の回復もしくは民族自決権の実現(独墺合併とズデーテン併合)で満足する伝統的保守派(国防軍と財界内部の反ヒトラー派)の路線と、それを踏み台としてさらに広大な「生存圏」を獲得して「東方大帝国」を建設しようとするナチスならびにそれに追随する支配層内部の親ナチ派の路線の相違という路線の二重性をも意味していた。しかし、ドイツの場合には、戦争末期の一九四四年七月二〇日に、この伝統的保守派の中枢部が反ヒトラー陰謀に失敗して体制から排除され、そのために、ドイツは「二重外交」は一応清算したものの、本土決戦による自滅の前に和平のチャンスをつかむ機会を逸したのである。

日本とイタリアの場合

ところでこの「二重外交」という表現は、本来は日本のファッショ化過程における対外政策の二元性を指す言葉として生まれたものであった。実際日本の場合には、一九三一年九月の満州事変、一九三七年七月の日華事変(日中戦争)の二つがともに陸軍の、しかも出先軍部の暴走によってひきおこされ、ともに政府による正式の決定も、したがってまた宣戦布告もなしに実質的に戦争に突入してしまった。そして、この二つの「事変」をめぐって政府(外務省)と軍部の二重外交が問題となったのである。そして、このような状況は、一九四〇年の近衛新体制と日独伊三国同盟の成立によって——つまり、ドイツと異なり、ファシズム体制の成立によって——克服されたかに見える。一九四一年(昭和一六年)一二月八日の太平洋戦争への突入は、国策決定の手続きを形式的には完全に踏んでおこなわれたものだからである。しかし、日本の場合には、その後も海軍、外務省、宮中グループに陸軍の暴走に疑問をいだく保守派勢力が残存し、これが戦争末期にいわゆる「和平派」として浮上し、本土決戦を回避すると同時に、天皇制支配が敗戦のなかで最終的に崩壊するのを阻止することに成功したのである。

イタリアの場合にも、ファシスト体制といわれるものの内実は、もともとファシストと国王、軍、旧自由主義者など伝統的保守派との連合支配の体制であったが、一九三五年一〇月以来のエチオピア戦争へのドイツの支持を契機にムッソリーニが「ドイツ一辺倒」の外交政策にはまりこんでいったことが原因となって、支配層内部に対外政策をめぐって亀裂が生じた。ムッソリーニの親独政策は、確かにオーストリア問題、チロル問題を皮切りに次々とイタリアにとって不利な展開をもたらし、最後にはイタリアを実力不相応の戦争にひきずりこむことになったが、この点を批判する動きは、王室一家、軍首脳部、旧〝自由主義者〟から外務大臣のチアノやグランディ、ボッタイらファシストの一部最高幹部まで含めた広汎な反ムッソリーニ派の結成をもたらした。その結果、一九四三年七月一〇日、米英連合軍がシチリアに上陸するという事態を背景に、これら反対派が決起して、ムッソリーニの解任を実現し、その後に生まれたバドリオ将軍の新政権は連合軍との休戦協定に調印した。

戦争目的――ナチス・ドイツ

このように、独日伊のいずれをとってみても、それぞれ支配層内部の不統一とそれを背景とした二重外交という様相が見られるが、それでも第二次大戦への突入の局面では、それぞれ、伝統的保守派ではなく、ファシスト・グループが主導権を握っていた。そしてその彼らの戦争目的は、一言でいえば、英仏米の先進帝国主義諸国にならってそれぞれ独自の支配圏をもった「世界帝国」を築きあげるための世界再分割闘争の遂行であり、それは、ベルサイユ体制とワシントン体制の打破から始まり、彼らの観点からする世界の「新秩序」の樹立で終るはずのものであった。

ここでは彼らの戦争目的の中間段階での変遷まで紹介することはできないので、第二次大戦突入前夜の時点での構想だけを簡単に記録しておきたい。

まず、このファシストによる世界再分割闘争のなかで、最大の勢力であり、終始局面をリードし続けたナチス・ドイツについていえば、ヒトラーは、早くから『わが闘争』(一九二五年)のなかで展開していた「東方大帝国の建設」という構想をほぼそのままの形で、有名な一九三七年一一月七日の外務省ならびに陸海空軍最高指導者との会談の際に示している。それによれば、ヒトラーは、八五〇〇万人を数えるドイツ民族の生存を、ドイツの「世界経済への一層積極的な参加」によってではなく、農民の植民を含めて、自給自足の可能な一単位となるような土地(「生存圏」)の獲得によって確保する、しかもこの広大な土地の獲得を、イギリス、フランスのように海外植民地によってではなく、ヨーロッパ大陸を東に進出し、ロシアを叩いてスラヴ人の土地を奪うことによって実現するというものであった。その際ヒトラーは、ドイツは、ドイツのこれ以上の強大化を恐れているイギリスとフランスという西側の大国との戦いをも覚悟しなければならないとしているが、そのなかのイギリスについては、ヒトラーは『わが闘争』以来、ドイツは海外植民地の獲得を中心にすえることによってこのイギリスと対決せざるをえなくなることを慎重に回避し、むしろ、ドイツの東方進出の背後を固めるためにこれを同盟国として獲得することを夢みていた。それにもかかわらず、この一九三七年末の時点では、すでにイギリスとの関係は相当に悪化してしまっていたので、ヒトラーは、これを敵とすることを一面では覚悟しながらも、他面では、チェコスロヴァキアに続いてポーランドに侵入する時点まで引続きイギリスの局外中立化を狙っていたといわれる。三国同盟は、リッベントロープ外相のひそかな意図においては、世界帝国イギリスの全面解体を目指す正面対決が狙いであったが、ヒトラー自身としては、イギリスを牽制して、これとの正面対決を回避することが狙いであった。

いずれにせよ、この時点では、このヒトラーの「東方大帝国」の建設は、ナチスの指導者の老化、西側諸国の軍備強化などの結果、ドイツにとって情勢が不利に転じることになる一九四五年以前に(おそらくは四三年と四五年の間の時期に)、実行に移されねばならないとされていた。一九三九年九月一日のポーランド侵入による第二次大戦への突入は、ヒトラーのこの日程がさまざまの理由から大幅にくりあげられた結果であった。

イタリアと日本の場合

イタリアの場合には、一九三九年二月四日に、ムッソリーニがファシスト大評議会の席で、その戦争目的を次のように語っている。イタリアの目的は、イタリアを「地中海の囚人」たらしめている「牢獄の格子」を破って、「地中海帝国」を築くことである。その「牢獄の格子」というのは、仏領のコルシカとチュニジア、英領のマルタとキプロスであり、イギリスの支配するスエズ運河とジブラルタル海峡が「牢獄の番人」とされている。したがってイタリアは、まず第一に「格子」を破り、ついで「番人」を倒さなければならない。そしてその後は、リビア、スーダンを経てエチオピアからインド洋に出るなり、仏領北アフリカを通って大西洋へ出るなり、とにかく「大洋への進軍」を開始する。したがって、イタリアには、ヨーロッパ大陸についてはアルバニアを除いて領土要求はなく、ローマ・ベルリン枢軸は、このような大洋に向っての雄飛のために背後を固めるだけのものである。――このようなイタリアの戦争目的からすれば、ドイツとの提携の結果、対ソ戦にひきずりこまれ兵力をさかれたことは計画外の誤算であったことになる。

日本の場合には、満州事変の頃には、「満蒙の生命線」という表現で「生存圏」理論が説かれていたのが、日中戦争開始後、一九三八年一一月三日の第一次近衛内閣の近衛声明で中国をも対象にくみいれた「東亜新秩序」の建設が「帝国不動の方針」とされ、さらに大政翼賛会成立過程の一九四〇年七月一九日の近衛と東條英機陸相、吉田善吾海相、松岡洋右外相の三候補との「荻窪会談」を経て生まれた第二次近衛内閣の閣議決定(七月二六日)による「基本国策要綱」で、「皇国ヲ核心トシ日満支ノ強固ナル結合ヲ根幹トスル大東亜ノ新秩序」の建設へと拡大され、これが第二次大戦の戦争目的となった。ただ、この「大東亜共栄圏」なるものが、「日満支ノ強固ナル結合ヲ根幹」としたうえで、これを南へ拡大(いわゆる「南進」政策)し、フィリピン、タイ、マレー、インドネシア、インドシナなどから欧米資本を排除して、これを日本資本主義の独占的市場としようとするものであったことまでは明らかであるにしても、その具体的な地理的境界が政府によって公式に明らかにされることはついになかった。

以上、三つのファシズム国家は、世界恐慌以降、いわゆるブロック化政策によって自己の「世界帝国」に対する排他的支配を強化しようとした先進帝国主義諸国に対抗して、いずれも戦争に訴えても自国の新たな支配圏を樹立しようとした。こうして第二次大戦は、ファシズム諸国からの意識的な戦争の「解きはなち」として勃発することになった。

それに対して、その他のファシズム化した国家のなかでも、スペインとポルトガルは、ドイツ、イタリアとの友好関係を維持しつつも結局は戦争には参加しなかったのに反して、ハンガリーが、ミュンヘン会談に便乗してチェコスロヴァキアからスロヴァキアを獲得し、三国同盟に参加し、独ソ戦にもコミットするなかで、国内体制の急速なファッショ化を示した。

ファシズムの軍事戦略――ドイツ

ところで、ファシズム諸国が、上述のような目的を実現するために、第二次大戦のなかで展開してみせた軍事戦略とそれを支える体制にはいくつかの共通点があるように思われる。その最大のものは、軍事戦略についていえば、攻勢作戦主義ともいうべきものであり、さらに、その背後には、直接的軍事力の異常な肥大化と、それについていけない軍需経済の深刻な立遅れとの重大なギャップ(もしくはファシスト型再軍備の基本的なアンバランスな性格)という共通の事態があったのである。

ナチス・ドイツの高度の機動力をもった機甲師団による「電撃戦」作戦は有名である。対ポーランド戦は二週間で終ったし、デンマークは戦わずに降伏し、ノルウェーは数週間

ナチス国防軍の示威行進(1939 年，ノルテ 289 頁)

もちこたえるのが精一杯であった。ついで西部戦線における攻勢が開始されると、オランダは五日、ベルギーは一八日で屈伏した。そしてフランスに派遣されていたイギリス軍が約一カ月でダンケルクから撤兵を余儀なくされ、パリは、三五日目に占領された。このような電撃戦の勝利はドイツ人を熱狂させ、ヒトラーの権威を不動のものとしたが、この背後には、次の二つの問題が潜んでいた。一つは、ヒトラーと軍内部の親ナチ派の軍人たちは、伝統的なユンカー出身の軍人たちよりも、現代的な科学技術の受入れと軍の近代化にためらうところがなく、その点が、彼らファシストにとって有利な条件となったことである。そしてもう一つは、前述のアンバランスな再軍備の問題であるが、これは、ドイツが本来資源的に大きな制約を受けていて、短期間にバランスのとれた再軍備をおこなうことは無理があるのに、ファシストの政治目的に合せて、経済的な裏付けのないまま、軍隊だけを強行的に拡大したことによるものである。具体的にいえば、ドイツがポーランドに進攻した時には、ガソリン、ゴム、鉄鉱石、銅、ボーキサイトの蓄積はわずか六カ月分にも満たなかったのである。ナチス・ドイツでは、このギャップを埋めるために、実験室レベルで可能となっていた人造石油や人造ゴムを、国家予算をつぎこみ、採算を度外視して大量生産に移そうとしたり、同じく採算がとれずに一旦は閉山されていた鉱山を無理に再開したりしたのだったが、それでも、このギャップを基本的に埋めることはできなかったのである。したがって電撃戦というのは、実は、くりかえされる短期間の電撃的行動の合い間合い間に、占領した土地の資源と生産設備を接収して次に備えるという形で始めて可能となったものであったし、さらにいえば、この電撃戦という戦略構想自体が、貧弱な資源とファシストの侵略的意図とが結びついて、いわば苦肉の策として生み出されたものであった。そして、この電撃戦戦略を基本にした戦争は、その初期にはどのように華々しい戦果をあげようとも、戦争が長期化、恒常化して本格的消耗戦の局面に移行すれば、結局は敗北せざるをえない性質のものであった。

日本とイタリア

ところで、このような貧弱な資源と強引な侵略的意図との結合が独特の戦略につながる

という あり方は、日本の場合にも顕著であった。日本軍部における「攻勢作戦主義」、奇襲による開戦方式（真珠湾攻撃）、速戦即決による作戦指導などが、そのあらわれである。第二次大戦後におこなわれたアメリカ戦略爆撃調査団のレポートによれば、当時の日本の戦争能力は、「蓄積された武器や石油、船舶を投じて、まだ動員が完了していない敵に対して痛打を与える」ことが「一回限り可能である」程度にすぎず、「そのユニークな攻撃が平和をもたらさなかった時、日本の運命はすでに定まっていた」のである。

このように、ドイツの場合、主戦場がヨーロッパ大陸における陸戦であったことと、高度の機動力をもった機甲師団と急降下爆撃機隊の協同作戦によって、ともかくも何回かの電撃戦をくり返すことができ、日本の場合、ともかくも真珠湾攻撃を中心にした最初の一撃でかなりの戦果をあげることができたのに比べれば、イタリアの場合はもっと惨めであった。イタリアの「軍隊の装備は質量ともにお粗末で、主要兵器はいずれも第一次大戦当時の旧式なものであったし、機械化部隊は貧弱で戦車の数も少なく、戦争が始まると即座に、イタリア軍は弾薬や燃料の補給難に苦しむことになった。軍事的には、イタリアはドイツの重荷になることの方が多かった」。

戦争の犠牲

それぞれの「世界帝国」を戦争に訴えてまで構築しようとした独日伊ファシストの努力

は、二度目の世界大戦をひきおこし、世界的規模で巨大な惨禍をもたらした。軍人と一般市民を合せて死者だけ見ると、最強のファシズムの正面攻撃をうけたソヴエトが少なくとも二〇〇〇万人、ついで大量のユダヤ人の被害を出しそれに加えてナチスの意図的な民族絶滅政策の対象となったポーランドが五〇〇万人前後、激しいパルチザン闘争を行なったユーゴスラヴィアが約一七〇万人の被害をうけ、日本の侵略の最大の対象となった中国が兵員だけで一三〇万人を越える死者を出した。それに対して、攻撃した側の独日伊の被害は、本土決戦にまで追いこまれたドイツが六五〇万人、そのような事態は回避しえた日本が兵員だけで約一二〇—一五五万人、戦闘能力がなかったことが幸いしたイタリアが三九万人の兵員の死者を出した。以上の数字と比べると、西欧連合国の被害は比較的少なかったが、それでも兵員の死者だけで、イギリスが三五万人、アメリカが三一万人、フランスが一七万人(但し、フランスはナチスに占領されたため、これに匹敵する民間人の被害があった)に達した。

以上は、第二次大戦による被害だが、独日伊のファシズム三国の場合には、先進帝国主義諸国に比して資源的にも生産力水準においてもはるかに劣るなかでファシストによる急速度の再軍備が強行されたため、国民生活の犠牲は、第二次大戦のなかで一挙に苛烈なものになっていた。

おそらく最もひどかったのはイタリアで、大戦直前の一九三八、九年を境に生産指数は工業においても農業においても急速に下落し始め、それとは逆に物価指数は急上昇した。その結果、一九四五年の実質賃金は一九三八年当時の約半分から四分の三程度となり、一日当りの食糧配給量は一九四四年にポーランドをも下回って「ヨーロッパ最低」になった。国民所得もまた、一九三九年の半分になり、国富の三分の一が戦争によって破壊された。ファシズム初期の一定の経済的成功はすべて吹き飛んでしまった。

日本はイタリアよりはさまざまの点でましであったが、基本的な動向はそれほど変らなかった。物価は日中戦争の頃からイタリアほどではないにしても着実に上昇し、実質賃金も一九四〇年頃から目に見えて減少し、一九四三年には一九三六年頃の六—七割になった。ただイタリアと異なり、国民総生産は着実にふえたが、もちろんその中味は軍需生産であり、最終的にはイタリアと同じく国富の三分の一弱が戦争のなかで失われた。

それに対してドイツの場合は若干状況が異なっていた。国民総生産は一九四四年まで増大し続け、労働者の収入も、単位時間当りでもほぼ横ばいを続け、所得総額でいえば超過勤務の分だけ増える結果となった。さらにそのうえ、戦争突入までのドイツの再軍備は、一般に想像されているほど、すべてを〝大砲〟に集中し、〝バター〟を犠牲にしたわけではなかったことも指摘しておかなければならない。第二帝制からヴァイマル共和制にかけて強力な労働運動と社会主義運動の擡頭を援験したドイツでは、勝利したファシズムといえども、もはや国民生活への一方的しわ寄せをともなう形での再軍備は不可能であった。

そのような動きには、ナチスの地方党組織自体から反対の声があがったとまで伝えられている。前述のようなナチスの「電撃戦」戦略は、資源の不足に規定されていたばかりでなく、このような歴史的背景によっても規定されていたといってよい。実際、ナチスの軍需生産は、一九四四年七月になってから、その最高記録を達成するのである。

V　ファシズムの歴史的位置

ファシズム＝発展独裁？(穀物戦争に参加するムッソリーニ，強制収容所のユダヤ人．ノルテ 105・360 頁)

1　資本主義とファシズム

二つの問題点

これまで両次大戦間のいわゆる「ファシズムの時代」にさまざまの国にあらわれたファシズムを、その運動、思想、体制の三つの側面について、それぞれ比較しながら概観して来た。そして今や最後に残されたのが、この時期のファシズム（これを「古典的ファシズム」と呼んで、第二次大戦後の「ネオ・ファシズム」と区別することもできよう）を、これまでよりももっと大きな歴史的パースペクティヴのなかに位置づけることである。

その場合、まず問題になるのは、ファシズムと資本主義の関係である。そして、すでに具体的に明らかにしたように、ファシズムが第一次大戦の重荷とロシア革命の衝撃によって生じた第一次大戦直後の資本主義世界の深刻な危機のなかで発生し、世界恐慌によるこの危機の一層の激化のなかで一挙にヨーロッパを中心にして広まったというのは厳然たる事実である。しかし、そのことを、たとえば東ドイツのゴスヴァイラーのように、ファシズムは「歴史的には資本主義の全般的危機の発生後、資本主義から社会主義への移行期がはじまるとともに登場した」（ゴスヴァイラー『現代ファシズムと金融資本』熊谷一男編訳、未来社、一九七七年)と表現することには問題がある。このような説明では、通常、「全般的危機」や「資本主義から社会主義への移行期」ということが、あまりにも図式的かつ直線的に理解され、その結果、ファシズムが「資本主義の断末魔のあがき」とうけとられたり、場合によっては、「ファシズムは社会主義革命の序幕」とさえ考えられる危険性があるし、実際――ヒトラー内閣成立前後のコミンテルンでは――そのように考えられたことからさまざまの誤った判断が導き出されたからである。そうだとすると、ファシズムが資本主義体制の危機の産物であるという場合の、その危機はどのような性質のものなのか、という点が、本文中にすでに述べたことよりももっと大きな展望のなかで検討される必要がある。しかし、その点は、後であつかうことにして、ここでは、むしろ、もう一つの問題点を指摘しておく必要がある。

それは、資本家(産業界もしくは財界)とファシズムの関係の問題である。普通、「資本主義」とファシズムの関係という場合には、(1)一つの経済体制もしくは社会構成体としての「資本主義」とファシズムの関係が主として念頭に置かれる場合と、(2)支配階級としての「資本家階級」、もしくはその構成員としての個別資本家もしくはその集団とファシズムとの関係が念頭に置かれている場合がある。(この違いは、かつてのわが国のマルクス主義者たちの間での「日本資本主義論争」のなかで形成された二つの異なった立場に関連させていえば、一般的には「労農派」と「講座派」の違い、もっとしぼれば宇野派経済学と大塚史学の力点の違いともいえるかもしれない。）ここで、資本家とファシズムの関係という時には、主として、このなかの(2)の立場が問題になるわけである。

「代理人」説から「同盟」理論へ

資本家とファシズムの関係については、これまで、マルクス主義の側では、資本家、とくに独占資本家の反動的な部分がファシズムに対して、資金援助を中心としたさまざまの援助をおこなって保護・育成して来たこと、したがって、ファシズムは「独占資本」もしくは「金融資本」の「代理人」もしくは「手先」であるとする説明（「代理人」説）がおこなわれて来た。それに対して他方では、保守派の側からは、ファシズムの全体主義権力のもとでは、資本家たちもまたその犠牲者だったことが弁明されて来た（いわゆる全体主義理論のイデオロギー性の一端がここにあらわれている）。

しかし今日では、このいずれの説も誤りであることが、実証的歴史研究の結果、明らかになっているのではないかというのが、本書を通じて明らかにした著者の見解である。著者が支持する「同盟」理論の立場は、一方で資本家のなかにファシズムの発展や政権掌握、さらにはその権力の定着といういくつかの局面で大きくコミットした（「権威主義的反動」の重要な一環をなす）人たちがいたことが歴史的な事実であると同時に、そのような人々の動きが、そういった人々の策動だけではどうにもならない広汎な国民諸階層の政治的流動化を背景にした「下から」のファシズムの運動、もしくはそういった気運の代弁者(「擬似革命」)に体現されている動きと何らかの形で結びつくことがファシズム体制成立の不可欠の条件であったことを強調するわけである。この立場は、事実に即して物事を見ようとすれば、今日の歴史研究のなかでは、ある意味ではもはやあたりまえのことであるといえるし、マルクス主義のファシズム論の歴史のなかでも、イタリアのトリアッティが、ファシズムを分析する場合に、金融資本の論理だけで説明するのは誤りであって、ファシズム現象のなかに、金融資本の論理と小市民の論理のからまり合いを具体的に分析する必要があるということを、一九二〇年代の末以来、強調しつづけていたという事実がある。(ただし、そのこと自体が久しく注目を浴びなかったということもまた事実である。しかし今日では、中途で発言停止にあったコミンテルン第六回大会での彼の演説や一九三五年の彼のファシズム論講義は広く知られるにいたっている〔参考文献参照〕。)

ところで、資本家の役割を大枠としてはこのように位置づけたうえで、あと二点、追加しておいた方が良いことがある。一つは、——すでに述べたことだが資本家は支配層の重要な一環をなしてはいるが、支配層は資本家ばかりから構成されているわけではないというあたりまえのことである。ファシズムの形成過程の歴史的分析においては、軍指導層、有力な保守派の政治家、高級官僚、土地貴族のなかの反動派の分析が重要な場合の方がはるかに多いといえる。そしてもう一つは、資本家自体のファシズムへのコミットの内容についても、これまでよりももっと立入った仕分けが必要である。一九六〇年代後半のいわゆる「ファシズム論ルネッサンス」のなかで、東西両ドイツのファシズム研究者が論争したとき、西ドイツの研究者の側から、「資本家」は一般にファシズムの「受益者」ではあったが「イニシャティヴ」をとったことは少ないという整理がなされている。著者は、この整理では若干単純にすぎ、当時のドイツの財界のなかには、確かに政治的決定権をもっていたとはいえないが、単なる「受益者」とはいえないその中間段階のさまざまの形でのコミット(なかには、侵略計画のための資料提供と原案作成過程への参加もあった)があったと考えている。

資本主義の発展段階とファシズム

次に問題になるのが、資本主義のどのような問題状況がファシズムにつながるのか、ということである。それについては、これまでマルクス主義の歴史学においては、これを資本主義の特定の発展段階に関連づけて説明することがしばしばおこなわれて来た。例えば、コミンテルンの第七回大会での有名なディミトロフ演説のなかのファシズム規定──「権力を握ったファシズムは、金融資本のもっとも反動的な、もっとも排外主義的な、もっとも帝国主義的な要素による公然たるテロリズム独裁である」(参考文献参照)──に依拠して、ファシズムを金融資本の政治支配が確立されるにいたった段階での反動支配と位置づけたり、あるいは、「帝国主義段階におけるブルジョアジーの反動化」を指摘するレーニンに依拠して、漠然と帝国主義にファシズムの根源を求めたり、あるいはまた、ファシズムを「国家独占資本主義に対応した政治的上部構造」とする規定で何かしら説明がなされたかのようにすまされる場合があった。

しかし今日では、このようなとらえ方では充分な説明にはならないことが広汎に承認されるにいたっている。まずディミトロフ規定については、ソヴエトの公認の歴史書でさえ、――スターリン批判の過程で――この規定では「資本主義が中位の発展水準に達したにすぎず、いちじるしく多い封建遺制がある諸国(例えばルーマニア、ポーランド、スペイン、ユーゴスラヴィア、その他)」のファシズムについては説明できないことを認めるにいたっている(レイプゾン、シリーニャ『現代革命の理論』石堂清倫訳、合同出版、一九六六年、一五二頁)。また、帝国主義論や国家独占資本主義論一般からファシズムが充分に説明できないことは、イギリス、フランス、アメリカなどの先進諸国で、ファシズム運動は発生しても、本格的ファシズム体制に移行したことはないことからすでに明らかである。

本書では、冒頭から、後発帝国主義国家のおかれた状況とそれらの国々における急速で「アンバランスな近代化」による矛盾の集積ということを問題にして来たし、途中からは、さらにそれに加えて、ファシズムの大衆的基盤としての中間層の問題を重視して来たが、それらはいずれも発展段階論的視点というよりも、むしろ、ファシズムの勝利をもたらした国の歴史発展の類型的特質の問題である。そしてこの問題に関してもまだ述べておかなければならないことは残されているが、ここで発展段階の問題になおこだわっていえば、ファシズムは世界史の一定の段階における国際的な関連のなかでの産物であって、そもそも一国史的なレベルで発展段階を問題にすべきではないということである。本書の冒頭では、一応ファシズムの二つの原型としてイタリア・ファシズムとドイツ・ナチズムとを並列的に並べておいたが、今日からあの時代をふりかえってみる時には、明らかに、イタリア・ファシズムが、国際的ファシズムの突破口であり、ドイツ・ナチズムはその極限形態であり、日本ファシズムは軍国主義的反動が二つの国際的先例の存在のゆえにファシズム形態にまでつき進みえた事例であった。そして、そのそれぞれが、突破口であったり、極限形態を表出しえたり、軍国主義的反動から引続いてファシズムへと展開しえたことには、それと、そのそれぞれの国の資本主義のそれぞれの発展段階との現実的対応関係が問題となるわけであって、このような、国際ファシズムの展開のなかでのそれぞれの国の位置を無視して、ファシズム一般を資本主義の特定の発展段階から説明することは不可能である。

要するに、一国史的に見て、資本主義の発展のどの特定の段階でファシズムの体制が生じやすいかという問いが回答不能なわけであって、ファシズムの擡頭に関する発展段階論的な説明があくまでも求められるのであれば、それは世界史の展開のレベルでしか答えられないのであり、そうなると、それはそもそも単なる資本主義の発展段階論的な説明からはみ出た領域の問題である。本書で説明して来た、第一次大戦の結末、ロシア革命、後発帝国主義国の危機、世界恐慌といった要因の交錯する世界史的状況は、単なる資本主義論の枠を越えた対象領域であることが、この際はっきりと自覚されるべきであろう。

それに対して、これまで問題にして来たのとは逆の問い、つまり、ファシズムがその国の資本主義の発展段階にどのような影響を与えたのかという問いは回答可能であり、かつまた、これまで以上に問われるべき問題である。一口でいえば、イタリアについては、ボルケナウがすでに一九三三年に指摘したように、資本主義的工業化が最終的に軌道に乗り、イタリア・ブルジョアジーが階級形成をとげるのを助け、さらにはイタリア経済が「国家独占資本主義」へと移行するのに寄与したという意味でファシズムの政治権力がイタリア資本主義の「促成栽培室」としての役割を果したことは次第に広汎な承認を得つつあるし、ドイツでは、ナチズムの政治権力が、ドイツの高度資本主義になおまといついていたユンカー支配を中核とするさまざまの後進的構造を道連れにして滅びていき、そのことによって、西欧先進国型の社会構造と基本的に同じレベルに立った社会と政治を展開する西ドイツ国家の成立の前提条件をつくったことが確認できる。そして日本では、ファシズムが古い社会構造を道連れにするという点ではドイツほどきわ立ったものはなかったが、ともかくも日本ファシズムは、一方でその戦時経済の確立の過程で日本経済の本格的重化学工業化を促進し、「国家独占資本主義」への移行を実現すると同時に、他方では、明治以降の日本を規定していた軍国主義を道連れにして破産した。

また最後に、東南欧諸国のファシズムのように「人民民主主義」を経て「社会主義」にいたる道を用意する結果になったところもある代りに、スペインとポルトガルのように、第二次大戦への参加を避けたことによって生き残ったが、その後、戦後の工業化の進展によって資本主義経済を成熟させるなかで、漸進的に自壊の道に進んだファシズムもある。

資本主義の類型とファシズム

資本主義の発展段階論との関係でファシズムの歴史的位置づけをおこなうには上述のようにさまざまの困難があるのに対し、資本主義の発展の特殊なパターンからファシズムの発生や勝利を説明することは比較的容易である。まず独伊日の三国に共通に見られるように、ファシズムが勝利するにいたった国では、(1)「下から」の市民革命が成功しないままに資本主義的工業化が日程にあがり、その結果、広汎でかつ保守的なままにとどまっている中間層が資本主義的工業化がもたらすさまざまの問題に直面するにいたったこと、(2)国民国家の形成が遅れをとり、しかもそれがなお未完成であったことや(イタリア、ドイツ)、国家建設にともなう急速な西欧化が土着文化の反発を誘発したり(ドイツ、日本)、孤立した後発帝国主義国家として対外的危機意識が特別に強かった(日本)結果、ナショナリズムの異常な肥大化が――しかも(1)の条件と時を同じくして――発生したこと、(3)資本主義的工業化がそのスピード（独日）とアンバランスな性格（伊独日）のゆえに、広汎でかつ保守的な中間層の間に、大資本による圧迫もしくは労働運動（もしくはその双方）の擡頭による自己の没落という危機意識を生み出したこと、(4)資本主義的工業化にともなう西欧化と合理化が伝統的生活様式と価値体系を揺るがし、「アノミー」（方向感覚喪失）と「ロマン主義的反動」（過去の美化と過去への回帰）を生んだことの四条件が、ファシズムへの潜在的エネルギーを中間層を中心に蓄積したといえる。（第一次大戦の負担とロシア革命の衝撃、恐慌、後発帝国主義国家としてのゆきづまりなどは、こうしたエネルギーの蓄積を一挙にスピード・アップしかつそれに点火したものといえる。）――そうして、こうした四条件は、今日の発展途上国において起りうる危険性の問題を考える場合にも充分参考になるものと思われる。

そして、この四条件を通じてとくに浮びあがって来るのは、市民革命を遂行したことのない保守的でかつ広汎な中間層の存在とその危機状況ということであるが、こうした中間層の存在様式という問題を資本主義の発展論に組みいれた発展類型論はまだ存在しないのではなかろうか。一九二八年のコミンテルン第六回大会で採択されたコミンテルン綱領のなかには、「ブルジョア帝国主義的反動がファシズムの形態をとるための歴史的条件」として、「資本主義的諸関係の不安定性、非常に多数の階級脱落分子の出現、都市小ブルジョアジーとインテリゲンツィアの広範な層の窮乏化、農村小ブルジョアジーの間の不満、最後にプロレタリア大衆行動からの恒常的脅威」があげられている。またイタリアのマルクス主義者グラムシは、「ファシズムの特徴的な事実は、小ブルジョア大衆組織の設定に成功したことにある。これが実現されたのは歴史上はじめてである。ファシズムの特異性は、結合と統一的イデオロギーをもつことがつねに不可能だった一つの社会階級に適合した組織形態を見出したところにある」と述べている。この二つの文章は、これまでの、とくにわが国のマルクス主義の文献では注目されることの少なかった文章である。

伊・独・日以外のファシズム

しかしファシズム論が難しいのは、こうした伊・独・日＝後発帝国主義国家以外の国々にもファシズムの思想と運動が波及した原因の説明にある。伊・独・日の場合に、市民革命をなしとげたことのない保守的な中間層の危機意識が「帝国主義的反動がファシズムという形態をとる」原因であったとすれば、そういった状況がそれほど存在しない国々でのファシズムとは何なのか、という問題があるわけである。

著者は、本書の第I章でもすでに示唆した通り、それを、とくに伊・独の二つの原型において、中間層の危機意識を現実的基盤として生み落されたファシズムの思想内容の特性によるものと考えている。つまり、ファシズムの思想は、資本と労働、伝統と革命の双方に対する反対という二面性と急進的ナショナリズムをその内容としており、しかもドイツ・ファシズムとしてのナチズムが、これに強烈な反ユダヤ主義を加えている。このような内容をもったファシズムの思想は、さまざまの国で伝統的支配層と近代的労働者階級以外のところで現状変革を求める急進的な運動が起ったときに、その運動を担う人々にとっては、根拠づけのために利用しうるほとんど唯一つの思想であった。

まずファシズムが第一次大戦直後の東南欧に広がったのは、当時、そこでは近代的国民国家の確立という課題があり、しかもそれが往々にしてその国のブルジョアジーをなしていた他民族（ユダヤ人、ドイツ人、ギリシャ人、なかでもとくにユダヤ人）の排除と結びつけて考えられる状況にあり、そのうえ、そこでは近代的労働者階級は極めて弱体か、全く存在していなかったという事態を考えなければ説明できない。そういった国の場合、たとえば最も後進的なバルカン諸国（アルバニア、ブルガリア、セルビア）ではその国のインテリゲンツィア集団である軍人たちが、そしてまた、もう少し進んだポーランド、ハンガリー、ルーマニア（そして東欧ではないがスペイン、ポルトガルでも、そしてさらにはアルゼンチンのペロニズムの場合でも）などでは、軍人ならびに都市と農村の半プロレタリア分子と結びついたインテリゲンツィアたちが現状変革の急進的行動を志したとき、利用しうる思想は——多くの場合、秘教的カトリシズムと結びつけられた——ファシズムしかなかったといってよい。

こうして、これらの国では、ファシズムは、軍人やインテリゲンツィアによるナショナリスト革命の思想の一部となったり、あるいはまた半プロレタリアや貧農たちの社会変革

（土地改革）の欲求の表現形態ともなったのである（この後者をファシズムと区別して「ポピュリズム」〔人民主義〕と呼ぶ立場もある）。そのような意味では、これらの国の場合には、通常ファシズムの運動とされるものも、そして本書でもファシズムと規定したものも、それがファシズムとしての性格を最終的に確定するにいたるのは、ドイツやイタリアの運動と現実に緊密な関係をもつようになり、ついにはナチス占領軍と結合するにいたった段階であったとみるべきかもしれない。

他方、イギリスやフランスのような先進国でも、「没落」の危機にとらわれた中間層の反逆という典型的なファシズム現象が部分的な周辺的現象としてながら起っており、大資本に対する公的コントロールが効かない場合に顕在化する資本主義経済体制の重大な弱点の所在を示しているが、その他に、既成の左翼やマルクス主義に幻滅した労働運動関係者や共産党からの離反者のウェイトが極めて高いファシズムの動きが出ていたこと（イギリスのモーズリ、フランスのドリオ、デア）は、その意味がもっとつっこんで検討されるべきかもしれない。

2　全体主義理論と近代化論

全体主義理論の問題点

ファシズム研究のなかで全体主義理論が大きな影響力をもつという事態は、日本の場合にはそれほど顕著にあらわれたことはなかった。全体主義理論というのは、一九三〇年代末から四〇年代初めにかけて、E・レーデラーの『大衆の国家』(一九四〇年)やS・ノイマンの『恒久革命』(一九四二年——ただし邦訳名は『大衆国家と独裁』)などの著作によって成立し、第二次大戦後の米ソ冷戦の時期にH・アーレントの『全体主義の起源』(一九五一年)、J・L・タルモンの『全体主義的民主主義の起源』(一九五一年——邦訳名は『フランス革命と左翼全体主義の源流』)、C・J・フリードリヒの『全体主義独裁と専制』(一九五七年)によって継承された有力な理論潮流である。この理論潮流は、わが国では翻訳書が一通り出揃い、政治の世界での基本用語としての「全体主義」という言葉は充分すぎるほど普及しているが、日本語の研究文献ということになると皆無に近いといってよいほどである。しかし、欧米のファシズム研究においては、これが学界の主流を占め(冷戦期)、そしてそれがやがて批判の的となり(六〇年代後半)、その結果、今日ではこの立場に立つ人でも、冷戦時代の理論と比べるとかなりの修正をおこない、再構築の努力をしているという、それなりの研究史がある。

この研究史を正面から問題にしたり、あるいはこの理論潮流の全体像を明らかにするということは、ここでは問題外である。ただ、日本では、この理論が正面から検討されることなしに、要するに、ファシズムと共産主義(とくにスターリン時代のソヴェト)とを同じ「全体主義」という概念のもとにつつみこもうとするのは反共理論であるとして、イデオロギー的に一蹴してことたれりとされる傾きがあった。著者もまた、これからその要点を述べるように、この点では「全体主義」理論には確かに問題があると考えるが、そのことによって、この理論の検討が遅れたことはさまざまのマイナス効果をもったといえる。ここではさしあたりファシズム論の立場から最低限度の問題点を指摘するにとどめる他はないが、そこに浮びあがって来る問題点は先の点につきるものではない。少なくとも、それを含めて四つの問題点を指摘しておく必要があるように思われる。

ファシズムと共産主義は同じか

まず第一点は、前述の点であって、これは、冷戦期において現実的影響力がとくに大きかったフリードリヒの著書が、全体主義独裁のモデルとして、(1)単一のイデオロギーの支配、(2)単一の独裁政党による支配、(3)秘密警察、(4)権力による情報の独占、(5)同じく武器の独占、(6)中央統制経済という六つの指標をあげて、ファシズムと共産主義の支配体制は基本的に同質であるとしたところに端を発している。この指標は今日では若干手直しされているが、それはとにかく、こうした支配体制の形式的指標による裁断の是非が第一の問題なのである。

ファシズムに関する歴史研究は、本書ですでに明らかにしたように、ファシズム運動の大衆的基盤が「没落」の危機にとらわれた中間層にあり、ファシズム体制の原型が、伝統的支配層の反動化した部分と中間層の擬似革命的大衆運動との結合からなっていたことを解明している。これと、労働者階級を基盤にした共産主義運動によって担われ、革命の成功によって伝統的支配層が排除された結果生まれる体制とを、支配体制の外見的標識によって同一視することに対する疑問が生じるのは当然である。両者の違いについて、体系的合理的で国際主義的なマルクス主義と、体系性を欠き非合理的でナショナリズムを基調とするファシズムとの(少なくとも出発点での)思想の違いを主として指摘する立場もあるが、ここでは、むしろ、この思想の違いの根底には、そういった思想や運動の基盤もしくは背景となった社会層の違いがあったことを強調しておきたい。

また、最近の、いわば「修正全体主義理論」の立場では、「全体主義」と「権威主義」とを明確に区別する観点から、全体主義については、それが「民主主義以後《ポストデモクラティック》」的性格——つまり、その社会の成員の基幹部分の政治意識の民主化がある程度進んだ後にそれに対応して出て来る独裁体制という性格——をもっていたことが強調されている(たとえばシャピロ——参考文献参照)。しかし、その点からいえば、ヴァイマル・デモクラシーを経験した後のナチスと、ツァーリズムの専制から直接に移行したソヴエト社会主義とを同列におくことには本来無理がある。また、こうした政治意識の民主化の度合だけでなく、その社会における工業化の度合という点でも、急速なアンバランスな工業化が先行し、それが生み出した矛盾を背景にして生まれたナチス・ドイツと、社会主義的工業化を強行的に軌道に乗せようとする努力の過程で生まれたスターリン体制とを同列に論じることにも無理がある。要するに、全体主義理論の背後には、歴史現象を、社会的現実の総体性のなかに位置づけることを拒否して、視野を単なる支配形態のレベルへと決定的に狭める発想、科学からイデオロギーへと退行する発想が潜んでいるといわなければならない。

歴史的に見れば、全体主義理論の成立には、ナチス第三帝国の「無階級社会」の宣伝による幻惑、三〇年代後半のソヴエトにおける一連の暗黒裁判と一九三九年の独ソ不可侵条約による衝撃がその背景にある。とくに後進国革命の所産としてのソヴエト社会主義の悲劇に目をつぶることは許されないことである。しかし、それらのことから、「左右の全体主義」として、ファシズムとソヴエト体制を基本的に同一視することにはなお明らかなイデオロギーによる飛躍があるといわなければならない。

ファシズム研究のなかから指摘された問題点

しかし、欧米におけるファシズムの実証的歴史研究の進展のなかから生まれて来た全体主義理論への批判として通常強調されるのは、むしろこれから述べる第二点以下の問題点の方である。

第二点——全体主義理論では独裁者個人もしくは独裁政党の全一的、一枚岩的支配が一般に強調されすぎている。その結果、大きくは伝統的支配層、狭くは財界、すなわち大資本がファシズム体制の成立過程とその体制の定着後に果した役割が隠蔽される。つまり、ファシストの全一的支配のもとでは、彼らももっぱら被害者であるか、少なくとも政治的発言権は奪われていたのだ、ということになる。ところが、歴史的事実はそうではないわけで、例えばナチス・ドイツ(の少なくとも前半の時期)においては、財界を代表するシャハトが、経済大臣と国立銀行《ライヒスバンク》総裁を兼ねた「経済界の独裁者」として、「政治的独裁者」ヒトラーも簡単には口出しできない領域を保持していた。そして彼の協力が急速な再軍備を支えたのであった。またナチスの勝利を助けた有名な公法学者カール・シュミットも、「強力な国家と健全な経済」という財界人向けの講演(一九三二年)のなかで、「ゲルマン的全体性」は「ローマ的全体性」と異なり、「完全な政治統制は要求するが、経済活動は無制限に放置する」と述べて、財界人を安心させたものであった。この点に関しては、本書では、ファシズムに関する「同盟理論」としてすでにさまざまの形でふれているので、これ以上はふれない(ドイツの実態についての詳細は拙著『ナチ・エリート』を参照されたい)。要するに、五〇年代の冷戦期に全体主義理論が支配した欧米の学界では、「ファシズムと資本主義」とか「経済界とファシズム」というテーマの歴史研究が盛んになるためには、全体主義理論のこの問題点が批判の俎上にのせられる必要があったのである。

第三点――ファシズムは、一般国民に対しては一党独裁を樹立したが、その反面、支配層内部では決して一枚岩の体制どころではなかった。伝統的支配層が解体されたわけではなかったことは、ファシズムの支配体制の内部に、党を背景にした政治エリートと産業界の代表者たちの他に、軍、官僚、土地貴族、地主の勢力がそれぞれ一定の堡塁を保持しつづけたことを意味する。そのうえ、ファシズム体制において、党を背景にしたエリート集団の支配力がさらに強化されることになれば、その分だけ、新たな混乱が生じることにもなった。というのは、ファシズムの組織原理である「指導者原理」は、理念的には最高指導者の下に一枚岩の支配体制をもたらす形になっていても、実際には一人の独裁者があらゆる領域をくまなく支配することは不可能だから、最高指導者から包括的に全権委任を受けたサブ・リーダーたちの「独立王国」の体系を不可避的にうみだす。そして、その結果は、近代官僚制の組織原理がシステム全体の統一性を保障するというあり方が大きく攪乱され、大小の「指導者」たちが自己の権力欲にしたがってその「独立王国」の勢力範囲の拡大に狂奔する「百鬼夜行」的状況が生じる。彼らが、残存する伝統的支配層のさまざまのセクターとさまざまの形で結びついて生じる混乱を、ヒトラーの側近であったオットー・ディートリヒは「指導者国家における指導の混沌《カオス》」と呼んでいるが、今日では、このような状態を説明するために(ファシズム的)「ポリクラシー」(polycracy――著者はこれを

「多頭制」と訳すことを提唱している）という概念が広まって来ている。

以上、要するに、フリードリヒの前記の指標にいう「単一政党の支配」が全一的で、かつ一枚岩的な支配であったかのようなイメージを与えて、事態を平板化していた点が批判されて来ているわけである。

全体主義体制と権威主義体制

第四点――この点と関連して問題になるのが、アメリカの政治社会学者J・リンスによって、フランコ体制の研究を手がかりにして精密化されて来ている全体主義体制と権威主義体制の区別の問題である。「全体主義的」(totalitarian, totalitär) ということと「権威主義的」(authoritarian, autoritär) との違いという点は全体主義理論のなかでは早くから主張されていた。一口でいえば、「権威主義」体制のもとでは市民は私生活にとじこもって「沈黙を守れば迫害を免れる」が、「全体主義」体制のもとでは、「つねに体制への同意を積極的に表明しないと迫害される」という違いがあるといった説明がなされたものであった。今日では、この点に加えて、前述の「民主主義以後《ポストデモクラティック》」か「民主主義以前」かという観点が問題になるものと思われるが、リンスが提出しているのは、(1)「権威主義体制」においては「限定された多元主義」、したがって「限定された自由」という「全体主義体制」には存在しないものがあり、したがって、反対派のあり方にも、「全体主義体制」下では見られないさまざまのレベルが考えられる。(2)「全体主義体制」ではイデオロギーに基づいた民衆の「動員」が体制を支えるのに対して、「権威主義体制」のもとでは、体制をなり立たせているのはイデオロギーという明確な形をとらない民衆の「精神構造《メンタリティ》」(Th・ガイガー)であって、そこでは「動員」も「限定された動員」にならざるをえない、といった論点である。

ここでは、「権威主義体制」のもとでの「限定された多元主義」と、ファシズム体制のもとでの前述の「ポリクラシー」とがどのように違うのかという問題がなお残されているが、その点とも関連して、リンスなどの仕事の最大の問題点は、本来の発想が全体主義理論に由来しているため、ファシズムは「全体主義」であり、したがって、ここでいう「権威主義体制」(具体的にはフランコ体制だが、戦前・戦中の日本をこれに入れる理論がこれから登場する可能性は充分にある)は「ファシズム」ではないとする論理の呪縛をまぬがれないことである。著者は冒頭に述べたように、ファシズムか、そうでないかという軸は、「全体主義」か「権威主義」かという「政治社会学」的区分とは別の次元のものであると考えている。ファシズムに「全体主義」的なものと「権威主義」的なものとがあって一向にかまわないのであって、著者は、ほぼその区別にあたるものを、本書では、「擬似革命主導型ファシズム体制」と「権威主義的反動主導型ファシズム体制」という概念を用いて説明することにした。また、同じ国のファシズム体制であっても、正確にいえば、「権威主義体制」

の局面とそれが「全体主義体制」に移行する局面とがあって良いのであって、イタリアのムッソリーニ内閣成立から一九二六年末までの四年間、日本の治安維持法成立から大政翼賛会成立までの時期は、「権威主義体制」の局面と呼んでよいかもしれない。とにかく、ここでも、ファシズム論は「政治社会学」の枠組をも突き破る総体性への指向をもたざるをえないのであって、リンスが経済のレベルもしくは政治経済学のレベルを理論の外に置いているのは問題であろう。

近代化論の立場からのファシズム研究の登場

欧米のファシズム研究のなかでは、全体主義理論が批判されるのとほぼ時を同じくして近代化論の立場からのファシズム研究が新たに擡頭して来ている。近代化論自体は、W・W・ロストウの『経済発展の諸段階』(一九五九年)やA・ガーシェンクロンの『歴史的展望のなかで見た経済的後進性』(一九六二年)など五〇年代末から六〇年代初めにかけて、先進資本主義諸国の高度経済成長と国際政治の冷戦から「平和共存」への移行を背景に出て来たものである。そしてそのような背景のゆえの基本的楽観主義と歴史発展の単線的かつ経済主義的理解のために、初めはファシズム研究とは関係がなりたちようがなかったといってよい。例えば六〇年代初めに日本に紹介されたときには、明治以降の日本の「近代化」の歴史を、その間の対外侵略の歴史やファシズム期の苦悩などをぬきにして、今日の後進国が見習うべき手本と位置づけたりして、厳しい批判をうけ、そのままかえりみられなくなったものであった。

しかし、六〇年代の後半以降、この楽観主義的な初期近代化論は、「先進国の傲慢と後進国の希望」とがともになりたたなくなる状況を背景にして微妙に変容する。そして「近代化の挫折」とか「アンバランスな近代化の問題性」とか「近代化過程における政治的不安定性」といったテーマが好んでとりあげられるようになり、さらに方法的にも「伝統と近代という二分法」の修正(近代化が進めば進むほど古いもの〔伝統〕はその分だけ後退すると考えるのではなく、古いものを新しいものが支えたり、あるいはその逆になったりする関係を重視すべきだという発想の導入)とか、政治の役割の重視といった傾向が登場する(いわゆる「修正近代化論」)。

そしてそのような状況のなかで、ファシズム研究と近代化論の結びつきが始まり、展開していくのである。日本にも知られている業績としては、ファシズム論一般としては、再々その名をあげた西ドイツのE・ノルテが近代化論への過渡期を代表する人物であり、ドイツのナチズムについてはR・ダーレンドルフの『ドイツにおける社会と民主主義』(一九六五年)とシェーンボウムの『ヒトラーの社会革命』(一九六七年)があり、さらにイタリアについては、オーガンスキーの「ファシズムと近代化」(一九六八年)を発端として今日のイタリアの代表的ファシズム研究者であるR・デ・フェリーチェの近年の一定の傾向にいたるまでさまざまの文献がある(詳しくは参考文献三九七—八頁参照)。また、日本についても、北一輝を「近代化推進者《モダナイザー》」としたアメリカのG・M・ウィルソンの『北一輝と日本の近代』(原書は一九六九年)がある。

近代化論の問題提起と「近代化」の意味

このような近代化論の立場からのファシズム研究への問題提起は、一口でいえば、ファシズムの歴史的位置を考える場合に、その国の「近代化」過程との関係でファシズムがどういう役割を果したのかという点に考察の焦点を定めようとするところにある。

そしてそこでは、まず一つには、それぞれの国で前近代社会から近代社会に移行する過程でさまざまのルートがありうるが、途中でファシズムを通過した伊・独・日の例は、近代化が資本主義的民主主義のルートを経て達成された英・仏などの例と、共産主義革命の道を経たソヴエトの例とともに、ありうる三つのタイプの近代化のルートの一つではなかったかというわけである。

そしてもう一つには、ファシズムは、そのそれぞれの国において、「近代化」にどのようにかかわったか、つまりそれを促進したのか、阻止したのか、いいかえるとファシズムは「近代化推進独裁」(もしくは「発展独裁」)だったのか、それとも近代化への反逆の表現だったのかという点(ファシズムの「近代化効果」)が問題にされる。結論からいえば、この種の論者のなかでは、イタリア・ファシズムについては、——「生産主義」をイデオロギーの主要な要素とし「穀物戦争」に力を入れ、イタリア資本主義の近代化に努力したという点で——それが主観的にも客観的にも「近代化推進独裁」であったことを主張するものがかなり多く、ドイツについても、ナチスの主観的意図はともかくとして、少なくとも客観的には「近代化」を大きく促進する面があった(「意図せざる近代化効果」を発揮した)とする説(ダーレンドルフの提起が出発点になっているところから、「ダーレンドルフ・テーゼ」と呼ばれる)が大きな波紋を生んでいる。ただ日本ファシズムについては、管見の限りでは、この種の議論はまだおこなわれていない。

しかし、この種の議論の最大の問題点は、そこにいわれている「近代化」の意味内容にある。現在、日本語の「近代化」という言葉が、日本の社会科学の文献のなかでどのような意味で用いられているかという点を点検してみると、そこには少なくとも、次の四つの使い方があるように思われる。その第一は、マルクス主義者の一部の使い方であって、「近代化」とは「資本主義化」と同義語であるとされる。かつて高名な歴史家が「近代化とは、資本主義の生産関係とその全上部構造をつくりあげること」であると書いたことがあったが、この使い方では、今日の中国共産党のいう「四つの近代化」などは説明できそうもない。第二の使い方は、「近代化」=「産業社会化」とするものであって、これがさらに二つに分かれている。一つは、「産業社会化」ということを技術主義的、生産力主義的に理解して、高度の科学技術を駆使できる社会に向っての動きを「近代化」とするものである。それに対しては、もう一つ——つまり第三の使い方になる——「近代化」=「産業社会化」を、リベラルな社会構造の成熟という側面からとらえ、「出発点の平等」もしくは「機会の平等」が保障され、その結果、「エリートの(出身階層の)多様性」と社会の多元主義的構造が生まれる、そういった方向への動きが「近代化」と表現される。そして最後に、「近代化」=「市民社会化」ととらえて、しかもその内容を一人一人の市民の真の意味での個人主義的自立に求めるエートス論的な理解の仕方がある。

近代化論によるファシズム研究の問題点

したがって問題は、近代化論者がファシズムの歴史的位置を議論するときのその「近代化」(modernization, Modernisierung)とは、以上の四つの意味のうちのどれなのかということである。そして結論をいえば、最近の欧米の近代化論者の場合には、「近代化」の意味は第二、第三、第四の順番(イデオロギー論のレベルでいえばリベラル右派、中間派、左派といえよう)で後になるほど少なくなっており、一番多いのが第二の使い方であるといえる。したがって、「近代化」への三つのコースの一つという場合も、その三つが収斂する「近代社会」とは、技術主義的、生産力主義的にとらえられた「産業社会」であることが多い。またファシズムが「近代化」を促進したという場合も、産業構造の「近代化」=「高度化」、

パルチザンに逮捕された後のムッソリーニ
(シュデコップ77頁)

「合理化」、「効率化」がおこなわれたとか、支配技術や軍事技術の「近代化」がおこなわれたとかいう意味であることが多い。とくにイタリア・ファシズム＝「近代化推進独裁」説の場合がそうである。ただ、ドイツに関する議論のなかでの前述の「ダーレンドルフ・テーゼ」は、その他に、「リベラルな社会構造」に向っての動きを問題にしている。すなわち彼は、ナチスの全体主義権力が自治体、大学、教会などの伝統的な中間団体を破壊することによって古い社会関係の崩壊を一挙に促進した(「近代性に向けての突破」を実現した)ことと、教育のない下層中産階級出身の大量の政治エリートがナチ党を媒介にして進出したことによって、ドイツ社会の身分制的閉塞状況をうち破り、「社会的流動性」(social mobility)を一挙に拡大したという二点を指摘して、「意図せざる近代化効果」を強調している。そこには、一九四四年七月二〇日のヒトラー暗殺未遂事件が一般民衆にとっては「反動的《レアクチオネール》」と映った状況さえあったというわけである。しかし、この点は、西ドイツの歴史研究のなかでもそれが「第三帝国」の神話と現実とをとり違えた過大な強調であることが次第に承認されつつあり、さらには、このような観点は、究極的には、第Ⅲ章で述べたようなファシスト的社会ダーウィン主義をどう評価しているのかという問いの前にたたされていると思われる。いずれにせよ、ファシズムと「近代化」の関連を、「リベラルな社会構造」への動きという点で論じるならば、ドイツを含めて、全てのファシスト国家について、その敗北と崩壊こそが決定的に「近代化」を促進したのだということができよう。ドイツの場合にブラッハーが批判しているように、ダーレンドルフは、彼のいう意味での「近代化」を前提にしてもなおかつ、明らかな力点のおき違えをしているといわなければならない（『思想』一九七六年一月号のブラッハー論文、三一頁参照）。

それはともかくとして、要するにファシズムと「近代化」の関係を論じる際には、そこにいう「近代化」の意味を明らかにしたうえで論旨を展開することがまず先決なのである。著者は、前述の四つの意味のうちでは最後の用法が日本の社会科学の「古き良き伝統」に沿った「近代化」の意味であったと考える。その点、欧米の研究者のいう「近代化」概念はこれとは違う意味の場合が多いのであって、その違いを無視して「近代化」を論じる無神経さは避けるべきである。それは、日本の社会科学のなかに新しい「舶来品」をもちこんでいるだけだからである。そして、著者のように、良い意味での個人主義の確立に向っての動きを「近代化」とするならば、その意味での「近代化」に対するファシズムの関係はこれを促進するものなどではなかったことはいうまでもないことである。ただ、欧米の「近代化」論が指摘していることの内容自体はいずれも重要な論点ばかりである。「近代化」という用語にこだわらず、その内容に即して議論することは意味のあることであり、本書でもそれなりの検討をしてきたつもりである。

近代化論のディレンマ

ただ最後に一つだけ「近代化」論がその「近代化」概念を歴史現象の基本的位置づけのための中核にすえることから起っている――いささか奇妙な――ディレンマについて述べておく必要がある。それは、イタリア・ファシズムを――前述のような意味での――「近代化推進独裁」とすることから起るディレンマである。そこでは、もしファシズムというものの本質を「近代化への反逆」というように規定してしまうと、ファシズムという言葉をこの世に送り出したイタリア・ファシズム自体が実はファシズムではなかったという奇妙なことになる。また逆に、ファシズムというものは、イタリアの原型が示しているように「近代化推進独裁」を本質とするものだとすると、今日、アフリカやラテン・アメリカやアジアの国々のいわゆる「発展独裁」や新興社会主義国まですべてファシズムだということになる。こうして、近代化論者は、ややこしい「ファシズム」概念を棚上げすることを提唱するか、韓国の朴政権はもちろん、キューバのカストロ、中国の毛沢東の体制まですべて「ファシズム」と呼ばなければならない破目になる。そして現実にこの種の議論が大真面目におこなわれているのが、欧米の近代化論者によるファシズム研究の最先端の状況なのである。著者は、もちろん、「近代化効果」に関連してファシズムの本質を規定する立場はとっていない。著者のファシズム規定をここでくり返す必要はないが、とにかく、ファシズムは「近代化」の意味如何によっては(といっても前述の第一、第二、第三の意味の範囲内でのことだが)、「近代化」を促進したケースもあるし、またその逆のケースもあるといわなければならないのである。

3　反ファシズムの意味と可能性

市民の自発的結合関係の破壊者としてのファシズム

ファシズムを「二〇世紀の反革命の最も尖鋭な形態」としたのは丸山真男氏である。しかし氏も同時に指摘しているように、ファシズムが敵として設定し、その絶滅を目指したのは、共産主義政党や労働運動ばかりではなかった。一見全く非政治的に見える文化的サークルやおよそそこに自立した市民の自由な結合関係があるところではどこでも、ファシズムは将来の「体制への批判」の土壌となりうる可能性を嗅ぎつけて、これを徹底して破壊しようとした。したがって、ファシズムは、左翼にとっての敵であるばかりでなく、一切の自由であろうとする人々の敵であった。

ヴィッツ強制収容所への入口(ノルテ 364・365 頁)

しかし、現実の歴史は、そのような認識がそう簡単には人々の共通の認識となりえなかったことを教えている。左翼を「国民の敵」、「民族の敵」、「危険思想の持主」、「アカ」として一般国民から孤立させたうえでこれを強力的に排除するという方法は、どこの国でも権力者のとる常套手段であり、かつまた成功しやすい方法でもあった。ヒトラー内閣が成立直後の最初の選挙で、国会放火事件を口実にして、一〇〇議席にも達していたドイツ共産党を一

アウシュ

夜にして壊滅させたことは有名である。

また、こうしたファシストの側の対応がやりやすかったような当時の左翼の体質があったことも事実である。当時の革命運動のなかには、ファシズムは社会主義革命への水先案内人であると考えて状勢判断を誤るものもあったし、反ファシズムの統一戦線をスローガンにしても、自己の指導権の維持に躍起となって広範な勢力の結集を不可能にしてしまう場合もあった。一九三五年のコミンテルン第七回大会での人民戦線戦術への転換も、――それはそれで大きな前進ではあったが――ヒトラー内閣の成立を許してしまってからではもうあまりにも遅すぎたということも忘れられてはならない。そして、ついでにいえば、第七回大会以降の統一戦線論も、中間層問題に関して具体的な政策体系を展開しうるところまではなかなか成熟しえなかったことも指摘されてしかるべきであろう。

ファシズムと「狂った資本主義」

そういった点を考えるとき、ふたたび著者の念頭をよぎるのは、当時の、そして今もなお完全に克服されているとはいえない左翼の立場からの資本主義批判のあり方である。

この問題についても、本書ではすでにさまざまのことを書いて来たが、ここでもう一点、強調しておきたいことが残されている。それは、ファシズムが、「近代の超克」と並んで「資本主義の克服」を宣伝したのに対して、当時の左翼が、ファシズムの支配体制は依然として資本主義の体制であるという点の強調を前面に押し出したことに関してである。そのような指摘はもちろん誤りではないのだが、実は、ファシズムのもとでの資本主義はノーマルな姿からは大きく逸脱した「狂った資本主義」なのである。

議会制民主主義からファシズムに移行する時には、資本主義もまた大きく変貌するというこの事実がもっと注目され、分析され、強調される必要があったのである。そこでは、財界では極反動派が指導権を握るようになり、市場経済にファシストによる「命令経済」が大きく割りこんで来る。再軍備経済の全面化によって、資源や労働力の国家統制、最高賃金制と強制労働(徴用と勤労奉仕)の導入から、はては、軍事目的のための国家財政の濫費、支配機構の肥大化による膨大な行政経費というのが、どこの国でもファシズム体制下の資本主義経済の実態であった。

こうしたことは、「国家独占資本主義」への移行とか、「独占資本」内部でのあるグループから他のグループへの主導権の移行といった説明ではなお決定的に説明不充分な「狂った資本主義」＝「自滅経済」の登場を意味する。この点の認識が今日なお充分に確立されているとはいえないのが、ファシズム研究の現状ではなかろうか。

啓蒙民主主義の限界

そして、いよいよ最後に述べておかなければならないこととして、啓蒙民主主義の限界ということがあるといえる。第Ⅲ章のファシズムの思想の説明で述べたことは、要約すれば、ファシズムの思想は、単なる復古的反動ではなくて、自由主義、民主主義、社会主義の思想のかなりの展開の後に登場した現代的反動であったということである。いいかえると、ファシズムは、これらの諸思想の中心的主張の何らかの換骨奪胎なしには登場しえなかったということである。ファシズムは、自由、平等、民主主義、権利（生存権も！）といった基本概念をすべてファシスト流に読みかえるすべを心得ていたといえる。逆にいえば、ファシズムに反対して民主主義を擁護しうるためには、単に民主主義擁護のスローガンをくり返すだけでなく、こうした基本概念のファシスト的読みかえを説得力をもって論破しうる思想レベルでの力量を必要とする。戦後日本の民主主義に、なおファシズム登場以前の啓蒙民主主義のひ弱さを見るのは著者の思いすごしであろうか。第二次大戦後のネオ・ファシズムについて扱う紙数は全くなくなった（さしあたり本書補説を参照されたい）が、今後の新たな装いをもったファシズムの登場を阻止しうる可能性があるかどうかは、戦後民主主義が単なる啓蒙民主主義の枠を越えてあらたな思想的深化をなしとげうるかどうかにかかっているといわなければならない。

補説　新たな時代転換とファシズム研究

1　絶滅政策(ホロコースト)とゴールドハーゲン論争

この補説の内容は、旧著では取り上げられなかった諸論点に関する簡単な整理とそれに基づく問題提起である。これらの論点は、私の旧著刊行の時代にはまだ解明されていなかったか、私にはまだ見えなかったかのいずれかであるが、その後の研究の進展もしくは「時代転換」の進行によって今では私にも見えるようになった論点である。ただし、現在の私には、旧著刊行以降四半世紀の間のわが国の内外における「ファシズム」研究の成果を全面的・本格的に検討してその結果を提示する用意はない。しかし、他方では私は、この時期においても、さまざまの機会に、さまざまの形で自分の考えを開陳してきた。本書で提示するのは、その要点をベースとしての論点設定であるが、いずれも次の世代による今後の本格的な解明と展開を期待したいところである。

ナチス第三帝国において五〇〇万人以上のユダヤ人が殺害されたといわれる絶滅政策(ホロコースト＝民族皆殺しの政策)はあまりにも有名だが、それをめぐる研究文献の山積にもかかわらず、実はそれが誰によって、どのような目的の実現をめざして行われたのかは旧著刊行の頃にはなお充分に解明されてはいなかった。そのことを白日のもとにさらしたのが一九九六年にドイツで行われ、世界中の注目を集めたゴールドハーゲン論争であった。この論争がドイツ社会にもたらした衝撃は大きく、「ドイツの一九九六年はゴールドハーゲンの年」という言い方まで登場した。ドイツではその一〇年前の一九八六年に「歴史家論争」が行われ、同様にホロコーストをめぐる議論が行われたが、これが歴史家や知識人の間で新聞紙上で行われたのに比して、ゴールドハーゲン論争は一般視聴者向きのテレビ番組に登場した(佐藤、一九九七年、スターン、一九九七年、仲正、一九九八年、ヴィッパーマン、二〇〇五年)。

アメリカの政治学者ゴールドハーゲンが物議をかもしたその著書『ヒトラーの自発的死刑執行者たち　普通のドイツ人とホロコースト』において明らかにしたのは、第二次世界大戦時の東部戦線におけるユダヤ人の大量殺害に際して、「普通のドイツ人」たちからなる「第一〇一警察大隊」の隊員たちが、対象がポーランド人である場合にはなお見せていた躊躇《ためら》いを示すこともなく、自発的な「死刑執行者」として振る舞ったという事実だった。彼によると、この事実は、絶滅政策を支えた反ユダヤ主義が、一部のナチ指導者たちの間ばかりではなく、国民国家ドイツの文化と歴史に根ざして「普通のドイツ人」たちの間に浸透していた特殊ドイツ的なものであることを証明するものであった。そしてこの告発は、ドイツ側では多くの歴史家たちの反発を招き、ドイツ国内のマスコミ・レベルはもちろん、一部に国際的波紋をも生んだ論争を引き起こすことになった。

言うまでもなく、ユダヤ人の大量虐殺というテーマは、本来、戦後ドイツの批判的な歴史家たちの間でも大々的に取り上げられ論議の対象とされてきたテーマであるが、通常、彼らの間では、E・イェッケルという著名な歴史家に代表されるように、この蛮行はヒトラーとナチスのトップ・エリートたちの間に見られた異常な誤った人種主義の帰結として説明されてきた。そしてこの見方は、大量虐殺を指導者たちの邪悪な「意図」の実現として扱うという意味で「意図」主義と呼ばれた。それに対して、もう一人の著名な研究者H・モムゼンに代表されてきたのは、ドイツの保守派の中央官僚たちが、彼ら自身の間にも定着していた反ユダヤ主義の呪縛とそれによる「道徳的な無関心」の故にナチス指導部の蛮行を黙認する結果となったことがユダヤ人大量虐殺を可能にした原因なのであって、言うならば第三帝国の政治「構造」そのものに問題があったとするものであった。この立場は、こうした「構造」もしくはそうした「構造」が戦時下の異常な状況の中でもたらした「機能」連関が問題だったとするという意味で「機能主義」の立場と呼ばれてきた。

この二つの見方に対して、実はドイツでは、その後の実証的研究の進展のなかで、ナチス・ドイツ敗北に向かっての動き、すなわち、はじめは破竹の進撃をつづけていたドイツ軍が一九四一年末のモスクワ前方での戦線膠着、さらにはスターリングラードでの敗北以降余裕をなくしていくなかで、それまでのナチスの占領地で駆り立てられて強制収容所の囚人となっていた中・東欧のユダヤ人たちはもちろん、それ以外の戦争捕虜をも含めて、これを放置したり、「処置」したことが、ナチ指導部の本来のイデオロギーと補強しあって、途方もない蛮行に発展したとする第三の見方も登場してきていた。(この過程をめぐるわが国の研究者たちの間での論争については、栗原、一九九七年、二〇〇一年を参照されたい。そこでは原史料に基づく実証研究の領域においても、わが国のドイツ現代史研究の水準が極めて高度のものになっていることが示されている。)

このゴールドハーゲン論争そのものについても、わが国でも前記のいくつかの優れた紹介論文があり、そこには、ドイツ歴史学界の重鎮であるH・U・ヴェーラーによる問題点の周到なまとめのほかに、最近のいくつかの「文化社会学的問題設定」も紹介されている。そしてそこに紹介されている課題と問題点は今後の歴史学・政治学によって摂取されていくべきものであろう。しかし、「ファシズム」研究のあり方にかかわる論点としては、ここでは、以下の諸点を強調しておきたい。

まず第一に、ナチズムの大量虐殺の犠牲となったのは、ユダヤ人だけではない。大量のポーランド人、さまざまのスラヴ系諸民族、ジプシー、同性愛者、精神障害者たちの犠牲を無視したり、軽視したりすることは許されない。

第二に、そのことを考えると、問題とされるべきは、反ユダヤ主義だけではなく、人種主義を支えるもっと包括的、根底的なファシズムの思想(私は、旧著以来、「共同体の敵」を設定し、その排除と抹殺を主張する「急進化した共同体思想」と、人々の間の優勝劣敗を肯定し、個々人・民族・人種間の生物学的位階制を設定する「社会ダーウィニズム」の哲学の二つがとりわけその核心であったことを主張しているし、そこでの異様な主張が現実に実行に移されるには、そうした狂気がまかり通ることを可能にする権力空間の形成もしくは戦時下の異常な窮迫した状況の出現が必要であろうと考える。）そしてそこでは、「反ユダヤ主義」と言っても、宗教的反ユダヤ主義、文化的反ユダヤ主義、生物学的もしくは人種主義的反ユダヤ主義などそのさまざまのタイプ、さらには目標設定とその実現の手段におけるさまざまのレベルが問題となりうるが、いずれにせよ、そうしたホロコーストの問題は、カンボジアのポルポト政権における大量虐殺や中・東欧のソヴエト体制崩壊後に噴出した民族紛争、さらにはアフリカの各地で起こる部族紛争の中に類似の例を見いだすことができるように、「ファシズムの時代」を越えて第二次世界大戦後の世界においてもなお生き続けている。旧著から本書へと引き継がれている「共同体思想の急進化」と「社会ダーウィニズム」の哲学の弊害についての指摘は、単なるファシズム論の枠組を越えてもっと深められる必要がある。

第三に、ファシズム体制の弊害は、指導者たちの偏見や狂気の問題を大々的に明るみに出すというにとどまらず、場合によってはそれ以上に、その国の歴史の中で民衆レベルに蓄積されてきた社会的偏見やルサンチマンを爆発させるということにもある。その場合、その爆発の様態や程度は、状況と諸条件によりさまざまである。「普通のドイツ人」というゴールドハーゲンの問題提起は、私自身にとっては、ハンナ・アーレントのアイヒマン論(山口、一九七六年)以来のなじみの話であり、一定の正当性を持っている。しかし、それが「ドイツ人」の問題として設定され、さらには、これらの異常な性格を備えている「ナチズム体制」こそが「ファシズム」の標準型だとする主張につながるのであれば問題であろう。旧著執筆時以来一貫して主張してきたことだが、「ファシズム」という言葉の由来から言っても、本来イタリア・ファシズムが「ファシズム」の原型もしくは標準型であり、ドイツのナチ体制はその極限型であり、「日本軍国主義」はこの二つの先導者の存在によってはじめて「軍部ファシズム」へと発展しえたのだとするのが、私の比較ファシズム論の基本的な枠組である。「君主制の枠組内の独裁である」とか「強制収容所がない」とか、「反ユダヤ主義が弱い」という理由で、かつての「軍国日本」は「ファシズム」ではなかったとする戦後初期のわが国でしばしば見受けられた見解が、実は――これらの諸点は日本だけでなく、おおむねイタリアにも当てはまるのだから――「イタリア・ファシズム」は「ファシズム」ではなかったとする主張と論理的には同じことになるという事実は認められるべきである。日本では、「ファシズム」という言葉からはまっさきに「ナチズム」を想起するのが通常かもしれないが、そこにはこうした無理が潜んでいることが知られるべきであろう。上記のような比較ファシズム論的位置づけを自覚するときに初めて、「普遍概念」としての「ファシズム」概念(欧米のファシズム研究者の間で用いられた表現を使えば「一般概念(generic concept)」もまた可能になるのである。

第四に、ゴールドハーゲン論争は、従来の歴史家たちによる「虐殺の責任」論が、強烈なイデオロギーに駆り立てられたトップ・エリートの暴走とそれを容認した「中央官僚」の責任問題として展開されてきたのに対して、「普通の人々」とその「日常性」の問題にまで視野を広げたところに、その積極的な意義がある。(ゴールドハーゲン論争の影響下に、「それまではナチス国家の内政と外交が研究テーマの中心にされてきたが、今後は犠牲者の運命と加害者の行動が問題にされる」——ヴィッパーマン、二〇〇五年——ようになるのであれば、それはそれで歴史家の視野を広めるものとして歓迎されるべきことであろう。)しかし、この提起をさらに意義深いものにするためには、この二つの言葉をさらにパラフレーズし、対象を大量殺害という犯罪行為だけに限定せず、その適用の範囲をもっと一般的な犯罪にまで広げる必要がある。と言っても、一般的な犯罪と刑罰をめぐる論議に入ることを要請しているわけではなく、「ファシズム」研究が後述のように今あらためて「近代化」との関連の問題をどう考えるかという古くして新しい問題に直面するようになってきているので、それならば、以下の問題がもっと注目されるべきではないかと考えるのである。すなわち先の「保守派中央官僚」の責任という若干イデオロギー的色彩の強い問題設定にとどまってしまうのではなく、「近代化」が生むさまざまの「専門職業人」やテクノクラートの責任問題へと広げる必要がある。また「普通の人々」の「日常性」もしくは日常生活を問題にするのであれば、保健・医療・福祉・教育・環境の諸領域、さらにはそれらを貫く近代科学のあり方の問題性、そこで起こりうる非人間性の究明と告発が問題にされるべきである。「ファシズム」研究の現状は、わが国においても、そうした諸問題にかかわる研究の着実な蓄積を示している。(本書に収められた今回の文献リストの作成作業から私が得た最大の成果は、そうした蓄積の発見であった。) ただし、冒頭の序言でも強調したように、問題状況の発見から「ファシズム」のレッテル貼りに直行するような「ファシズム」論の使い方には同意しかねるし、そうしたあり方は「ファシズム」研究としてはその未成熟を証明しているといえるのではないだろうか。

2　戦争責任(問題と論争)、そして歴史認識

ドイツと日本は、第二次世界大戦で対外的には同盟国として提携して侵略戦争を推進し、国内体制においても強権的支配体制を共通にしていたし、戦後史の展開の中では、惨めな敗戦国としての出発点からアメリカに次ぐ「経済大国」と化するところまでは歩みをともにしてきた。しかし、それにもかかわらず、今日では、両国は国際社会ではかなり異なったイメージの国となってしまっている。その両者の帰結の違いは、国内政治的には、六〇

年代末以降のドイツにおける二大政党政治(社会民主主義の立場に立つ中道左派政党＝ドイツ社会民主党〔SPD〕と中道右派のキリスト教民主同盟〔CDU〕による政権交代の政治の定着)と、わが国における自由民主党中心の一党優位体制の持続との違いによって規定される面が強い。西ドイツを代表する現代史家・政治学者であるボン大学のK・D・ブラッハーは、一九六九年のW・ブラント社会民主党政権の誕生時に、「デモクラシー」の定着の何よりの証明は平和的な政権交代の定着であると言ったが、わが国の事態は一方ではトップ・クラスの「経済大国」化にもかかわらず、政治的にはなおこの点で問題を残している。

さらに対外政治の面でみると、ドイツにおいては、この二大政党の双方のトップ・エリートにいわゆる「過去の清算」に熱心な態度が継承されてきたことが大きい。社会民主党政権を担ってヨーロッパにおける東西冷戦の終結に寄与したW・ブラントとH・シュミットの両元首相のリーダーシップと、キリスト教民主同盟(CDU)から西ドイツ大統領になり一貫した「贖罪」の意思の表明によって国際社会でのドイツの信用回復に寄与したヴァイツゼッカーの存在は良く知られている。(彼は、一九八五年五月八日の「敗戦四〇周年記念」の国会演説で「過去に目を閉ざす者は結局のところ現在に対しても盲目になる」と述べている。)さらにドイツでは、ポーランドとの間での歴史教科書の交流による改善と第二次世界大戦時の外国人強制労働の補償問題でわが国に先行している。その結果、われわれは、ドイツは徹底して過去の過ちを反省したが日本は「過去の清算」をだらだらと持ち越した結果――シュミットの有名な忠告によれば――豊かにはなったが「国際社会に真の友人を持たない国」になってしまい、そのことがわが国の安全保障上の重大な問題点にもなっている。この結果、われわれは、かつての侵略戦争の責任問題(「戦争責任」)に加えて、その問題を戦後民主主義派の世代が解決できなかったという意味での「戦後責任」、さらにはそのことの結果としてわれわれがわれわれの未来の世代に対して平和と安全保障を確保できていないという「未来責任」という三重苦を背負わされていることになる。

この重たい問題について充分な検討をする紙幅はないし、それには私自身のものを含めて他の方々の発言を参考にしていただく外はない(山口、一九九四年)。私がここでできるのは、「ファシズム」とその戦争責任の問題に関連して、日・独比較の観点から、保守化した日本の論壇では必ずしも知られていないことを箇条書きの形で補足することだけである。

第一に強調したいのは、わが国においては、戦争責任はもっぱらトップ・エリートの(そのまた一部の)ものとされ、一般国民レベルでは「われわれは被害者だった」とする被害者意識が強い。これはドイツの場合、第一次世界大戦の敗戦の中で生まれたヴァイマル共和国憲法の第一条で「主権は国民に発する」という国民主権の宣言を経験した後のナチズムの登場であって、政府は国民が選ぶのだとする意識がそれなりに広がっていたという事実がある。そのことに支えられて、失敗したヴァイマル・デモクラシーの二の舞を演じてはならないという立場から政治のあり方を監視する人々が多かったといえよう。それに対してわが国では、高度経済成長とともに私生活主義への逃げ込みが急速に進行し、「戦後責任」という言葉が戦後第一世代の間で生まれたものの、これが次の世代に引き継がれた気配はあまりない。

第二に、ナチズムの戦争目的は、旧著でも紹介した通り、ドイツ人の「生存圏」の獲得のための「東方大帝国」の建設であったが、わが国の公表され宣伝された戦争目的は「西欧帝国主義からのアジアの解放」であった。さらにドイツを裁いたニュルンベルク裁判と日本を裁いた東京裁判には重要な相違があった。第二次世界大戦終了の直後、人類は今度は米ソ冷戦という新たな緊張状態を体験したが、ニュルンベルク裁判は、この冷戦がはじまる直前にナチス指導部の侵略戦争の責任の追及をそれなりの筋を通して完了した。それに対して東京裁判は、途中で冷戦が本格化してその影響下におかれ、A級戦犯でも処刑された者と釈放されて首相になった者に落差が生まれ、旧陸軍の特殊部隊(七三一部隊)の細菌戦に関する情報の入手を望んだアメリカが同部隊関係者と取引して、裁判の対象から外し闇に葬った。さらにドイツでは、ナチスの犯罪を裁くために「人道に対する罪」が適用され、しかもこれがドイツ刑法典の中に引き継がれたが、日本については、この罪による追及は断念され、七三一部隊や従軍慰安婦問題、中国人や朝鮮人の強制労働や、さらには原爆投下の問題は取り上げられなかった。最後に、東京裁判が問題にしたのは、満州事変と日中戦争では必ずしもなく、日米戦争、すなわち太平洋戦争であり、謀略で満州事変を起こした石原莞爾らの陸軍の参謀将校たちは徹底した追及を免れ、日本軍国主義による中心的な被害者であったアジア諸国の代表は法廷には代表されていなかった。

第三に、このように多くの問題点を孕んだ東京裁判は「勝者の裁き」なのか「文明の裁き」なのかが、戦後日本の出発点で争われることになった。そこでは、保守派が前者の立場をとったのに対して、当時の体制批判派は、歴史家たちをも含めて後者の立場をとる者が多かった。そして八〇年代以降、日本社会の保守化が進むなかで、後者が追い込まれる状況になった。この過程で、上記のような筋の通らない事態は、体制批判派の力を強化するのではなく、敗戦が生んだ戦後体制の承認を拒否する保守派にとって、「東京裁判」は「勝者の裁き」であるとする主張が強力な武器となった。

戦争責任問題に関する筋の通らない事態は日本だけにみられることではない。とりわけ、ナチス・ドイツによって早くから「侵略」(一九三八年の「独墺合邦」)され、その後熱心な協力者となったオーストリア、並びに最初は有力な同盟国だったが連合軍と抵抗運動によってドイツよりは早くナチスの支配から解放されたイタリアは、そうした事情に拘束されて、戦争責任問題はそれぞれ独自の矛盾を孕んだものになった。

まずオーストリアは、戦後早くからワルトハイムを国連事務総長として送り込んだが、一九八六年に彼が大統領選挙に立候補したとき重大な事件が起こった。ワルトハイムの第二次世界大戦の中での「暗い経歴」が暴露され、アメリカはその問題の決着がつくまで彼のアメリカ入国拒否を決めるなどの処置をとった。ところが、結果はワルトハイムの大統領当選となった。オーストリアは、前述のような歴史的経過の中で、ナチス・ドイツの最初の犠牲者と、その後の熱心な「協力者」という二つの経験をもっていた。しかし、戦後のオーストリアは、前者、つまり「犠牲者」としての側面を押し出し、自らのアイデンティティの基礎に据えた。ところが、国際社会によるワルトハイムの「暗い過去」の追及は、オーストリアが認めたがらなかった「協力者」すなわち「加害者」の側面を摘発しようとするものと受け止められ、結果はワルトハイムへの国民の支持を強め、それがさらに、その後の極右(ハイダーを党首とする自由党)の擡頭を招いたのだった。この事例はあらためて「傷つけられたナショナリズム」問題の重大さとこの問題の扱い方の難しさを示している。

またイタリアの場合には、ナチス・ドイツからの解放が早く行われたこと、そしてそこではかなり強力な抵抗運動が存在していることなどから、戦争犯罪の追及はかなり徹底して行われたとのイメージが強いかもしれない。しかし実際には、イタリア・ファシズムが行ったエチオピア征服戦争でのイタリア軍の毒ガス使用について一九九六年にもなって政府によってその事実が確認されたという事実が示しているように、この問題は歴史の真相を明らかにしようとする人々と「イタリアの国家的偉業を侮辱するもの」として反対する人々との長い歳月をかけての争いとなってきた。またイタリアの場合、一九四三年にムッソリーニが一旦失脚したのち、ファシズム体制がイタリア北部にドイツ軍の力で再建される(「サロ共和国」)という事態が起こり、ユダヤ人があらためて絶滅政策の対象となった。そのため、ここでも「加害と被害の二重性」の問題が起こり、事態を複雑にした。

このように「ファシズム」研究は、さまざまの政治的事情に制約されたなかで、暗闇に葬られた事実をタブーを排して解明しなければならないという課題に加えて、今では「加害と被害の二重性」という、これまた困難な課題にも直面させられるにいたっている。

3　ファシズムと「近代化」問題　その新展開

ファシズムと「近代化」の関わり、とりわけファシズムの「近代化推進」効果については、私はわが国でも最も早くから検討の俎上に乗せた一人である(山口、一九七三年)。当初は、ファシズムは「反近代」の推進もしくは「前近代」への逆転をその本質とするものであって、それが「近代化推進独裁」としての一面を持ちうるなどと主張することは、日本社会における「近代化」の推進を最も中心的な課題として設定していた戦後初期の社会科学の世界においてはおよそ考えられないことであった。当時の私の立場は、そうした状況の中でアメリカのロストウ流の発展段階論を中軸に据えた、「近代化」を「工業化」ないし「産業化」(いずれにせよ原語は同じ industrialization のはずである)と基本的に同一視する「近代化論」に対抗して、「自我」もしくは「個人」の確立の道を模索し、探り当てることを自らの課題として設定する「エートス論」的近代化論こそがわが国の社会科学における「古き良き伝統」であると主張することにあった。丸山眞男氏への傾倒もこのポジショニングと絡み合っていたし、そこでの「自立」・「自律」・「自助」・「自治」の主張が「伝統社会」＝「共同体社会」の根強い残存もしくはわが国独特の政治文化が生む「共同体規制」への反発を内容とするものであったことはいうまでもない。このような課題設定は、日本人の「共同体社会」特有の大勢順応主義的精神構造に大きな変化が見られない限り、維持するほかはないし、事実、この点での私の主張は、近年の「市民社会」論の重要性の強調にも、そしてまた、いわゆるポスト・モダニズムへの私の消極的姿勢にも受け継がれている。(ドイツの哲学者J・ハーバーマスは「近代化」を「未完成のプロジェクト」としている点、並びに結局は「市民社会(Zivilgesellschaft)」論への回帰という方向に脱出路を求めている点で、私に極めて近い(山口定『市民社会論　歴史的遺産と新展開』有斐閣、二〇〇四年、一四頁参照)。)

しかしながら、アメリカで優勢な「近代化」＝「工業化」ないし「産業化」ととらえる立場に立った場合、ファシズムやナチズムがその「工業化」ないし「産業化」を推進するという役割を果したのかどうかということは事実の問題であり、この主張をあながち切り捨てるわけにはいかない。事実、私は旧著でも、イタリア・ファシズムがナチズムに比して「近代化」の性格を強くしていたことを、実状論ばかりでなく発展途上国における「近代化推進独裁」の問題の解明にもかかわってくる理論面の諸問題をも含めて強調している。それどころか、通常最も強烈な「ファシズム体制」とみなされるナチズム体制においてさえ、単なる「工業化」の推進ばかりでなくて、ドイツ労働戦線の厚生政策などの民衆統合への努力のなかに、ファシズム体制下の「福祉国家」問題もしくは――ドイツで一般に見受けられる言い方でいえば――「社会国家」問題を見出すことさえ可能である。(もっとも、選挙権の拡大や普通選挙制度の導入などが「近代化」の中心問題であるというならば、それとの対比において「福祉国家」の確立は「近代化」というよりは「現代化」の問題、さらには「現代化」の課題というイメージで受け止める人々が多いのが、わが国における実状であろう。このように、キーワードのそれぞれの国の実社会における意味の相違を無視した用語法についてはもっと留意されるべきではないだろうか、というのが近年の、私よりも若い世代の研究に接しての感想の一つである。) あるいはまた、後述するように、一九八〇年代以降、ナチス第三帝国における「強制的同質化」(Gleichschaltung)、すなわち全体主義的一党独裁体制の力ずくでの実現(その結果としての同質化・画一化・平等化=「近代化」?)にあたる事態がわが国においても天皇制ファシズム下の「総力戦体制」において実現したとする見方が登場して、議論を一層混乱させている。

それはともかくとして、この「近代化」の問題を語るときには、「近代化」という言葉で表現しようとする中心的内容は何なのかということをはっきりさせる必要がある。この点、私は「近代化」の内容については、旧著(この新版では三二〇―一頁)において、①「近代化」を「資本主義」化ととらえるマルクス主義の立場、②「近代化」を「産業社会」化ととらえ、さらにそれを技術主義的、生産力主義的に理解する立場、③同じく「産業社会」化という言葉で、エリートの多様性と社会の多元主義的構造が出現する「多元主義」化に着目する立場、そして最後に④欧米のリベラルな伝統の中に受け継がれ――わが国の社会科学においても「古き良き伝統」を継承して戦後民主主義を支えた――自立した「市民」をベースとする「市民社会」化という四つのポジショニングを区別する必要性を主張している。

しかし、その後の「ファシズム研究」の動向を見ていると、「ファシズムと近代化」というテーマは、後発の研究者たちの間でも最も注目すべきテーマの一つとなっており、こうした「四つの近代化」の相違という提起だけでは整理できない新しい問題状況の登場を示している。そしてそこで問われているのは、一つは、「近代化」とは何かということの再整理が必要なのではないかということであり、もう一つは、「近代化」概念をめぐる世界史的な状況変化、あえて言えば、ファシズム論の問題に限らず一般的な時代状況の根本的変容とその内容をあらためて検討しなければならないのではないかということである。

私は実はこれまで「四つの近代化」問題の提起にとどまっていたことを反省している。今日のように一般的な時代状況の変化が露わになってくると、「近代化」概念はこれをさまざまの変種に仕分けする作業だけではなく、むしろそれらのさまざまの変種を包括する大概念としてその世界史的な位置づけを明確にすることが重要なのだと考えるようになっている。われわれがかつて紹介の労を厭わなかった戦後ドイツの社会(構造)史学派の重鎮H・U・ヴェーラーの近代化論(山口・坪郷・高橋訳、一九七七年)の中では、――マックス・ウェーバーとR・ベンディックスらに依拠しつつ――「近代化」という概念が、一八世紀後半から一九世紀前半にかけて西欧社会で開始された「市民革命」(フランスとアメリカ)と「産業革命」(イギリス)という「二重の革命」が生んだ社会変容が地球大に広がってゆく過程を指すものであることを強調している。

この捉え方を継承しつつ問題整理をすれば、私は、この地球大の「近代化」過程を構成するものとして、以下の三本柱を設定することができると考えている。一つは、①近代世界における人々の政治的共同体の最も中心的な単位としての「国民国家」の形成であり、もう一つは、②人々の経済的な生活を支える生産力のあり方を示す「工業化」であり、最後に③人々の社会的・政治的結合の基本原理である「自由」・「民主主義」・「平和」である。先のヴェーラーの説明は、「二重の革命」という言い方で②、③を指しているが、「近代化」概念を産み落した西欧先進社会の歴史には、もう一つ、一六四八年のウェストファリア体制から一八一四—五年のウィーン会議にいたる「国民国家」体制の登場が孕まれており、これを加えれば「三重の革命」による展開ということができる。そしてこの三本柱を中心にした未来設計が「近代化」の夢もしくは基本的構図としてつい先頃まで世界の多くの地域の人々の行動に方向づけを与えてきたのだと考える。

そして私は、「ファシズム」については、旧著でも強調したように、この「近代化」を先頭に立って推進するなかでそれぞれに「世界帝国」を構築してきた英・仏に対抗して独・伊・日の後発国家(この三つの国は、若干古い言葉を使って言えば、いずれも期せずして一九世紀後半の「帝国主義」前夜に「国民国家」として登場した)が英・仏・米の先行諸国の版図に力ずくで割り込もうとして挑戦し、結局は敗北した歴史の一局面であったと考える。(この「後発国型近代化」の諸矛盾が推進力となり、爆発し、行き着いた果てとしての「ファシズム」の擡頭・侵略・敗戦の位置づけ、とりわけ「後発国型近代化」そのものの特徴づけについては、本書の該当箇所に加えて、山口定『現代ヨーロッパ政治史』福村出版、一九九二年、上、五—六頁を参照。)

これらの後発国家あるいは「遅れて登場した国民国家」(late-comers)は、後からきて先発国に追いつくために先進諸国の「近代化」から都合のよい側面は貪欲に摂取し突進したために、一方では「前近代」と「近代」の不整合によって「アンバランスな近代化」(とりわけ前記の三本柱における③の犠牲の上に生まれる①と②の突出、その結果としての「近代的」な分野や様相と「前近代的」な分野と様相の混合)を生んだが、他方では、ナショナリズムの活用と科学技術並びにそれを支える教育の推進によって、一時的には異常な力を発揮したものの、持久戦では不利になり、結局は敗北したのである。そしてその結果、第二次世界大戦後の世界においては、欧米先進諸国主導の「近代化」が——ソヴエト社会主義をも圧倒して——あらためて世界をリードしつづけてきたといえる。

ところが九〇年代に入って以来、わが国の「ファシズム」研究——並びにその他の社会科学の領域においては——あらためて「近代化」と「ファシズム」の関連づけをめぐる研究者間の論争が再燃しているように思われる(『歴史評論』六四五号、二〇〇四年の特集「ナチズムと近代」並びにそれをめぐる論争の関連文献参照)。そしてそこでは論争の相手が使う「近代化」の概念が不明確であるとする応酬がしばしば見受けられるのである。しかし、「近代化」問題を上述のように考えてきた私——ある意味では、こうした歴史認識はこれまではかなり常識的なものと言っても良いのではないだろうか——には、これらの論争は、「近代化」概念を世界史レベルの包括的概念として位置づけ直す努力なしには無用な混乱につながるばかりではないかと思う。

それと同時に、われわれは今や、上述のような一八世紀後半から一九世紀前半に「三重の革命」の所産としてはじまった西欧諸国を先頭とする世界史の展開が生んだ発展構図としての「近代化」の概念(そこで展開したのは、「西欧先進社会」の漸進的優越化という壮大なドラマを正当化する理論である)がもはや妥当しない世界史の新局面に、八〇年代末から九〇年代中葉にかけて突入しはじめたのではないか、と考える。したがってわれわれには、それに替わってどのような時代がはじまったと考えるのかを説明する新しい概念を提起するか、それが簡単にはできないのであれば、少なくとも「近代化」概念を上記の世界史的コンテクストと切り離して安易に使うことはしないことが要請されているのではないだろうか。

私はこのことを明らかにするために、ドイツのJ・ハーバーマスの一九八二年の論文とわが国の代表的社会学者の一人である富永健一が八〇年代末に『世界』誌上に発表した二つの論文の主張を紹介しておきたい。

まず、富永氏は、八八年四月号の「『戦後社会』の幕は引かれたのか」の中で、戦後の日本社会が高度経済成長に支えられて、西欧社会が一五〇年かかった変容を戦後のわずか五〇年で走り抜け、今や世界的にみて最先進国の一つになっていることを強調した。そしてまた、八九年三月号の二番目の論文は、「保守化とポスト・モダンのあいだ　日本戦後史における『近代化』の到達点」と題するものであり、そこでは、今や「日本社会はプリ・モダンとモダンとポスト・モダンの三重構造をもっている」と断定されている。氏のいう「ポスト・モダン」はそれほど体系的に展開されたものではないが、「生産社会」もしくは「産業社会」を内容とする「モダン」の段階に対して高度大衆「消費社会」の到来がその内容とされている。そしてわが国においては、これに見合った行動様式が、学生を含む若い世代から入ってきていることが強調されている。そして前述の「三重構造」の頂点に位置しているのは、「経済の面でいまや世界の最先進国の一つに躍り出た日本の、まさにポスト・モダンと呼んでよい諸要素」であり、その内容は、「産業構造におけるサービス経済と情報化社会、マイクロ・エレクトロニクスやバイオ・テクノロジーをはじめとする数多くの先端的な技術開発」であり、これに「若い人々を先頭にしてすすみつつある消費社会とファッションの波」が付加されている。

そして実のところ、ここに示されている、若い世代から「ポスト・モダン」の社会が登場しつつあるという把握の仕方は、昨二〇〇五年九月一一日の衆議院選挙における小泉自民党の「想定外」の大勝利(「日本の9・11」)が、これまではあまり選挙に行かなかった若者たちの投票行動によってもたらされたのではないだろうかと思われたときに、私にとってもほとんど決定的に納得できるものであった。この点、西ドイツはさらに事態が進んでいるらしく、J・ハーバーマスは雑誌『思想』のハーバーマスに「近代」の意味を問う特集の中の中心論文「近代　未完成のプロジェクト」(一九八二年六月号)の中で、——「文化的モデルネ」と「社会的モデルネ」の区別とその両者間の葛藤を周到に分析した後で——①「反近代主義」の立場をとる「青年保守派」、②「前近代」に固執する「老年保守派」、並びに、③「後近代主義(ポスト・モダン)」の「新保守派」の三つの保守派を区別し、住民運動や反公害運動を推進する「緑の党」や「アルタナティーベ」は①の立場に立つが②の立場もない混ぜにしているとする。この構図自体は、日本で「近代主義」の立場を代表する人々が住民運動・市民運動の担い手となっていることが多いのに、ドイツでは「反近代主義」の立場を正面切って押し出す人々がその役割を果しているなどの両国間での注目すべき相違を示している。しかし、分析の枠組が「近代」一色でも「近代」・「前近代」の二元論でもなくて、「近代」が三分して「反近代」・「前近代」・「後近代」の三つ巴、あるいはこれに「近代」を入れると四つ巴になっていることに注目すべきであろう。

しかし、ここに現れている日・独の相違をここでこれ以上分析することは不可能である。ここでは富永論文にしたがって、日本社会分析の枠組をこれまでのように、「近代化」一色や「近代・前近代」の二元論に求めるのではなく、「モダン」・「プリ・モダン」・「ポスト・モダン」の三元論(あるいは四元論)を正面に据えなければならない時代が到来したのではないか、ということにしておきたい。ただ、富永氏の枠組には視野が日本の戦後社会をその内側からみるという限定があるし、前述の日・独の相違の問題が示しているように、比較近代化論に相当する新しい枠組の設定を必要としているのではないか、と考えられる。

そして私がここで主張したいのはまず、世界史的な大概念としての「近代化」概念そのものの位置づけは一旦は脇において、これまでの「近代化」概念における三本柱の内容に、八〇年代末以降、以下のような変容が起こっていることを確認することである。その変化を私なりに整理すると、①については、「国民国家」の構築論から「グローバライゼーション」への対応論への転換が、②については、「工業化」の推進論から「情報化」のコントロール論への、③については、「自由」・「民主主義」・「平和」論から私化と原子化と受動化に抗して「自治」と「分権」による人間的秩序の再構築論への転換ということが要請される時代の到来ということでよいのかもしれない。

そしてその上で、先の「プリ・モダン」・「モダン」・「ポスト・モダン」の「三重構造」(もしくは四重構造)にあたる状況が国ごとにどれだけ、どのように異なるかを比較分析することが必要になる。このことは、これからの「ファシズム」研究のあり方にも明らかにかかわってくるのであって、これまでのような「近代化」概念を安易に前提とした研究は当然卒業されるべきであろう。対象が過去の「ファシズム」ではなく「新しい右翼」現象である場合にはなおさらそうであろう。

そのような新しい研究の枠組を設定した上で、脇においた「近代化」概念に替わる包括的な時代認識もしくは研究の方向づけを支えるキーワードを考える必要がある。この問題については、私は今の時点ではなお決定的な案を持たないが、今回の「ファシズム」研究のレビューを通じて、次の三つのコンセプトを発見した。以下、それを紹介しておきたい。

(1)八〇年代末の脱冷戦(ソヴエト社会主義の決定的敗北)ないしポスト脱冷戦(「情報化」の文化の世界化と中国およびアジア諸国の「近代化」の達成)、そして先進諸国におけるポスト・モダン現象の浸透ではじまった新しい時代を「近代化」の時代と区別して「現代化」の時代と呼ぶ案。

(2)この新しい時代に、過去の「近代化」は――とくにわが国の場合――なお「未完のプロジェクト」であるという含意を込めて、この「近代化」概念になお残されている理念的・規範的要素の可能性を重視する立場から、これを「第二の近代」と呼ぶ案(篠原、二〇〇四年)。

(3)わが国で第二次世界大戦時からはじまった「総力戦体制」を重視し、そこから新しい歴史が始まったとする立場、あるいは「国民国家」批判論の徹底を通じて新しい研究領域を開拓しようとする立場。その基本的なポジショニングは、「近代主義」や市民社会論を批判する立場を確立することを目標に設定していることなど、明らかにさまざまの共通点をもっている。今のところ、私がいう、近代の行詰まりの果てに現れつつある事態についての包括的なネーミングは彼ら自身なお模索中といえるかもしれないが、おそらくは「ポスト・モダニズム」の時代というのが予想される自己設定ではないかと思われる(西川、一九九六年、山之内靖、二〇〇三年)。

これらの人々の知恵とエネルギーに学びつつ、私も一層の研鑽を続けたいものである。

4　管理社会と新右翼、そして新しいナショナリズム

最後になってしまったが、文献一覧を見ていただくと明らかなように、八〇年代になってから、わが国の雑誌類には「ファシズム」の特集を組むものがあらためて目立ってきている。その背景には予想を越えて保守化が進行した政治状況が人々の「ファシズム」(?)再来への警戒心を強めていることがあることは明らかであろう。そしてそこにあふれるキーワードをみる限りでは、「教育ファシズム」・「管理ファシズム」・「テクノ・ファシズム」・「メディア・ファシズム」・「TVファシズム」など広い意味での管理社会論並びにメディア社会論の系列に属するものが圧倒的である。(「医療ファシズム」もその内容からすれば管理社会論の系列であろう。)

私は、序言でも示唆したように、抑圧や差別があるところに片端から「ファシズム」のレッテルを貼ることには反対の立場だが、理論的に言えば、こうした性急な告発の背後にあるのは、「管理社会」そのものを「ファシズム」とする見方である。「管理社会」には簡単に言えば、ファシズム体制に見受けられるような強権的管理を内容とするもの(「ハードな管理社会」)と外見的・形式的にはリベラルな国家体制のもとでの「ソフトな管理社会」

がある。そして後者では、「ヒトに対する統治からモノに対する管理を経て、モノがヒトを動かす」事態が発生している(D・ベル)のであって、そこでは「管理社会」とリベラルな政治による統治の共存は可能である。ところが、その体制の根底にある正当性が何らかの要因によって破壊されるときには、くずれ落ちかねない「管理」を支えるために国家が強権的に介入して「管理国家」が生まれる(山口、一九八五年参照)。そして、もしこのような事態が現実に発生すれば、それは現代の「権威主義的反動」、すなわち「現代のファシズム」と呼んでよいのかもしれない、と私は考えている。

旧著以来、私が使用してきた比較ファシズム論のもう一つの概念、「擬似革命」あるいは、そこまで発展しうるかもしれない「極右」の勢力については、確かに八〇年代以降、多くの国々に再登場しており、場合によっては得票率が一〇%ラインを越える水準にも達している。近年の数値を高い順に並べると、スイスの中道民主同盟(UDC)が二〇〇三年総選挙で二六・六%、オランダでフォルトウイン党が二〇〇二年の総選挙で一七・〇%、フランスの国民戦線(NF)の党首ルペンが二〇〇二年の大統領選挙第一回投票で一六・九%、イタリアの国民同盟(旧イタリア社会運動)が九四年総選挙で一三・五%、フランスの「国民戦線」が八四年の欧州議会選挙で一一・四%、ベルギーのフラマン・ブロックが九一年総選挙で一〇・三%、オーストリアの自由党が八六年連邦議会選挙で九・七%である。

しかし、ここでも私はこの動きを性急に「ファシズム」あるいは「新しいファシズム」

と呼ぶことには慎重でありたいと考えている。私は朝日新聞社の『知恵蔵』の西欧の部分を長年担当してきたが、八〇年代以降ヨーロッパに擡頭してきたこの新しい右翼が安易に「ネオ・ファシズム」もしくは「ネオ・ナチ」、つまりかつてのファシズムの再来と呼ばれることが多いこと、そしてそのことによって、かつての一九三〇年代の世界恐慌を背景としたファシズムとのさまざまの重要な相違点とその多様性、そしてその時代背景の変化が見過されかねないことを恐れて、これを「欧州新右翼(ヨーロッパ新右翼)」と呼ぶことにした(山口・高橋、一九九八年)。

実際、八〇年代初頭までのヨーロッパの新右翼は、イデオロギーや人脈においてかつての「ファシズム」勢力とのつながりを維持しており、その意味で「ネオ・ファシズム」や「ネオ・ナチ」という表現は誤っていなかった。しかし、八〇年代以降はそうしたつながりは失われ、さまざまの新しい特徴を示すにいたっている。まずEUの統合に対して、彼らの足並みは揃っていない。また彼らの間では地域民族主義的性格の強さによる差異がある。さらに彼らの基盤の中核は、国境を越えて入ってくる外国人労働者によって職を奪われ、国家財政の大きな部分を使われてしまうという憤懣であり、したがって失業者や下層労働者の間での支持が極めて大きい。これに加えて、外国人の流入による自国文化とアイデンティティの危機に駆り立てられた保守的な自営層(商工業者、職人、農民)が流れ込む。そして最後に、彼らのナショナリズムは、外国人排除という意味では人種主義・排外主義的ではあるが、かつてのように国境を越えて侵略に打って出る攻撃的・帝国主義的なものではなくて、受動的・防衛的である。そしてこの間の資本主義世界での文化変容を背景にして、彼らはかつてのように集団主義的ではなくて、個人主義的である。その点、今日世界大に広がった新自由主義的感覚との接点も存在する。この点、前述の「近代化」をめぐる時代状況の——かつての「ファシズム」とは異なった——新しい局面の展開を示す存在でもある。

こうした「新右翼」の下からの登場はわが国にはなおほとんど見受けられない。丁度、ヨーロッパで社会民主主義勢力(政党と労働組合)が今なお強大な勢力を維持しつづけているのに、わが国では旧社会党勢力が決定的に弱体化してしまったのと同じ事態が新右翼の勢力についても生じているといえよう。その意味では、今後もし「ファッショ化」にあたる動きが進展するとしても、それはかつてと同じく、上からの「権威主義的反動」を中心にしたものになるが、かつてと異なって、「管理ファシズム」的性格を一段と強くしたものになろう。

「ファシズム」研究関連文献一覧

紙数の関係で日本語の文献に限ることにし、しかも雑誌論文・記事は最小限度に抑えた。(そのため、雑誌論文については、単なる書評論文は原則として割愛し、数多く存在する雑誌の「ファシズム」関連特集の中に収められている個別論文については、特別のもの以外は個別には取り上げず、ただ包括的に「特集」の存在のみを明らかにした。また単なる時評論文並びに政治的色彩が強すぎると思われるものについては割愛した。)旧有斐閣版では刊行時(一九七九年)までの文献に限定せざるを得なかったのを、今回は国立国会図書館のデータ(和書については、一部戦前にまで遡る時期から二〇〇五年まで、雑誌論文・記事については一九四八年から二〇〇五年まで)をベースとし、本書の意義・構成に照らして選択し分類し直した。ただし、「ファシズム」・「ナチズム」・「全体主義」・「軍国主義」等の関連項目がキーワード検索によれば二〇〇〇件を遥かに越えるという膨大なデータからの取捨選択なので、結果的には思わざる重要文献の欠落や著者の視点からする選択の偏りが生じているかもしれない。しかし、この点については、読者の御海容をお願いするほかはない。

I　ファシズムとは何か

〈ファシズム一般論〉

具島兼三郎『ファシズム』岩波新書、一九四九年
丸山眞男「ファシズムの諸問題」一九五二年（同『現代政治の思想と行動』増補版、未来社、一九六四年所収）
S・ノイマン、岩永健吉郎他訳『大衆国家と独裁』みすず書房、一九六〇年
E・レーデラー、青井和夫他訳『大衆の国家』東京創元社、一九六一年
W・コーンハウザー、辻村明訳『大衆社会の政治』東京創元新社、一九六一年
P・F・ドラッカー、岩根忠訳『経済人の終わり』東洋経済新報社、一九六三年（上田惇生訳、ダイヤモンド社、一九九七年）
S・J・ウルフ編、斉藤孝監訳『ファシズムの本質』大光社、一九七〇年
江口朴郎・荒井信一・藤原彰編著『世界史における一九三〇年代』青木書店、一九七一年
山口定『現代ファシズム論の諸潮流』有斐閣、一九七六年
R・キューンル、伊集院立訳『自由主義とファシズム』大月書店、一九七七年
K・ゴスヴァイラー、熊谷一男編訳『現代ファシズムと金融資本』未来社、一九七七年
N・プーランツァス、田中正人訳『ファシズムと独裁』社会評論社、一九七八年（批評社、一九八三年）

山口定「ファシズム・『近代化』・『全体主義』――政治史研究における理論と実証の交錯」『年報政治学　一九八〇年』(政治学と隣接諸科学の間――その交渉の現状と課題)、一九八二年
浅沼和典『ファシズムの現在』新評論、一九八〇年
樺俊雄「ファシズムと保守主義」Sociologica. 4(2)、一九八〇年
「現段階におけるファシズム研究の課題〈特集〉ファシズム座談会　西川正雄・山口定・吉見義明)」『歴史評論』三六七号、一九八〇年
斎藤誠「ヘルマン・ヘラーにおけるファシズム論の基本構造」『法学』四五(一)、一九八一年
「〈特集〉再びファシズムか」『唯物史観』二三号、一九八二年
山口定「ナチズムの虚像と実像　ファシズム研究の現段階に寄せて」『愛知大学国際問題研究所紀要』七四号、一九八三年
「〈特集〉ファシズムの日本語」『思想の科学』五四号、一九八四年(「ファシズム」関連論説多数)
「〈特集〉ファシズムの美学」『ユリイカ』一六(一一)、一九八四年
「〈特集〉ファシズムの科学」『思想の科学』六二号、一九八五年(「ファシズム」関連論説多数)
E・ラクラウ、横越英一監訳『資本主義・ファシズム・ポピュリズム』柘植書房、一九八五年
常石敬一「科学・科学者と国家・全体主義・戦争とに関する文献リスト(ファシズムの科学〈主題〉)」『思想の科学』六二号、一九八五年
「〈特集〉反ファシズムの半世紀」『歴史評論』四二三号、一九八五年

河村望「新明社会学とファシズム」『社会学評論』三六(二)、一九八五年
堤達朗「ドラッカーの業績とその歴史的貢献　ファシズムとの対決・克服」『岐阜経済大学論集』二〇(一)、一九八六年
久野収『ファシズムの中の一九三〇年代』リブロポート、一九八六年
上条勇『ヒルファディングと現代資本主義　社会化・組織資本主義・ファシズム』梓出版社、一九八七年
『歴史学研究』五八六号(体制期のファシズムに関する報告と討論)、一九八八年
小此木真三郎『ファシズムの誕生』増補新版、青木書店、一九九〇年
G・L・モッセ、佐藤卓巳他訳『大衆の国民化』柏書房、一九九四年
W・ラカー、柴田敬二訳『ファシズム』刀水書房、一九九七年
大沢真幸「丸山眞男ファシズム論のネガ」『情況』八(一)、一九九七年
「〈特集〉ファシズムを批判した芝居」『悲劇喜劇』五一(一〇)、一九九八年
加藤周一・鶴見俊輔「二〇世紀をどう見るか　ファシズムと日本の『転向』」『潮』四八三号、一九九九年
三宅昭良「ファシズムを読み解く一〇冊」『論座』四一号、一九九八年
田之倉稔『ファシズムと文化』山川出版社、二〇〇四年
伊藤覚「H・J・ラスキの自由主義とファシズム論」『政治学研究論集』一五、二〇〇一年
レニ・ブレンナー、芝健介訳『ファシズム時代のシオニズム』法政大学出版局、二〇〇一年

佐藤成基「ナショナリズムとファシズム　歴史社会学的考察」『ソシオロジ』四六(三)、二〇〇二年
吹田尚一「ファシズムをどう理解するか　P・ドラッカー『「経済人の終わり」――全体主義はなぜ生まれたか』を読む」『敬愛大学国際研究』一三、二〇〇四年
斎藤貴男『安心のファシズム』岩波新書、二〇〇四年

〈コミンテルンのファシズム論をめぐって〉

B・レイプゾン／K・シリーニャ、石堂清倫訳『現代革命の理論　コミンテルンの政策転換』合同出版、一九六六年
G・ディミトロフ、坂井信義他訳『反ファシズム統一戦線』国民文庫、大月書店、一九六七年
R・P・ダット、岡田良夫訳『ファシズムと社会主義革命』ミネルヴァ書房、一九七四年
富永幸生・鹿毛達雄・下村由一・西川正雄『ファシズムとコミンテルン』東京大学出版会、一九七八年
斎藤哲「『社会ファシズム論』とその修正　一九二九年半ばから三〇年半ばのKPD」『政経論叢』五〇(二、三・四)、五一(三・四)、一九八一―八三年
塚本健「社会ファシズム論の源泉と背景　一九二三―三三年」『社會科學紀要』三二号、一九八二年
酒田誠一「「トロツキーのファシズム論」『新世紀』一九二、二〇〇一年
「〈特集〉ドイツ・ファシズム」『トロツキー研究』三四、二〇〇一年

藤城和美「小岩井淨とファシズム 日本ファシズム論と人民戦線論をめぐって」『愛知大学法学部法経論集』1—8(一五〇—一五九号)、一九九九—二〇〇二年

〈比較ファシズム論〉

G・W・F・ハルガルテン、西川正雄訳『独裁者』岩波書店、一九六七年
西川正雄「ヒトラーの政権掌握 ファシズム成立に関する一考察」『思想』五一二号、一九六七年
木下半治「一九三〇年代におけるファシズム」『岩波講座世界歴史』28、一九七一年
E・ノルテ、ドイツ現代史研究会訳『ファシズムの時代』上・下、福村出版、一九七二年
S・J・ウルフ編、斉藤孝監訳『ヨーロッパのファシズム』上・下、福村出版、一九七四年
H・A・ミシェル、長谷川公昭訳『ファシズム』文庫クセジュ、白水社、一九七八年
東京大学社会科学研究所編『ファシズム期の国家と社会』全8巻、東京大学出版会、一九七八—八〇年
E・ウェバー、平井友義他訳『ファシズムの思想と行動』福村出版、一九七九年
西島有厚「東欧のファシズムについて その背景的諸要因と特徴」『福岡大学研究所報』五一号、一九八一年
浅沼和典『比較ファシズム研究』成文堂、一九八二年
羽場久浘子「戦間期東欧の独裁体制とファシズム ハンガリー歴史学の研究動向を中心に」『ソ連研究』二号、一九八六年

小岸昭『20世紀の各国における「ファシズム」の諸相と文化・社会の総合的比較研究」(文部省科研費研究成果報告書)、京都大学、一九九二―九三年
中村幹雄「ファシズムの比較史序説(1)」『奈良法学会雑誌』一二(一)、一九九九年
田中美樹子「ファシズムとプロパガンダ　日本とドイツとの比較を通して」『久留米大学大学院比較文化研究論集』一一、二〇〇二年

〈日本ファシズム論をめぐって〉

中村菊男『天皇制ファシズム論』原書房、一九六七年
安部博純『日本ファシズム研究序説』未来社、一九七五年、一九九五年
古屋哲夫「日本ファシズム論」『岩波講座日本歴史』新版20、一九七六年
伊藤隆「昭和政治史研究への一視角」『思想』六二四号、一九七六年
筒井清忠「日本ファシズム論の再考察　丸山理論への一批判」『知の考古学』1・2、社会思想社、一九七六年
松尾章一『日本ファシズム史論』法政大学出版局、一九七七年
安部博純「日本ファシズムの研究視角」『歴史学研究』四五一号、一九七七年
安部博純「日本ファシズムの時期区分　一試論」『北九州大学法政論集』第四巻四号、一九七七年
歴史科学協議会編『日本ファシズム論』(歴史科学大系12)、校倉書房、一九七七年
木坂順一郎「日本ファシズム国家論」同編『体系・日本現代史』3、日本評論社、一九七九年

河原宏・浅沼和典他『日本のファシズム』有斐閣選書、一九七九年
高畠通敏「強権的統合と大衆運動 三〇年代日本を中心に」東大社研編『ファシズム期の国家と社会』6、東大出版会、一九七九年
安田常雄『日本ファシズムと民衆運動』れんが書房新社、一九七九年
山口定「日本現代史研究会編『日本ファシズム1――国家と社会』日本ファシズム研究が混迷から脱する道のり」『朝日ジャーナル』一九八二年二月二六日号
安部博純、石川捷治『危機の政治学』昭和堂、一九八五年
ねず・まさし『現代史の断面・日本のファシズム』校倉書房、一九九一年
野見譲『天皇制ファシズム論』連帯社、一九九二年
安部博純『日本ファシズム論』影書房、一九九六年
須崎慎一『日本ファシズムとその時代 天皇制・軍部・戦争・民衆』大月書店、一九九八年

Ⅱ 運動としてのファシズム

〈イタリア〉

L・フェルミ、柴田敏夫訳『ムッソリーニ』紀伊国屋書店、一九六七年
重岡保郎・北原敦「イタリアのファシズム」『岩波講座世界歴史』26、一九七〇年
豊下楢彦「イタリアの参戦決定過程をめぐる一考察」京都大学『法学論叢』第九〇巻一・二・三号、一九七一年

桐生尚武「イタリア・ファシズム発展の一断面」『季刊社会思想』2―3、社会思想社、一九七二年
R・デ・フェリーチェ、藤沢道郎他訳『ファシズム論』平凡社、一九七三年
重岡保郎「イタリア・ファシズムの形成とその性格をめぐって」『歴史学研究』三九七号、一九七三年
P・ギショネ、長谷川公昭訳『ムッソリーニとファシズム』文庫クセジュ、白水社、一九七四年
村上信一郎「イタリアにおけるファシズム研究――デ・フェリーチェ「ファシズムについてのインタヴュー」をめぐる論争を中心に」『西洋史学』一一三号、一九七九年
岩本純「農村ファシズムの社会的基盤――Valle Padana Ferrara の事例」『イタリア学会誌』二八号、一九八〇年
高橋進「イタリア・ファシズムと中間層　地方エリートの分析を通じて」〈特集〉ファシズム）『歴史評論』三六七号、一九八〇年
伊藤公雄「生成期イタリア・ファシズムにおける帰還兵運動の位置」『神戸外大論叢』三五(三)、一九八四年
村上信一郎『権威と服従』名古屋大学出版会、一九八九年
村上信一郎・高橋進「権威と服従　カトリック政党とファシズム」『歴史学研究』六〇八号、一九九〇年

木村裕主『ムッソリーニ』清水書院、一九九六年
桐生尚武「イタリア・ファシズムの研究　一八八〇年代ポー平野の農業争議」『明治大学人文科学研究所紀要』四八、二〇〇一年

〈ドイツ〉

関口尚志「ドイツ革命とファシズム」東京大学経済学部日本産業研究施設研究報告19、東京大学出版会、一九六八年
村瀬興雄『ナチズム　ドイツ保守主義の一系譜』中公新書、一九六八年
W・S・アレン、西義之訳『ヒトラーが町にやってきた』番町書房、一九六八年
W・マーザー、村瀬興雄・栗原優訳『ヒトラー』紀伊国屋書店、一九六九年
中村幹雄『ドイツ現代政治史　ナチスの興隆』世界思想社、一九六九年
大野英二「ドイツ・ファシズムの社会的基盤」京都大学『経済論叢』第一〇五巻四・五・六合併号、一九七〇年
K・リース、西城信訳『ゲッベルス』図書出版社、一九七一年
C・ダヴィド、長谷川公昭訳『ヒトラーとナチズム』文庫クセジュ、白水社、一九七一年
村瀬興雄「ナチズムの地方的特色」『季刊社会思想』2—3、社会思想社、一九七二年
鎗田英三「ナチス体制成立の一側面　手工業者の社会経済的分析」『季刊社会思想』3—3・4、社会思想社、一九七四年
G・プリダム、垂水節子・豊永泰子訳『ヒトラー権力への道』時事通信社、一九七五年

K・D・ブラッハー、山口定・高橋進訳『ドイツの独裁』I・II、岩波書店、一九七五年
J・フェスト、赤羽龍夫他訳『ヒトラー』河出書房新社、一九七五年
中村幹雄「ゲッベルス像の修正」『史林』第五九巻五号、一九七六年
山口定『ナチ・エリート』中公新書、一九七六年
檜山良昭『ナチス突撃隊』、白金書房、一九七六年
H・A・ヴィンクラー「復古の幻想　ドイツ社会とヒトラーの権力への到達、一九三〇―三三年」『思想』六三九号、一九七七年
村瀬興雄『アドルフ・ヒトラー』中公新書、一九七七年
野田宣雄「ナチ党の地方指導者」『史林』第六一巻三号、一九七八年
J・トーランド、永井淳訳『アドルフ・ヒトラー』上・下、集英社、一九七九年
山口定「ファシズムと中間層」大阪市立大学『法学雑誌』第二四巻三号、第二五巻三・四号、一九七八―七九年
山口定「ナチスの擡頭と中間層」東大社研編『ファシズム期の国家と社会』7、東大出版会、一九七九年
R・ヘベルレ、中道寿一訳『民主主義からナチズムへ』御茶の水書房、一九八〇年
J・コッカ、千代田寛訳「ドイツにおけるファシズムの原因と帰結」『史学研究』一四八号、一九八〇年
村瀬興雄『ナチス統治下の民衆生活』東京大学出版会、一九八三年

W・Z・ラカー、西村稔訳『ドイツ青年運動』人文書院、一九八五年
D・ポイカート、雀部幸隆・小野清美訳『ウェーバー　近代への診断』名古屋大学出版会、一九九四年
加藤栄一「ワイマール共和国崩壊の〝経済的〟原因」『月刊社会党』三五八号、一九八六年
原信芳「党員の職業構成からみたナチズムの社会的基盤　労働者層への浸透？」『現代史研究』三三号、一九八七年
H・ロットロイトナー編、ナチス法理論研究会訳『法、法哲学とナチズム』みすず書房、一九八七年
村瀬興雄『ナチズムと大衆社会』有斐閣選書、一九八七年
野田宣雄『教養市民層からナチズムへ』名古屋大学出版会、一九八八年
大野英二『ナチズムと「ユダヤ人問題」』リブロポート、一九八八年
野田宣雄・村瀬興雄「教養市民層からナチズムへ　比較宗教社会史のこころみ」『社会経済史学』五五(四)、一九八九年
柳沢治『ドイツ中小ブルジョアジーの史的分析』岩波書店、一九八九年
雨宮昭彦「職員層とナチズム　ワイマール期の職員層に関する研究史をめぐって」『経済研究』五(一)、一九九〇年
雨宮昭彦「『中間派の急進主義』と『中間身分のパニック』ナチズムの「中間層テーゼ」の再検討」『経済研究』六(一)、一九九一年

山口定『ヒトラーの擡頭　ワイマール・デモクラシーの悲劇』朝日文庫、一九九一年
鎗田英三・柳沢治「ドイツ手工業者とナチズム」『経営史学』二六(二)、一九九一年
豊永泰子『ドイツ農村におけるナチズムへの道』ミネルヴァ書房、一九九四年
田村雲供「近代ドイツ市民社会における反フェミニズムと反ユダヤ主義　ナチズムへのプレリュード」『社会科学』五八号、一九九七年
岩崎好成「鉄兜団とナチズム運動の競合的共闘に関する一覚え書」『山口大学教育学部研究論叢』四九号、一九九九年
星乃治彦「反ファシズム・エージェンシーの可能性　ナチス政権成立直前における『共産主義の危険』」『熊本県立大学文学部紀要』八(二)、二〇〇二年
芝健介「ナチズムと民衆　ファシズム前夜ドイツ社会の危機」『歴史地理教育』六五一、二〇〇三年

〈その他の国々のファシズム運動〉

百瀬宏「北東ヨーロッパのファシズム」『季刊社会思想』2―3、社会思想社、一九七二年
宮島直機「戦間期ポーランドとピウスーツキ」中央大学『法学新報』第七九巻一、二、三、五、一二号、一九七二年
D・ヴォルフ、平瀬徹也他訳『フランスファシズムの生成　人民戦線とドリオ運動』風媒社、一九七二年
M・ラツコー「中・東欧におけるファシズム、一九一九―一九四四年」『歴史学研究』三九九

号、一九七三年
E・ウィーバー「ファシズム、右翼か左翼か　両大戦間のルーマニア」『歴史学研究』三九七号、一九七三年
海沼順子「ファシズム、ルーマニアの場合」『歴史学研究』三九九号、一九七三年
山本哲「スペイン・ファシズムの展開と限界　ファランヘ党を中心に」『歴史学研究』三九八号、一九七三年
J＝C・プティフィス、池部雅英訳『フランスの右翼』文庫クセジュ、白水社、一九七五年
中木康夫『フランス政治史　中』未来社、一九七五年
木下半治『フランス・ナショナリズム史』㈠、㈡、国書刊行会、一九七六年
田中治男「ファシズム期におけるフランスの右翼　Ch・モーラスとアクション・フランセーズを中心に」東大社研編『ファシズム期の国家と社会』6、東大出版会、一九七九年
戸塚秀夫「世界恐慌とイギリス・ファシズム　O・モズレイに焦点をあてて」東大社研編『ファシズム期の国家と社会』6、一九七九年
S・G・ペイン、小箕俊介訳『ファランへ党』れんが書房新社、一九八二年
畑山敏夫「フェーソー運動の生成・発展・崩壊　第一次大戦後フランスの危機とファシズム運動」大阪市立大学『法学雑誌』二九(一)、一九八二年
中村幹雄「ハンガリーにおけるファシズム運動　比較ファシズムの視野から」『奈良女子大学文学部研究年報』三六号、一九九二年

加藤克夫「フランス・ファシズム論の『革新』」『立命館文學』五三四号、一九九四年
E・タロシュ、W・ノイゲバウアー編、田中浩・村松恵二訳『オーストリア・ファシズム』未来社、一九九六年
三宅昭良『アメリカン・ファシズム』講談社、一九九七年
中村幹雄「イギリス・ファシスティの登場と挫折」『奈良法学会雑誌』一一(一)、一九九八年
深澤民司『フランスにおけるファシズムの形成　ブーランジズムからフェソーまで』岩波書店、一九九九年
三宅昭良『エズラ・パウンドとアメリカン・ファシズム』東京都立大学、二〇〇一—〇三年
竹岡敬温「フランス・ファシズムの一形態　ジャック・ドリオとフランス人民党」『大阪大学経済学』五四(二)、二〇〇四年
竹岡敬温「フランス・ファシズムの思想と行動」(1)、(2)、『大阪大学経済学』五五(一、二)、二〇〇五年

〈日本(運動と状況)〉

田中惣五郎『日本ファシズム史』河出書房新社、一九六二年
早稲田大学社会科学研究所編『日本のファシズムⅠ　形成期の研究』早稲田大学出版部、一九七〇年
鈴木正節「青年将校運動の形成　西田税を中心として」『季刊社会思想』3—2、社会思想社、一九七三年

隅谷三喜男編『昭和恐慌』有斐閣選書、一九七四年
江口圭一『都市小ブルジョア運動史の研究』未来社、一九七六年
木下半治『日本右翼の研究』現代評論社、一九七七年
筒井清忠「北一輝思想と二・二六事件」松沢哲成編『人と思想　北一輝』三一書房、一九七七年
大江志乃夫編『日本ファシズムの形成と農村』校倉書房、一九七八年
江口圭一編『体系・日本現代史1　日本ファシズムの形成』日本評論社、一九七八年
秦郁彦『軍ファシズム運動史』原書房、一九八〇年
藤村道生「いわゆる十月事件の再検討　日本ファシズム論覚え書」『日本歴史』三九三号、一九八一年
小松和生「日本の急進ファシズム思想　北一輝について」『富大経済論集』(石瀬教授退官記念号)二八(三)、一九八三年
渡辺新「日本ファシズムと右翼農民運動　千葉県皇国農民自治連盟を事例として」『土地制度史学』二七(三)、一九八五年四月
藤野豊「日本ファシズムと水平運動――「部落厚生皇民運動」再論」『部落問題研究』一一六号〈特集〉水平社をめぐって)、一九九二年
北河賢三「一九三〇年代日本のファシズム化と民衆」『歴史地理教育』六五一、二〇〇三年
黒田康弘「大正デモクラシーから昭和ファシズムへ　民主主義は民衆にどこまで浸透したか」

『史苑』六五(二)、二〇〇五年
三上一夫「日本ファシズム形成過程下の真宗地帯」『福井県文書館研究紀要』二、二〇〇五年

Ⅲ　思想としてのファシズム

〈全般　思想(と心理)〉

E・フロム、日高六郎訳『自由からの逃走』東京創元社、一九五一年
G・ルカーチ、暉峻凌三他訳『理性の破壊』上・下、河出書房、一九五六年
W・ライヒ、平田武靖訳『ファシズムの大衆心理』上・下、せりか書房、一九七〇年
生松敬三『人間への問いと現代　ナチズム前夜の思想史』NHKブックス、一九七五年
H・ブロッホ、入野田真右他訳『群衆の心理』法政大学出版局、一九七九年
「〈特集〉ファシズムへの抵抗線」『思想の科学』二号、一九八一年(論説・記事多数)
A&M・ミッチャーリッヒ、林峻一郎・馬場謙一訳『喪われた悲哀』河出書房新社、一九八四年
「〈特集〉ファシズムの美学」『思想の科学』四四号、一九八四年と同誌五四号、一九八四年(多数の「ファシズム」関連論説・記事)
「〈特集〉ファシズム」『ユリイカ』一六(一一)、一九八四年(多数の論説・記事)
「〈特集〉ファシズム　精神の宿命」『現代思想』一六(三)、一九八八年(多数のファシズム関連論説・記事)

宮田光雄「ボンフェッファーと日本 政治宗教としての天皇制ファシズム」『明治学院大学キリスト教研究所紀要』二一号、一九八八年
「〈特集〉ファシズム」『現代思想』一七(五)、一九八九年(多数のファシズム関連論説・記事)
M・ヴィノック、川上勉・中谷猛監訳『ナショナリズム・反ユダヤ主義・ファシズム』藤原書店、一九九五年
中山智香子「ファシズム思想における『合理性』ポランニーのファシズム分析をめぐって」『文学部論叢』六一号、一九九八年
有田英也『政治的ロマン主義の運命』名古屋大学出版会、二〇〇三年
〈イタリア〉
竹村英輔「イデオロギーとしての協同体国家」東京大学社会科学研究所『社会科学研究』第二七巻四号、一九七六年
竹村英輔「イタリア・ファシズムにおける国家の神話」東大社研編『ファシズム期の国家と社会』7、一九七九年
北原敦「地方ファシズムの思想 一九二〇年代のイタリア」『思想』六八九号、一九八一年
L・ピサノ、阿部一智訳「イタリア・ファシズムの神話としての地中海」『現代思想』二三(六)、一九九五年
中川政樹「一九二〇年代のクローチェとファシズム」『島根大学教育学部紀要 人文・社会科学』二九号、一九九五年

中村勝己「クローチェの自由主義とゴベッティ以降の反ファシズム」中央大学大学院『研究年報 法学研究科篇』三三、二〇〇三年
伊藤公雄「イタリア・ファシズムと〈男らしさ〉(マスキュリニティ/男性性の歴史)」『現代のエスプリ』四四六、二〇〇四年

〈ドイツ〉

J・F・ノイロール、山崎章甫他訳『第三帝国の神話』未来社、一九六三年
H・ラウシュニング、船戸満之訳『ヒトラーとの対話』学芸書林、一九七二年
H・ラウシュニング、片岡啓治訳『ニヒリズム革命』学芸書林、一九七二年
A・ヒトラー、平野一郎・将積茂訳『わが闘争』上・下、角川文庫、一九七三年
栗原優「ナチ党綱領の歴史」『西洋史学』九三、九四号、一九七四年
中村幹雄「グレゴール=シュトラッサーにおける国民的社会主義」奈良女子大学『研究年報』一八号、一九七五年
K・D・ブラッハー「国民社会主義(ナチズム)における伝統と革命」『思想』六一九号、一九七六年
K・ゾントハイマー、河島幸夫・脇圭平訳『ワイマール共和国の政治思想』ミネルヴァ書房、一九七六年
池田浩士『ファシズムと文学』白水社、一九七八年
山口定「ナチズムにおける『社会主義』」『思想』六六三号、一九七九年

浜崎一敏「第三帝国におけるナチズム文学研究」『長崎大学教養部紀要　人文科学篇』二五(二)、一九八五年
船越耿一『ナチズムにおける法哲学』長崎大学、一九八六―八七年
蔭山宏『ワイマール文化とファシズム』みすず書房、一九八六年
八代梓「ハイデガーとナチズム　問題の所在」『社会思想史研究』一三号、一九八九年
V・ファリアス、山本尤訳『ハイデガーとナチズム』名古屋大学出版会、一九九〇年
V・ファリアス、田村栄子訳「『ハイデガーとナチズム』問題の現在」『歴史学研究』六三〇号、一九九二年
I・マウス、今井弘道他訳『カール・シュミットの法思想』風行社、一九九三年
佐野誠『ヴェーバーとナチズムの間　近代ドイツの法・国家・宗教』名古屋大学出版会、一九九三年
赤沢元務「ナチズムとドイツ啓蒙主義」『千葉工業大学研究報告　人文編』三一号、一九九四年
H・プレスナー、松本道介訳『ドイツロマン主義とナチズム』講談社学術文庫、一九九五年
杉浦忠夫「シュプランガーとナチズム」『明治大学人文科学研究所紀要』三九号、一九九六年
川合全弘「書簡と日記を通して見たエルンスト・ユンガーとカール・シュミットの交友史　ナチズム期の言動をめぐる両者の確執を中心として」『産大法学』三〇(一)、一九九六年
B・リュータース、古賀敬太訳『カール・シュミットとナチズム』風行社、一九九七年
金沢秀嗣「ナチズムの法思想におけるヘーゲルの位置づけ」『社会思想史研究』二一号、一九九

九七年
T・ロックモア、奥谷浩一他訳『ハイデガー哲学とナチズム』北海道大学図書刊行会、一九九九年
酒井府『ドイツ文学とファシズムの影』日本独文学会、二〇〇三年
多田真鋤「ナチズムの精神構造　ドイツ精神史への一視角」『横浜商大論集』37―1、二〇〇三年
藤野寛「ナチズム体制下の哲学」『高崎経済大学論集』45(4)、二〇〇三年
佐野誠「カール・シュミットとは何者か『近代啓蒙批判とナチズムの病理』によせて」『創文』四六〇、二〇〇三年
J・コリンズ、大田原眞澄訳『ハイデガーとナチス』岩波書店、二〇〇四年
小野清美『保守革命とナチズム』名古屋大学出版会、二〇〇四年
田野大輔「古典的近代の復権　ナチズムの文化政策について」『大阪経大論集』五四―五、二〇〇四年
吉田徹也「ハイデガーとナチズム　問題の射程」Norden. 39、二〇〇二年
佐野誠『近代啓蒙批判とナチズムの病理』創文社、二〇〇三年
池田浩士『虚構のナチズム』人文書院、二〇〇四年

〈日本〉

久野収・鶴見俊輔『現代日本の思想』岩波新書、一九五六年

橋川文三編『超国家主義』(現代日本思想大系31)筑摩書房、一九六四年
藤田省三『天皇制国家の支配原理』未来社、一九六六年
竹山護夫「陸軍青年将校運動の展開と挫折　天皇・国家・軍隊・自我の四つの象徴をめぐって」『史学雑誌』七八編六・七号、一九六九年
松沢哲成『橘孝三郎』三一書房、一九七二年
宮本盛太郎『北一輝研究』有斐閣、一九七五年
松沢哲成編『人と思想　北一輝』三一書房、一九七七年
石田雄「ファシズム期における伝統と革新」(同『現代政治の組織と象徴』みすず書房、一九七八年)
河原宏『昭和政治思想研究』早稲田大学出版部、一九七九年
松沢哲成『アジア主義とファシズム』れんが書房新社、一九七九年
飯田信夫「日本ファシズムと知識人たち　一九三〇年代思想史の一断面」『唯物史観』二四号、一九八三年
宮田光雄「政治宗教と宗教批判　D・ボンヘッファーと天皇制ファシズム」『世界』一九八三年八月号
武田清子「清沢洌のファシズム批判　没後40年に際して」『世界』一九八五年六月号
赤澤史朗『近代日本の思想動員と宗教統制』校倉書房、一九八五年
四野宮三郎「『暗い谷間』の自由主義　河合栄治郎のファシズム批判」工学院大学共通課程『研

究論叢』二八号、一九九〇年
内田弘「三木清の自由主義思想と創造的社会論　ファシズムとスターリニズムに抵抗して」『社会科学年報』二四号、一九九〇年
宮地正人「天皇制ファシズムとそのイデオローグたち『国民精神文化研究所』を例にとって」『季刊科学と思想』七六号、一九九〇年
小松和生『日本ファシズムと「国家改造」論』世界書院、一九九一年
大西修『戦時教学と浄土真宗』社会評論社、一九九五年
高岡裕之「医界新体制運動の成立」『日本史研究』四二四、一九九七年
雨宮昭一『戦時戦後体制論』岩波書店、一九九七年
藤野豊『日本ファシズムと優生思想』かもがわ出版、一九九八年
正田健一郎「近代日本における公益の観念　資本主義・社会主義・ファシズム」『早稲田政治経済学雑誌』三〇三号、一九九〇年
松本健一「モダニズムからファシズムへ『新青年』と乱歩・久作」『国文学　解釈と教材の研究』三六(三)、一九九一年
赤澤史朗・北河賢三『文化とファシズム』日本経済評論社、一九九三年
柄谷行人「仏教とファシズム」『批評空間』一八号、一九九八年
大森美紀彦「権藤成卿と大川周明　大正デモクラシーから昭和ファシズムへの展開」『神奈川大学国際経営論集』二一、二〇〇一年

松岡幹夫「北一輝における信仰と社会思想の交渉」『相関社会科学』一二、二〇〇二年
赤江達也「抵抗としてのファシズム　戦時期日本における無教会主義と『日本ファシズム論』」『社会学評論』五三(三)、二〇〇二年
木田逸夫「南原繁思想史論の批判と継承　主にナチズム論との関連から観た」『政治研究』49、二〇〇二年
松本健一『評伝　北一輝　第五巻(北一輝伝説)』岩波書店、二〇〇四年

〈その他の国々〉

小城和朗「ジョルジュ・ヴァロアにおける生産と管理　フランス・ファシズムの経済思想序論」『史学』五〇(一—四)(記念号)、一九八〇年
山路昭「ドリュ・ラ・ロシェルとファシズムへの道」『明治大学教養論集』一五一号、一九八二年
深沢民司「フランス・ファシズムの源流　『セルクル・プルードン』の形成を中心として」『法学研究』五八(三、四)、一九八五年
深沢民司「ファシズムとデカダンス　ジョルジュ・ヴァロワについての一考察」『法学研究』六七(一二)、一九九四年
剣持久木『両大戦間期フランス・ナショナリズムの研究　平和主義からファシズムへの偏流』名城大学、一九九九—二〇〇二年
中谷猛「十九世紀末フランス・ナショナリズムの境位　プレ・ファシズム思想の視角から」『立

命館経済学』三九(五)、一九九〇年
上条勇「オーストロ・マルクス主義とファシズム　オットー・バウアーの一九三四年」『金沢大学教養部論集　人文科学編』二九(一)、一九九一年
上条勇「オットー・バウアーのファシズム論」『金沢大学教養部論集　人文科学編』三〇(一)、一九九二年
深沢民司「ジョルジュ・ヴァロアのファシズム思想」『専修法学論集』五五・五六号、一九九二年

Ⅳ　体制としてのファシズム

〈イタリア〉

具島兼三郎『ファシズム独裁と労働統制』政経書院、一九三四年
具島兼三郎『ファシズム』岩波新書、一九四九年
山崎功『ファシズム体制』御茶の水書房、一九七二年
桐生尚武「ファシズムの危機(一九二三—一九二四年)」『明治大学教養論集』一五二号、一九八二年
G・アメンドラ、山崎功・諏訪羚子訳『反ファシズム抵抗運動』合同出版、一九八三年
河野穣「イタリア自動車産業(ファシズム下の)における労使関係の展開」『中央学院大学論叢』二〇(二)、一九八五年

ファシズム研究会『戦士の革命・生産者の国家』太陽出版、一九八六年
伊藤公雄「イタリア・ファシズム下の映像メディア『支配』の文化社会学に向けて」『神戸外大論叢』三七(一―三)、一九八六年
河野穣「一九三〇年代前半ファシズム・イタリアにおける労使関係の特徴」『桜美林エコノミックス』二三号、一九八九年
V・デ・グラツィア、豊下楢彦他訳『柔らかいファシズム』有斐閣、一九八九年
飯塚深「イタリアにおけるカトリック行動団　ファシズム体制との関連も含めて」『國學院雑誌』九一(一一)、一九九〇年
飯塚深『イタリア反ファシズム抵抗史研究』犀書房、一九九〇年
高橋進「イタリア・ファシズムと女性　ファシズムにおける女性の統合と抵抗1」『龍谷法学』二五(三)、一九九二年
G・トニオロ、浅井良夫/C・モルテーニ訳『イタリア・ファシズム経済』名古屋大学出版会、一九九三年
J・F・ヴェネ、柴野均訳『ファシズム体制下のイタリア人の暮らし』白水社、一九九六年
北原敦『イタリア・ファシズムにおける行政と福祉』北海道大学、一九九六―九八年
高橋進『イタリア・ファシズム体制の思想と構造』法律文化社、一九九七年
田野大輔「メディアの帝国　ナチズムの文化政策と政治美学」『京都社会学年報』七、一九九九年

桐生尚武『イタリア・ファシズムの生成と危機』御茶の水書房、二〇〇二年
秦泉寺友紀「イタリア・ファシズムにおけるナショナルな経験の生成『農村ファシズム』におけるネイション」『ソシオロゴス』二五、二〇〇一年
小山吉亮「ファシズム期イタリアにおける『頂上政治』の変容(一九二七―一九三一)」『国家学会雑誌』一一五(一・二)、二〇〇二年
高橋進「ファシズム・国家・党・市民社会　イタリア・ファシズムの中の二〇世紀」立命館大学政策科学会『政策科学』一一(三)、二〇〇四年
高橋進「イタリア・ファシズム体制論　ファシズム大評議会と閣議」『龍谷法学』三七(三)、二〇〇四年

〈ドイツ〉

H・シャハト、永川秀男訳『我が生涯』上・下、経済批判社、一九五四年
F・ノイマン、岡本友孝・小野英祐・加藤栄一訳『ビヒモス　ナチズムの構造と実際』みすず書房、一九六三年
塚本健『ナチス経済　成立の歴史と理論』東京大学出版会、一九六四年
J・ドラリュ、片岡啓治訳『ゲシュタポ・狂気の歴史』サイマル出版会、一九六八年
A・シュペール、品田豊治訳『ナチス狂気の内幕』読売新聞社、一九七〇年
宮田光雄「ドイツ〈第三帝国〉の政治構造」『岩波講座世界歴史』28、一九七一年
黒川康「レーム事件の経過とその意義　第三帝国の支配的権力構造をめぐって」『季刊社会思

想』3―3・4、一九七四年
三宅正樹『日独伊三国同盟の研究』南窓社、一九七五年
A・J・P・テイラー、吉田輝夫訳『第二次世界大戦の起源』中央公論社、一九七七年
清水誠『ファシズムへの道』日本評論社、一九七八年
村瀬興雄「ナチス治下の建前と現実」『立正史学』四五号、一九七九年
K・ゴスヴァイラー、川鍋正敏他訳『大銀行 工業独占 国家』中央大学出版部、一九七九年
栗原優『ナチズム体制の成立』ミネルヴァ書房、一九八一年、新装版、一九九七年
木畑和子「ナチス第三帝国下の国営企業――ヘルマン・ゲーリング帝国工業所の成立と発展」『歴史評論』三六七号〈特集〉ファシズム〉、一九八〇年
田島信雄「ドイツ外交政策とスペイン内戦 ナチズム多頭制の視角から」『北大法学論集』三二(二)、一九八一年
中井晶夫『ヒトラー時代の抵抗運動』毎日新聞社、一九八二年
W・フィッシャー、加藤栄一訳『ヴァイマルからナチズムへ』みすず書房、一九八二年
山本尤『ナチズムと大学』中公新書、一九八五年
C・シュッデコプフ編、香川檀他訳『ナチズム下の女たち』未来社、一九八七年
C・ヒルデブラント、中井晶夫・義井博訳『ヒトラーと第三帝国』南窓社、一九八七年
K・フォンドゥング、池田昭訳『ナチズムと祝祭』未来社、一九八八年
K・レーヴィット、秋間実訳『ナチズムと私の生活』法政大学出版局、一九九〇年

芝健介「儀礼と民衆統合(2)　ナチズムにおける政治的儀礼と「統合」」『歴史学研究』六二一号〈特集〉英霊化の諸局面)、一九九一年
大野英二・高尾千津子「ナチズムと『ユダヤ人問題』」『社会経済史学』五七(四)、一九九一年
村瀬興雄「ナチズムについての新しい考察　強制労働の性格に関するルーデヴィヒの紹介を中心に」Sociologica. 17(1)、一九九二年
河島幸夫『戦争・ナチズム・教会』新教出版社、一九九三年
原田一美「第三帝国における『学校闘争』ナチズム・教師・教会」『西洋史学』一七六号、一九九四年
矢野久「ドイツ―ナチス戦時経済と強制労働」『社会経済史学』第六〇巻一号、一九九四年
N・フライ、芝健介訳『総統国家　ナチスの支配　一九三三―一九四五年』岩波書店、一九九四年
兵藤友博「ファシズム戦争と科学者　ドイツにおける総力戦体制への移行と科学技術動員」『物理学史』八号、一九九五年
C・パウル、イエミン恵子他訳『ナチズムと強制売春』明石書店、一九九六年
G・L・モッセ、佐藤卓己他訳『ナショナリズムとセクシュアリティ』柏書房、一九九六年
中川隆「ナチズムの人種イデオロギーとその実践　占領下ポーランドにおける『人種階級制度』の完成と教育政策」『現代史研究』四二号、一九九六年
河島幸夫「ナチズムと内国伝道　ドイツ・キリスト教社会福祉の試練」『キリスト教社会福祉学

研究』二九号、一九九六年
田村栄子『若き教養市民層とナチズム』名古屋大学出版会、一九九六年
熊野直樹『ナチス一党支配体制成立史序説』法律文化社、一九九六年
田嶋信雄『ナチズム極東戦略』講談社、一九九七年
河野真「ナチズムと学術政策　特に『親衛隊―祖先の遺産』の成立事情について」『経済論集』一四三号、一九九七年
山本秀行『ナチズムの時代』山川出版社、一九九八年
南利明『ナチス・ドイツの社会と国家　民族共同体の形成と展開』勁草書房、一九九八年
佐野誠「幻に終わったナチスの安楽死法　ナチズムの生態と病理」『比較法史研究』八号、一九九九年
佐野誠『ドイツ・ナチズム期のユダヤ人立法と安楽死法草案の研究』浜松医科大学、一九九九―二〇〇〇年
小岸昭『世俗宗教としてのナチズム』ちくま新書、二〇〇〇年
M・バーリー／W・ヴィッパーマン、柴田敬二訳『人種主義国家ドイツ　一九三三―四五』刀水書房、二〇〇一年
原信芳「第三帝国における保守派抵抗運動のポスト・ナチズム構想」『史学』七一(二・三)、二〇〇二年
對馬達雄「『市民的』抵抗グループのナチズム観　運動課題としての《覚醒》から《人間形成》へ」

『秋田大学教育文化学部研究紀要　教育科学』五八、二〇〇三年
原田昌博『ナチズムと労働者』勁草書房、二〇〇四年
増渕幸男『ナチズムと教育』東信堂、二〇〇四年
矢野久『ナチス・ドイツの外国人　強制労働の社会史』現代書館、二〇〇四年
J・フェスト、鈴木直訳『ヒトラー　最期の一二日間』岩波書店、二〇〇五年
河野眞『ドイツ民俗学とナチズム』創土社、二〇〇五年

〈その他の国々のファシズム〉

A・ガルリツキ「ポーランド政治体制の特徴　一九二六―一九三九」『歴史学研究』三九七号、一九七三年
岩林彪「ブルガリアのファシズム」『歴史学研究』三九七号、一九七三年
川端正久「サラザール主義とファシズム」『舞鶴工業高等専門学校紀要』一一号、一九七六年
金七紀男「サラザール体制をめぐる諸問題」『歴史学研究』一九七七年大会別冊特集号
木戸蓊『バルカン現代史』山川出版社、一九七七年
川端正久「サラザール体制とファシズム」『歴史学研究』四五五号、一九七八年
矢田俊隆『ハンガリー・チェコスロヴァキア現代史』山川出版社、一九七八年
斉藤孝編『スペイン・ポルトガル現代史』山川出版社、一九七九年
H・ミシェル、長谷川公昭訳『ヴィシー政権』文庫クセジュ、白水社、一九七九年
田嶋信雄『ナチズム外交と「満洲国」』千倉書房、一九九二年

鎗田英三『ドイツ手工業者とナチズム』第2版、九州大学出版会、一九九二年
A・ポロンスキー、羽場久浘子監訳『小独裁者たち　両大戦間期の東欧における民主主義体制の崩壊』法政大学出版局、一九九三年
H・シュタイナー、酒井晨史訳「オーストリアにおけるファシズムと抵抗運動」『歴史評論』四二三号、一九八五年
門奈直樹「新聞とファシズム　第二次大戦前夜のイギリスの言論」『新聞研究』四五八号、一九八九年
出岡直也「官僚的権威主義・ファシズム・国家安全保障国家　南米南部の軍政の性格づけをめぐって」『法学』五六(四)、一九九二年
飯塚深「ファシズム体制の崩壊と民主化過程　スペイン、ポルトガル両国を事例として」『北陸法学』五(四)、一九九八年
深沢民司「フランス・ファシズム論の展開　ステルネル論争を中心にして」『専修法学論集』七二号、一九九八年
倉田稔「オーストリアのファシズム時代について」『商学討究』四九(四)、一九九九年
樹中毅「レーニン主義からファシズムへ　蔣介石と独裁政治モデル」『アジア研究』五一(一)、二〇〇五年

〈日本〉

内川芳美他「日本ファシズムの言論統制過程に関する研究」東京大学『新聞研究所紀要』8、

一九五九年
大内力『ファシズムへの道』(日本の歴史24)、中央公論社、一九六七年
家永三郎『太平洋戦争』岩波書店、一九六八年
日本政治学会編『「近衛新体制」の研究』岩波書店、一九七三年
秋元律郎『戦争と民衆　太平洋戦争下の都市生活』学陽書房、一九七四年
早稲田大学社会科学研究所編『日本のファシズムⅡ　戦争と国民』早稲田大学出版部、一九七四年
小林英夫『「大東亜共栄圏」の形成と崩壊』御茶の水書房、一九七五年
木坂順一郎「大政翼賛会の成立」『岩波講座日本歴史』新版20、一九七六年
森武麿「戦時下農村の構造変化」『岩波講座日本歴史』新版20、一九七六年
奥平康弘『治安維持法小史』筑摩書房、一九七七年
藤原彰・野沢豊『日本ファシズムと東アジア』青木書店、一九七七年
早稲田大学社会科学研究所編『日本のファシズムⅢ　崩壊期の研究』早稲田大学出版部、一九七八年
今井清一編『体系・日本現代史2　一五年戦争と東アジア』日本評論社、一九七九年
木坂順一郎編『体系・日本現代史3　日本ファシズムの確立と崩壊』日本評論社、一九七九年
功刀俊洋「軍部の国民動員とファシズム」『歴史学研究』五〇六号、一九八二年
河西英通「地方主義とファシズム　福士幸次郎の場合」『北大史学』二二号、一九八二年

三輪泰史「日本ファシズム形成期における新官僚と警察」『日本史研究』二五二号、一九八三年
松沢哲成『日本ファシズムの対外侵略』三一書房、一九八三年
「〈特集〉農と農民」『思想の科学』四四号、一九八四年(ファシズム並びに三〇年代との比較論若干)
B・グロス、吉野壮児・鈴木健次訳『笑顔のファシズム』日本放送出版協会、一九八四年
長浜功『日本ファシズム教師論』明石書店、一九八四年
松本正徳「ファシズム下の労務政策と経営経済学」『商学論纂』二五(四・五)、一九八四年
林博史「日本ファシズム形成期における内務省の労働政策」『ヒストリア』一〇二号、一九八四年
林博史「日本ファシズム形成期の警保局官僚」『歴史学研究』五四一号、一九八五年
池田順「ファシズム期の国家機構再編　広田内閣期を中心に」『日本史研究』二八八号、一九八六年
田口利介『陸軍ファシズムと天皇』国書刊行会、一九八六年
畑中繁雄、梅田正己編『日本ファシズムの言論弾圧抄史』高文研、一九八六年
西成田豊「日本ファシズムと労資関係　産業報国会史論」『社会学研究』二五号、一九八七年
小倉襄二「『ファシズム論』と戦時厚生政策の交点　研究の枠組への試論」『評論・社会科学』三二号、一九八七年

吉見義明『草の根のファシズム　日本民衆の戦争体験』東京大学出版会、一九八七年
三輪泰史『日本ファシズムと労働運動』校倉書房、一九八八年
山田朗「日本ファシズムにおける打撃的軍事力建設の挫折　日本海軍航空兵力の特徴およびその崩壊の軍事的要因」『人文学報』一九九号、一九八八年
赤松徹真「日本ファシズム成立期の真宗　日中戦争との関係を中心に」『仏教史学研究』三一(二)、一九八八年
竜渓章雄「天皇制ファシズム期の真宗の一断面　西本願寺教団における『聖徳太子奉安様式』の制定」『龍谷大学論集』四三三号、一九八九年
白木沢旭児「一九三〇年代前半の統制経済論　ファシズム期経済思想の一側面」『日本史研究』三一五号、一九八八年
リタ・タルマン編、山田直・田代葆訳『ファシズムと女性たち』三嶺書房、一九九〇年
安部博純「〈国防国家〉の形成　日本ファシズムの一分析視角」『北九州大学法政論集』一七(三)、一九九〇年
後藤晃「ファシズム期における農村再編問題と満州農業移民」『商経論叢』二六(一)、一九九〇年
藤野豊『日本ファシズムと医療』岩波書店、一九九三年
池田順『日本ファシズム体制史論』校倉書房、一九九七年
村上和光「戦間期日本資本主義と日本型ファシズム」『金沢大学教育学部紀要　人文科学・社会

科学編』四六号、一九九七年
小倉襄二「右翼と福祉　日本ファシズム史・統制・戦時厚生政策の背後」『評論・社会科学』五七号、一九九七年
森武麿『戦時日本農村社会の研究』東京大学出版会、一九九九年
森田和成「日本ファシズムの研究　庶民意識の分析を中心に」『龍谷大学大学院研究紀要　社会学・社会福祉学』八、二〇〇〇年
江頭智宏「戦時期におけるナチズム教育学の受容に関する一考察」『国際教育文化研究』二〇〇一年三月
平井一臣『「地域ファシズム」の歴史像』法律文化社、二〇〇〇年
村井紀「『日本民俗学』・ファシズム・植民地主義」Quadrante. 3、二〇〇一年
歴史学研究会・日本史研究会『近代の転換』(日本史講座第9巻)、東京大学出版会、二〇〇五年

V　ファシズムの歴史的位置

〈全体主義と権威主義〉

栗原優「ファシズムと全体主義論」『歴史学研究』三九七号、一九七三年
H・アーレント、大久保和郎・大島通義・大島かおり訳『全体主義の起原』1、2、3、みすず書房、一九七二、一九七四(新装版一九八一年)

L・シャピーロ、河合秀和訳『全体主義　ヒトラー・ムッソリーニ・スターリン』福村出版、一九七七年
高橋進「権威主義体制の研究　J・リンスの研究を中心として」『思想』六三七号、一九七七年
ジャン＝フランソワ・ルヴェル、岩崎力・西永良成訳『全体主義の誘惑』新潮社、一九八一年
曾良中清司『権威主義的人間』有斐閣、一九八三年
アーヴィン・ラズロー、伊藤重行他訳『個人主義・全体主義・政治権力』御茶の水書房、一九八五年
フリードリヒ・A・ハイエク、一谷藤一郎他訳『隷従への道』改版、東京創元社、一九九三年
D・クレイ・ラージ、大西哲訳『全体主義と政治暴力　ヒトラーとスターリンの「血の粛清」』三交社、一九九三年
西尾幹二『全体主義の呪い』新潮選書、一九九三年
M・オジェ、竹沢尚一郎訳『国家なき全体主義』勁草書房、一九九五年
ホアン・J・リンス、睦月規子他訳『全体主義体制と権威主義体制』法律文化社、一九九五年
藤田省三『全体主義の時代経験』みすず書房、一九九七年
スラヴォイ・ジジェク、中山徹・清水知子訳『全体主義』青土社、二〇〇二年

〈近代化論とファシズム〉

A・F・K・オーガンスキー、沖野安春・高柳先男訳『政治発展の諸段階』福村出版、一九六八年

G・M・ウィルソン、岡本幸治訳『北一輝と日本の近代』勁草書房、一九七一年
山口定「近代化論におけるファシズムの問題」『歴史学研究』三九七号、一九七三年
J・W・モーリ編、小平修・岡本幸治訳『日本近代化のディレンマ』ミネルヴァ書房、一九七四年
村瀬興雄「ナチズムの性格について」『社会経済史学』第四一巻六号、一九七六年
D・シェーンボウム、大島通義・大島かおり訳『ヒットラーの社会革命』而立書房、一九七八年
R・デ・フェリーチェ、西川知一・村上信一郎訳『ファシズムを語る』ミネルヴァ書房、一九七九年
公地宗弘「〈共同体〉の幻想と近代　ドイツ教養中産階級とナチズムにおける個人主義(ドイツ・オーストリアにおける近代市民社会の変容)」Telos. 27、二〇〇〇年
坂越正樹『戦後ドイツ教育学におけるナチズム体験の内的克服の様態に関する研究』広島大学、二〇〇一―二〇〇二年
佐野誠『近代啓蒙批判とナチズムの病理』創文社、二〇〇三年

補説　新たな時代転換とファシズム研究

1　絶滅政策(ホロコースト)とゴールドハーゲン論争

栗原優『ナチズムとユダヤ人絶滅政策』ミネルヴァ書房、一九九七年

佐藤健生「ホロコーストと『普通』のドイツ人『ゴールドハーゲン論争』をめぐって」『思想』八七七号、一九九七年
ラウル・ヒルバーグ、望田幸男・原田一美・井上茂子訳『ヨーロッパ・ユダヤ人の絶滅』上・下巻、柏書房、一九九七年
F・スターン「ゴールドハーゲン論争」『中央公論』一九九七年二月号
仲正昌樹「ゴールドハーゲン論争とナチズム研究の行方」『歴史評論』五七七号、一九九八年
栗原優「ホロコースト研究の現状――拙著『ナチズムとユダヤ人絶滅政策』その後」Sociologica. 25(1)、二〇〇一年
矢野久「ナチス大量虐殺の構造的考察　強制労働・強制収容所・ユダヤ人虐殺」『三田学会雑誌』第九四巻四号、二〇〇二年

2　戦争責任(問題と論争)、そして歴史認識

佐藤健生「ナチズムの特異性と比較可能性　西ドイツの『歴史家論争』」『思想』七五八号、一九八七年
末川清「西ドイツ歴史学の最近の動向『歴史家論争』の周辺」『立命館文学』五〇四号、一九八七年
後藤俊明「西ドイツにおける歴史意識とナチズム相対化論――ネオ保守主義的修正主義をめぐる論争」『愛知学院大学論叢・商学研究』三三(一)、一九八八年
M・シェーンエック「西ドイツの戦後と歴史家論争」『世界』一九八九年三月号

村瀬興雄「ナチズムの評価について　歴史家論争に関連して」Sociologica. 13(2)、一九八九年
望田幸男『ナチス追及』講談社現代新書、一九九〇年
野村二郎『ナチス裁判』講談社現代新書、一九九三年
山口定／R・ルプレヒト編『歴史とアイデンティティ　日本とドイツにとっての一九四五年』思文閣出版、一九九三年
西尾幹二『異なる悲劇　日本とドイツ』文芸春秋、一九九四年
山口定「終章　二つの現代史　歴史の新たな転換点に立って」粟屋憲太郎他『戦争責任・戦後責任　日本とドイツはどう違うか』朝日選書、一九九四年
高橋進「イタリアにおける戦後秩序の形成と再編『ファシズム責任』『戦争責任』と戦後政治」『現代史研究』四〇号、一九九四年
佐藤健生「戦後ドイツとナチズムの『過去の克服』「ナチス犯罪」に対する戦後責任」『現代史研究』四〇号、一九九四年
山口定「戦争責任問題　ドイツと日本」大阪市立大学『法学雑誌』第四〇巻四号、一九九四年
村上俊介「ナチズムへの抵抗運動と戦後ドイツ　遺産の継承の仕方」『専修大学社会科学研究所月報』三七九号、一九九五年
J・ハーバーマス他、徳永恂他訳『過ぎ去ろうとしない過去』人文書院、一九九五年
山本秀行『ナチズムの記憶』山川出版社、一九九五年
木村靖二「ドイツ歴史学の戦後五十年　ナチズム論をめぐって」『史苑』五六(二)、一九九六年

南守夫「ドイツ、戦争とナチズムの記念碑・記念館を考える(9)」『戦争責任研究』一七号、一九九七年
J・ハイルブルン「ニューライトの知識人たち」『中央公論』一九九七年二月号
深川美奈「アメリカ占領下ドイツにおける非ナチ化政策の展開『ナチズムと軍国主義からの解放のための法律』制定を中心に」『年報地域文化研究』二、一九九八年
W・ヴィッパーマン、増谷英樹他訳『ドイツ戦争責任論争 ドイツ「再」統一とナチズムの「過去」』未来社、一九九九年
佐藤健生『ドイツにおけるナチズム研究とドイツ社会の歴史認識』拓殖大学、一九九九―二〇〇〇年
田村雲供「もうひとつの『歴史家論争』女性とナチズム」『社会科学』六四号、二〇〇〇年
P・シェットラー編、木谷勤他訳『ナチズムと歴史家たち』名古屋大学出版会、二〇〇一年
南守夫「ナチズム・戦争の記憶とドイツの現在 ベルリン・ホロコースト警告碑とユーゴ空爆をめぐる論争から」『日本の科学者』三六(二)、二〇〇一年
坂越正樹『戦後ドイツ教育学におけるナチズム体験の内的克服の様態に関する研究』広島大学、二〇〇一―二〇〇二年
「修正されるイタリアのファシズム(海外論壇速報)」『アステイオン』五八号、二〇〇二年
高橋哲哉編『〈歴史認識〉論争』作品社、二〇〇二年
原田昌博「ナチズムに関する歴史教科書記述と研究の現状」『安田女子大学紀要』三二、二〇

〇四年
熊野直樹「戦後東西ドイツにおける司法の『過去の克服』」『ドイツ研究』三七・三八号、二〇〇四年
木戸衛一「ドイツの『戦後60年』」『戦争責任研究』五〇、二〇〇五年
L・ゴールデンソーン、小林等他訳『ニュルンベルク・インタビュー』上・下、河出書房新社、二〇〇五年
J・エルゼサー、木戸衛一訳『敗戦国ドイツの実像』昭和堂、二〇〇五年
仲正昌樹『日本とドイツ　二つの戦後思想』光文社新書、二〇〇五年
W・ヴィッパーマン、林功三・柴田敬二訳『議論された過去　ナチズムに関する事実と論争』未来社、二〇〇五年
高橋進「記憶と歴史学　ファシズム、レジスタンス、戦争犯罪」『龍谷法学』第三八巻三号、二〇〇五年

3　ファシズムと「近代化」問題　その新展開

H・U・ヴェーラー、山口定・坪郷実・高橋進訳『近代化理論と歴史学』未来社、一九七七年
山口定『現代ヨーロッパ政治史』上・下、福村出版、一九八二―八三年
J・ハーバーマス「合理性の行方　教育改革・新保守主義・生活世界」(インタビュー)『思想』一九八二年六月号
J・ハーバーマス「近代――未完成のプロジェクト」『思想』六九六号、一九八二年

清水多吉「ハーバーマスの『近代化』をめぐって」『思想』六九六号、一九八二年
望田幸男『『比較史の方法』私論」(D・ブラックボーン／G・イリー、望田幸男訳『現代歴史叙述の神話』晃洋書房、一九八三年所収)
富永健一「保守化とポスト・モダンのあいだ　日本戦後史における『近代化』の到達点」『世界』一九八九年三月号
D・ポイカート、木村靖二・山本秀行訳『ナチス・ドイツ』三元社、一九九一年
小野清美「ポイカートと近代」(D・ポイカート、小野清美・田村栄子・原田一美訳『ワイマル共和国　古典的近代の危機』名古屋大学出版会、一九九三年所収)
藤野豊「日本ファシズムと病者・障害者　断種と虐殺」『戦争責任研究』一二号、一九九六年
小野清美『テクノクラートの世界とナチズム『近代超克』のユートピア』ミネルヴァ書房、一九九六年
西川長夫「戦後社会思想の転換　河野健二著『近代を問う』を読む」『思想』八六四号、一九九六年
小俣和一郎『精神医学とナチズム』講談社現代新書、一九九七年
高橋秀寿『再帰化する近代――ドイツ現代史試論』国際書院(国際社会学叢書3)、一九九七年
市野川容孝「ナチズムを問いなおす　自己決定をめぐる二重構造」『ヒューマンライツ』一二一号、一九九八年
小野清美「科学技術信仰の破局　オールドー自由主義とナチズム」『創文』四一七号、二〇〇〇

年
仲正昌樹「民族史から構造史へ　ナチズムとドイツ歴史学の構造的連関をめぐって」『歴史評論』六〇七、二〇〇〇年
矢野久／A・ファウスト編『ドイツ社会史』有斐閣、二〇〇一年
田村栄子「優生学・科学・近代・ナチズム再考――デートレフ・ポイカートへの疑問」『佐賀大学文化教育学部研究論文集』6―1、二〇〇一年
B・サックス、関口篤訳『ナチスと動物』青土社、二〇〇二年
川越修・矢野久『ナチズムのなかの二〇世紀』柏書房、二〇〇二年
山之内靖・酒井直樹編『総力戦体制からグローバリゼーションへ』平凡社、二〇〇三年
山口定「丸山眞男と歴史の見方」小林正弥編『丸山眞男論　主体的作為、ファシズム、市民社会』東京大学出版会、二〇〇三年
R・N・プロクター、宮崎尊訳『健康帝国ナチス』草思社、二〇〇三年
木畑和子「第三帝国期の予防医学」成城大学大学院文学研究科『ヨーロッパ文化研究』二二、二〇〇三年
星乃治彦「ナチズムとホモセクシュアリティ」『思想』九五五号、二〇〇三年
高岡裕之「ファシズム・総力戦・近代化」『歴史評論』六四五号、二〇〇四年
篠原一『市民の政治学』岩波新書、二〇〇四年
川越修『社会国家の生成――二〇世紀社会とナチズム』岩波書店、二〇〇四年

田村栄子『『ナチズムと近代』再考　最近の日本におけるナチズム研究について」『歴史評論』六四五号、二〇〇四年
小野清美・川越修「歴史のひろば　ナチズムと近代　田村栄子氏の「批判」に応える」『歴史評論』六五二号、二〇〇四年
A・シルト、熊野直樹訳「20世紀ドイツにおける近代の諸問題」『歴史評論』六四五号、二〇〇四年
原田昌博「ナチズムと公共性論」『安田女子大学紀要』三三、二〇〇五年

4　管理社会と新右翼　そして新しいナショナリズム

加藤義春「『国民国家』概念をめぐって　ファシズム論との関連で」(高橋修三教授追悼号)『ぱいでいあ』五号、一九八一年
「〈特集〉テクノファシズムの時代」『技術と人間』一〇(五)、一九八一年(論説多数)
「〈特集〉再びファシズムか」『唯物史観』二三号、一九八二年
「〈特集〉ナショナリズムとファシズム」『思想の科学』一四号、一九八二年(論説多数)
「〈特集〉胎動するファシズムの危険性」『月刊社会党』三二五号、一九八三年
山口定「〈管理社会〉論の論理　先進社会における政治統合の問題」平井友義他編『統合と抵抗の政治学』有斐閣、一九八五年
高橋秀寿「ドイツにおける『ネーション』概念の現実」『立命館国際地域研究』三号、一九九二年

畑山敏夫「現代フランスの人種主義　差異主義的人種主義理論をめぐって」『佐賀大学経済論集』二六(四)、一九九三年
「TVファシズムの時代」〈鼎談　柳田邦男、田勢康弘、上坂冬子〉『文芸春秋』一九九三年一二月号
金子勝「『日本型ファシズム』序説」『立正大学教養部紀要』二八号、一九九四年
浅野健一『メディア・ファシズムの時代』明石書店、一九九六年
「〈特集〉盗聴　しのびよるテクノ・ファシズム」『情況』一〇四号、一九九七年
畑山敏夫『フランス極右の新展開』(国際社会学叢書2)、国際書院、一九九七年
畑山敏夫「世紀末のフランス極右　ルペンの見果てぬ夢」(1)―(4完)『佐賀大学経済論集』三一(三・四)―三四(二)、一九九八―二〇〇一年
望田幸男・橋本伸也『ネイションとナショナリズムの教育社会史』昭和堂、二〇〇四年
山口定・高橋進編『ヨーロッパ新右翼』朝日新聞社、一九九八年
大薗友和「世界各国で『近代国家』体制が行き詰まり『極右』の台頭が始まった」Sapio. 11(15)、一九九九年
「〈特集〉新たな戦争とファシズムの時代に」『批判精神』六、二〇〇〇年
「〈特集〉ファシズムのほかに未来はあるのか」『発言者』八六、二〇〇一年(多数の「ファシズム」関連記事)
「〈特集〉しのびよる教育ファシズム」『人権と教育』三一号、二〇〇一年

「〈争点討論〉『日常的ファシズム』論のさらなる一歩のために」Quadrante. 5、二〇〇三年
武者小路公秀「グローバル・ファシズムとのたたかい」『理戦』七六号、二〇〇四年
「〈特集〉日本型ファシズムの到来か？」『ピープルズ・プラン』二七、二〇〇四年（関連記事多数）
T・A・ビッソン、内山秀夫訳「日本におけるファシズムの擡頭」『法学研究』七八（二）、二〇〇五年
佐藤優「民族の罠(5)　ファシズムの誘惑」『世界』二〇〇五年一一月号

「岩波現代文庫版」あとがき

私が旧著刊行までに発表した「ファシズム」関連の著書は、山口定『現代ファシズム論の諸潮流』大阪市立大学法学叢書(33)、有斐閣、一九七六年、並びに山口定『ナチ・エリート』中公新書、一九七六年であり、一九七九年刊行の旧著を含めての「ファシズム」三部作となっている。その後、私の中心的な研究対象は、政治体制論並びにネオ・コーポラティズム論となり、さらに二二年余を過ごさせていただいた大阪市立大学法学部から一九九四年春に生まれた立命館大学政策科学部に移籍して以来、主たる研究対象はさらに政策研究へと移動した。私の主たる研究対象のこのような三段階の移動は、私自身の受け止め方からすると、「ファシズム」研究というテーマの緊急性が遠のき、あるべき「政治体制」とあるべき「政策」体系の構築という、より積極性のあるテーマへの展開を意味するものであり、そのことは客観的状況の推移に見合ったことであったのかもしれない。もしそうであるならば、私の研究者人生はそれなりに幸せなものであったということにもなるのであろう。

旧著を再刊して岩波現代文庫に入れませんかというお誘いを下さったのは、岩波書店編集部の大塚茂樹さんであり、昨年一〇月三日のことであった。そしてその時、私は立命館での最後の仕事としての『市民社会論』とその波紋として生じた一連の仕事を片づけて、今後の残された時間に何をなすべきか、これまでの仕事で不充分なまま残っているいくつかの仕事のどれから片づけようかと考えていたところであった。

丁度そこで、大塚さんの申し出でを受けたので、四半世紀前までは集中していた「ファシズム」研究の仕上げから開始するにはありがたい仕事ではないかと思い、お引受けすることにした。

実際に着手してみると、結構大変な仕事だった。前述のように主要テーマを変えてからも、私は結構、ファシズム論に関する発言を続けており、折りにふれて発表した同関連著書並びに編著・共著も以下の四冊になっていた(山口定『ヒトラーの擡頭　ワイマール・デモクラシーの悲劇』朝日文庫、一九九一年、山口定／R・ルプレヒト編『歴史とアイデンティティ――日本とドイツにとっての一九四五年』思文閣出版、一九九三年、山口定「終章　二つの現代史　歴史の新たな転換点に立って」粟屋憲太郎他との共著『戦争責任・戦後責任　日本とドイツはどう違うか』朝日選書、一九九四年、山口定・高橋進編『ヨーロッパ新右翼』朝日新聞社、一九九八年)。したがって、これらの編・共著の際に考えたことの要点をつなげると、四半世紀の時間を何とか埋められるのではないかと考えられた。出来映えは読者に評価していただくとして、私にとって予想を越える仕事となって投げだそうかとさえ思ったのは、文献目録の作成だった。

国会図書館の膨大なデータベースから私なりの分類枠組に振り分けて関連文献を配列することは、老齢のため視力が衰えた身にとってはかなりの難事業だった。

しかしありがたかったのは、この仕事をしたお陰で、この四半世紀の間に、如何にさまざまの領域で「ファシズム」研究に関連する仕事がなされているかということを知ったことだった。実際私は、狭い専門領域の壁を越えた協力によって解明すべき実にさまざまの問題が生まれてきていることを知り得た。政策研究に転進して以来、学際的研究の必要性を強調することが大学での内外の行政の面での私の仕事だったこともあって、これは私の望外の喜びであった。今後、そのいくらかでも実現することが実際に可能なことなのかどうかはわからないが、この思わざる喜びを与えて下さった大塚茂樹氏には重ねてお礼を申しあげたい。

二〇〇六年二月二二日

山口　定

本書は一九七九年一一月、有斐閣より刊行された。現代文庫版では、現時点でファシズムを問い直す意義を「補説」「序言」として書きおろした。また、この四半世紀の研究の成果に基づき、「「ファシズム」研究関連文献一覧」を大幅に拡充した。

事 項 索 引

あ 行

か 行

さ　行

た　行

な　行

ら　行

わ　行

人 名 索 引

あ 行

か　行

さ　行

た　行

な　行

は　行

ま　行

や　行

ら　行

わ　行

ファシズム関係年表

1873-1896　大不況
1878　〔ドイツ〕シュテッカーのキリスト教社会党結成
1881　〔日本〕玄洋社結成
1890　〔ドイツ〕全ドイツ連盟結成
1893　〔ドイツ〕反ユダヤ主義グループ，帝国議会で16議席
1894-1906　〔フランス〕ドレフュス事件で反ユダヤ主義顕在化
1896.3　〔イタリア〕アドワ(エチオピア)で敗戦
1899　〔フランス〕アクション・フランセーズ結成
1901　〔オーストリア〕国会でシェーネラー・グループ21議席．〔日本〕黒竜会結成
1910.12　〔イタリア〕国家主義者協会結成
1914.7-1918.11　第1次世界大戦
1915.5　〔イタリア〕参戦主義者，ローマの街頭を支配(「輝かしき日日」)
1917.11.6　ロシア10月革命の成功
1918.5　フィンランドで白衛軍の勝利
1918　〔日本〕米騒動，シベリア出兵，原内閣誕生(大正デモクラシーの始まり)，老壮会誕生(10月)，近衛文麿『英米本位の平和主義を排す』を著す
1918.10　〔ハンガリー〕独立宣言
1918.11　ドイツ革命，ヴァイマル共和制の発足．オーストリア共和国成立．ポーランド独立宣言．ユーゴスラヴィア王国成立

1919. 1　ドイツ共産党，ベルリンで敗北(5-12 日)，反革命義勇軍の勝利，ナチスの前身・ドイツ労働者党ミュンヘンで結成(5 日)

1919. 3　コミンテルン，モスクワで結成(2 日)．イタリアで「参戦兵士のファッシ」結成(23 日)

1919. 6. 28　ベルサイユ条約調印

1919. 8　〔日本〕猶存社設立

1919. 夏　〔日本〕北一輝『国家改造案原理大綱』(のちの『日本改造法案大綱』)脱稿

1919. 9. 12　〔イタリア〕ダヌンツィオの「フィウーメ進軍」．ヒトラー，ドイツ労働者党に入党(16 日)

1919. 11　〔ハンガリー〕ソヴエト共和国崩壊の後に，ホルティ政権登場

1920. 2. 24　ドイツ労働者党，二五カ条の綱領発表，また党名を「国民社会主義ドイツ労働者党」(ナチ党)に変更

1920. 9　〔イタリア〕労働者の工場占拠広がる

1921. 5. 15　〔イタリア〕総選挙でファシスト 35 議席

1921. 7. 29　〔ドイツ〕ヒトラー，ナチ党の最高指導者となる

1921. 11. 7　〔イタリア〕国家ファシスト党結成

1921. 11-1922. 2　ワシントン会議

1922. 10. 31　〔イタリア〕「ローマ進軍」を背景にムッソリーニ政権誕生

1923. 3　〔イタリア〕ファシスト党と国家主義者協会の合同

1923. 6　〔ブルガリア〕ツァンコフ政権成立

1923. 9　〔スペイン〕プリモ・デ・リベーラの軍事独裁政権成立

1923. 11. 9　〔ドイツ〕ミュンヘンでナチ党の一揆失敗(→ヒトラー獄中で『わが闘争』口述筆記)

1924. 6. 10　〔イタリア〕マテオッティ危機発生

1925. 3　〔アルバニア〕イタリアの影響下にゾーグ独裁政権確立
1925. 3　〔日本〕治安維持法成立
1925. 5. 1　〔イタリア〕「ドーポラヴォーロ国家事業団」発足
1925. 11. 11　〔フランス〕ヴァロアの「参戦兵士と生産者のフェーソー」結成
1926. 5　〔ポーランド〕ピウスーツキの「ワルシャワ進軍」成功
1926. 11. 25　〔イタリア〕国家防衛法成立，一党独裁の法制化へ
1927. 4. 21　〔イタリア〕「労働憲章」制定
1927. 6　〔ルーマニア〕コドレアーヌが「大天使ミカエル軍団」結成
1928. 秋　〔フランス〕「火の十字団」結成
1929. 2. 11　〔イタリア〕ラテラーノ条約でファシストと法王庁の妥協
1929　オーストリアで護国団運動の統一
1929. 10. 24　ニューヨーク株式市場の暴落，世界恐慌の開始
1929. 11　〔フィンランド〕ラプア運動始まる
1930　〔ルーマニア〕「鉄衛団」結成
1930. 7　〔ポルトガル〕サラザール，全政党を統合する「国民同盟」創設
1930. 9. 14　〔ドイツ〕ナチス，選挙で大躍進(12 議席→107 議席)
1931. 3　〔イギリス〕モーズリ，労働党除名，「新党」結成
1931. 4　〔スペイン〕第 2 共和制成立
1931. 9　満州事変始まる→1932. 3. 1 満州国建国宣言
1931. 10　〔スペイン〕「民族サンディカリスト攻撃団」結成
1932. 5　〔日本〕5・15 事件，農山漁村経済更生運動発足
1932. 7　〔ポルトガル〕サラザール首相就任．〔ドイツ〕ナチス，選挙で第 1 党に進出

1932. 10　〔イギリス〕モーズリ「イギリス・ファシスト同盟」結成
1933. 1　〔イタリア〕産業復興公社(IRI)設立
1933. 1. 30　〔ドイツ〕ヒトラー政権成立
1933. 2. 28　〔ドイツ〕国会放火事件を利用して，大統領令により基本権停止
1933. 3. 4　〔スペイン〕ヒル・ロブレスの「自治右派連盟」(CEDA)結成
1933. 3. 23　〔ドイツ〕「授権法」により，執行権独裁体制へ
1933. 3　〔オーストリア〕キリスト教社会党の独裁体制へ移行.〔ポルトガル〕新憲法により「新国家」(「組合国家」)へ移行
1933. 3. 27　〔日本〕国際連盟から脱退
1933. 5　〔ノルウェー〕クヴィスリングの「国民結集党」結成
1933. 7. 14　〔ドイツ〕「政党新設禁止法」により一党体制へ
1933. 10. 14　〔ドイツ〕国際連盟から脱退
1933. 10　〔スペイン〕ホセ・アントニオ・プリモ・デ・リベーラの「ファランヘ党」結成
1933. 11　〔ドイツ〕ナチス突撃隊，鉄兜団を吸収
1934. 1　〔ドイツ〕「国民的労働秩序法」制定
1934. 2　〔スペイン〕ファランヘ党と民族サンディカリスト攻撃団合体
1934. 2. 6-7　〔フランス〕パリで右翼団体の暴動
1934. 6. 30-7. 2　〔ドイツ〕突撃隊(参謀長レーム)の粛清
1934. 7. 25　オーストリア・ナチスの蜂起失敗
1934. 8. 2　〔ドイツ〕ヒンデンブルク大統領の死をうけてヒトラー総統となる
1934. 10　〔スペイン〕反ファシズムの「10 月闘争」
1935. 3　〔日本〕天皇機関説排除，「国体明徴」運動始まる

1935. 4　〔ポーランド〕「4 月憲法」の制定で新体制へ
1935. 7-8　コミンテルン第 7 回大会，ディミトロフ報告，反ファシズム人民戦線戦術への転換
1935. 9. 15　〔ドイツ〕ナチ党ニュルンベルク大会で反ユダヤ主義立法発表
1935　〔ハンガリー〕サーラシの「矢十字党」結成
1935. 10-1936. 5　〔イタリア〕エチオピア侵略戦争開始
1936. 2. 16　〔スペイン〕人民戦線派，選挙で勝利
1936. 2. 26　〔日本〕2・26 事件
1936. 5　〔日本〕陸海軍大臣現役武官制復活．〔ベルギー〕レクシスト 21 議席
1936. 6. 4　〔フランス〕人民戦線政府成立
1936. 7. 17　スペイン内乱始まる(→1939. 3. 28)
1936　〔フランス〕「カグラール団」結成
1936. 9　「ポルトガル軍団」設立
1936. 11　〔フランス〕ドリオの「フランス人民党」結成
1937. 4. 19　〔スペイン〕フランコ，「政党統一令」によってファランヘ党を吸収して独裁者となる
1937. 7. 7　日中戦争始まる
1937. 9. 9　〔日本〕「国民精神総動員運動」始まる
1937. 11. 6　日独伊防共協定成立
1937. 11. 7　〔ドイツ〕ヒトラー，三軍首脳と外相に侵略計画を語る
1937. 12. 11　〔イタリア〕国際連盟から脱退
1938. 1-2　〔ドイツ〕ヒトラー，国防軍と外務省首脳を更迭(リッベントロープ外相登場)
1938. 3. 13　独墺合邦，オーストリア，ナチスの支配下に入る
1938. 3. 24　〔日本〕国家総動員法成立

1938. 5. 11　〔ブラジル〕ヴァルガス，統一行動党の蜂起を鎮圧
1938. 9. 28-30　ミュンヘン会談
1938. 11　〔ブラジル〕「新国家」成立
1939. 2. 4　〔イタリア〕ムッソリーニ，ファシスト大評議会で「地中海帝国」建設宣言
1939. 2. 24　〔ハンガリー〕日独伊防共協定に参加
1939. 3　チェコスロヴァキア解体，スロヴァキア独立宣言
1939. 3. 28　スペイン内乱，フランコ派の勝利で終る
1939. 8. 23　独ソ不可侵条約成立
1939. 9. 1　独軍，ポーランド侵入，第2次大戦始まる
1939. 10　〔スロヴァキア〕ティソの人民党政権成立
1940. 6. 14　独軍，パリ入城
1940. 7. 11　〔フランス〕ヴィシー体制成立
1940. 7. 19　〔日本〕荻窪会談で近衛・東條・松岡の合意
1940. 8. 1　〔日本〕松岡外相，「大東亜共栄圏」について語る
1940. 9. 4　〔ルーマニア〕アントネスク政権成立，鉄衛団も入閣
1940. 9. 27　日独伊三国同盟調印
1940. 10. 12　〔日本〕「大政翼賛会」成立
1941. 1. 21-3　〔ルーマニア〕アントネスク，鉄衛団の蜂起を鎮圧
1941. 2　〔フランス〕デアの「国家民族会議」結成
1941. 3　〔日本〕初の翼賛議会で治安維持法全面改正
1941. 4　枢軸軍の侵入でユーゴスラヴィア解体，クロアチアにパーヴェリチの「ウスタシ国家」成立
1941. 6. 22　独ソ戦開始
1941. 10-12　モスクワ攻防戦，ソヴエトの反攻始まる
1941. 12. 8　〔日本〕太平洋戦争に突入
1942. 2　〔ノルウェー〕クヴィスリング政権成立

1942. 8 スターリングラード攻防戦
1943. 5. 15 コミンテルン解散
1943. 7. 25 〔イタリア〕ムッソリーニ失脚，バドリオ政権成立
1943. 9 連合軍，イタリア上陸，イタリア降伏(8日). ムッソリーニ独軍に救出され，イタリア北部に「サロ共和国」樹立
1943. 11. 5 〔日本〕東京で大東亜会議開催(タイ・比・ビルマ・中国汪政権参加)
1944. 1 ソヴエト軍，東部戦線で大攻撃開始
1944. 6. 6 連合軍，ノルマンディー上陸
1944. 7. 20 〔ドイツ〕ヒトラー暗殺未遂事件
1944. 8. 23 〔ルーマニア〕アントネスク政権崩壊，パリ解放(25日)
1944. 9 ブルガリア祖国戦線政府成立(8日). 〔フランス〕ヴィシー体制崩壊，ドゴールの臨時政府成立(9日)
1944. 10 〔スロヴァキア〕人民党支配の崩壊. 〔ハンガリー〕矢十字党のクーデタでホルティ失脚
1945. 2 ソヴエト軍，ハンガリーを解放
1945. 4. 28 ムッソリーニ，人民裁判で処刑さる
1945. 4. 30 ヒトラー自殺
1945. 5. 7 ドイツ降伏
1945. 7. 26 ポツダム宣言発表
1945. 8. 15 〔日本〕無条件降伏
1945. 11. 20 ニュルンベルク裁判開始(→1946. 8. 31)
1946. 5. 3 東京裁判開始(→1948. 11. 12)

* *

1974. 4 ポルトガル革命
1975. 11 フランコの死，スペイン民主化開始

ファシズム

2006年3月16日　第1刷発行
2022年7月15日　第6刷発行

著　者　山口《やまぐち》　定《やすし》

発行者　坂本政謙

発行所　株式会社　岩波書店
〒101-8002　東京都千代田区一ツ橋 2-5-5

案内 03-5210-4000　営業部 03-5210-4111
https://www.iwanami.co.jp/

印刷・精興社　製本・中永製本

ISBN 4-00-600156-8　　Printed in Japan

岩波現代文庫創刊二〇年に際して

二一世紀が始まってからすでに二〇年が経とうとしています。この間のグローバル化の急激な進行は世界のあり方を大きく変えました。世界規模で経済や情報の結びつきが強まるとともに、国境を越えた人の移動は日常の光景となり、今やどこに住んでいても、私たちの暮らしは世界中の様々な出来事と無関係ではいられません。しかし、グローバル化の中で否応なくもたらされる「他者」との出会いや交流は、新たな文化や価値観だけではなく、摩擦や衝突、そしてしばしば憎悪までをも生み出しています。グローバル化にともなう副作用は、その恩恵を遥かにこえていると言わざるを得ません。

今私たちに求められているのは、国内、国外にかかわらず、異なる歴史や経験、文化を持つ「他者」と向き合い、よりよい関係を結び直してゆくための想像力、構想力ではないでしょうか。

新世紀の到来を目前にした二〇〇〇年一月に創刊された岩波現代文庫は、この二〇年を通して、哲学や歴史、経済、自然科学から、小説やエッセイ、ルポルタージュにいたるまで幅広いジャンルの書目を刊行してきました。一〇〇〇点を超える書目には、人類が直面してきた様々な課題と、試行錯誤の営みが刻まれています。読書を通した過去の「他者」との出会いから得られる知識や経験は、私たちがよりよい社会を作り上げてゆくために大きな示唆を与えてくれるはずです。

一冊の本が世界を変える大きな力を持つことを信じ、岩波現代文庫はこれからもさらなるラインナップの充実をめざしてゆきます。

（二〇二〇年一月）

岩波現代文庫[学術]

G409
普遍の再生
—リベラリズムの現代世界論—
井上達夫

平和・人権などの普遍的原理は、米国の自国中心主義や欧州の排他的ナショナリズムにより、いまや危機に瀕している。ラディカルなリベラリズムの立場から普遍再生の道を説く。

G410
人権としての教育
堀尾輝久

『人権としての教育』(一九九一年)に「『国民の教育権と教育の自由』論再考」と「憲法と新・旧教育基本法」を追補。その理論の新しさを提示する。〈解説〉世取山洋介

G411
増補版 民衆の教育経験
—戦前・戦中の子どもたち—
大門正克

子どもが教育を受容してゆく過程を、国民国家による統合と、民衆による捉え返しとの間の反復関係(教育経験)として捉え直す。
〈解説〉安田常雄・沢山美果子

G412
「鎖国」を見直す
荒野泰典

江戸時代の日本は「鎖国」ではなく「四つの口」で世界につながり、開かれていた——「海禁・華夷秩序」論のエッセンスをまとめる。

G413
哲学の起源
柄谷行人

アテネの直接民主制は、古代イオニアのイソノミア(無支配)再建の企てであった。社会構成体の歴史を刷新する野心的試み。

岩波現代文庫[学術]

G414
『キング』の時代
―国民大衆雑誌の公共性―
佐藤卓己

伝説的雑誌『キング』――この国民大衆誌を分析し、「雑誌王」と「講談社文化」が果たした役割を解き明かした雄編がついに文庫化。〈解説〉與那覇 潤

G415
近代家族の成立と終焉 新版
上野千鶴子

ファミリィ・アイデンティティの視点から家族の現実を浮き彫りにし、家族が家族であるための条件を追究した名著、待望の文庫化。「戦後批評の正嫡 江藤淳」他を新たに収録。

G416
兵士たちの戦後史
―戦後日本社会を支えた人びと―
吉田 裕

戦友会に集う者、黙して往時を語らない者……戦後日本の政治文化を支えた人びとの意識のありようを「兵士たちの戦後」の中にさぐる。〈解説〉大串潤児

G417
貨幣システムの世界史
黒田明伸

貨幣の価値は一定であるという我々の常識に反する、貨幣の価値が多元的であるという事例は、歴史上、事欠かない。謎に満ちた貨幣現象を根本から問い直す。

G418
公正としての正義 再説
ジョン・ロールズ
エリン・ケリー編
田中成明
亀本 洋
平井亮輔 訳

『正義論』で有名な著者が自らの理論的到達点を、批判にも応えつつ簡潔に示した好著。文庫版には「訳者解説」を付す。

2022. 7

岩波現代文庫[学術]

G419
新編 つぶやきの政治思想
李静和
秘められた悲しみにまなざしを向け、声にならないつぶやきに耳を澄ます。記憶と忘却、証言と沈黙、ともに生きることをめぐるエッセイ集。鵜飼哲・金石範・崎山多美の応答も。

G420-421
ロールズ 政治哲学史講義(Ⅰ・Ⅱ)
ジョン・ロールズ
サミュエル・フリーマン編
齋藤純一ほか訳
ロールズがハーバードで行ってきた「近代政治哲学」講座の講義録。リベラリズムの伝統をつくった八人の理論家について論じる。

G422
企業中心社会を超えて
―現代日本を〈ジェンダー〉で読む―
大沢真理
長時間労働、過労死、福祉の貧困……。大企業中心の社会が作り出す歪みと痛みをジェンダーの視点から捉え直した先駆的著作。

G423
増補「戦争経験」の戦後史
―語られた体験/証言/記憶―
成田龍一
社会状況に応じて変容してゆく戦争についての語り。その変遷を通して、戦後日本社会の特質を浮き彫りにする。〈解説〉平野啓一郎

G424
定本 酒呑童子の誕生
―もうひとつの日本文化―
髙橋昌明
酒呑童子は都に疫病をはやらすケガレた疫鬼だった――緻密な考証と大胆な推論によって物語の成り立ちを解き明かす。〈解説〉永井路子

G425
岡本太郎の見た日本
赤坂憲雄

東北、沖縄、そして韓国へ。旅する太郎が見出した日本とは。その道行きを鮮やかに読み解き、思想家としての本質に迫る。

G426
政治と複数性
―民主的な公共性にむけて―
齋藤純一

「余計者」を見棄てようとする脱-実在化の暴力に抗し、一人ひとりの現われを保障する。開かれた社会統合の可能性を探究する書。

G427
増補 エル・チチョンの怒り
―メキシコ近代とインディオの村―
清水透

メキシコ南端のインディオの村に生きる人びとにとって、国家とは、近代とは何だったのか。近現代メキシコの激動をマヤの末裔たちの視点に寄り添いながら描き出す。

G428
哲おじさんと学くん
―世の中では隠されているいちばん大切なことについて―
永井均

自分は今、なぜこの世に存在しているのか？友だちや先生にわかってもらえない学くんの疑問に哲おじさんが答え、哲学的議論へと発展していく、対話形式の哲学入門。

G429
マインド・タイム
―脳と意識の時間―
ベンジャミン・リベット
下條信輔
安納令奈 訳

実験に裏づけられた驚愕の発見を提示し、脳と心や意識をめぐる深い洞察を展開する。脳神経科学の歴史に残る研究をまとめた一冊。
〈解説〉下條信輔

岩波現代文庫[学術]

G430
被差別部落認識の歴史
―異化と同化の間―
黒川みどり

差別する側、差別を受ける側の双方は部落差別をどのように認識してきたのか――明治から現代に至る軌跡をたどった初めての通史。

G431
文化としての科学/技術
村上陽一郎

近現代に大きく変貌した科学/技術。その質的な変遷を科学史の泰斗がわかりやすく解説、望ましい科学研究や教育のあり方を提言する。

G432
方法としての史学史
―歴史論集1―
成田龍一

歴史学は「なにを」「いかに」論じてきたのか。史学史的な視点から、歴史学のアイデンティティを確認し、可能性を問い直す。現代文庫オリジナル版。〈解説〉戸邉秀明

G433
〈戦後知〉を歴史化する
―歴史論集2―
成田龍一

〈戦後知〉を体現する文学・思想の読解を通じて、歴史学を専門知の閉域から解き放つ試み。現代文庫オリジナル版。〈解説〉戸邉秀明

G434
危機の時代の歴史学のために
―歴史論集3―
成田龍一

時代の危機に立ち向かいながら、自己変革を続ける歴史学。その社会との関係を改めて問い直す「歴史批評」を集成する。〈解説〉戸邉秀明

2022. 7

岩波現代文庫[学術]

G435
宗教と科学の接点
河合隼雄

「たましい」「死」「意識」など、近代科学から取り残されてきた、人間が生きていくために大切な問題を心理療法の視点から考察する。〈解説〉河合俊雄

G436
増補 軍隊と地域
―郷土部隊と民衆意識のゆくえ―
荒川章二

一八八〇年代から敗戦までの静岡を舞台に、矛盾を孕みつつ地域に根づいていった軍が、民衆生活を破壊するに至る過程を描き出す。

G437
歴史が後ずさりするとき
―熱い戦争とメディア―
ウンベルト・エーコ
リッカルド・アマデイ訳

歴史があたかも進歩をやめて後ずさりしはじめたかに見える二十一世紀初めの政治・社会の現実を鋭く批判した稀代の知識人の発言集。

G438
増補 女が学者になるとき
―インドネシア研究奮闘記―
倉沢愛子

インドネシア研究の第一人者として知られる著者の原点とも言える日々を綴った半生記。「補章 女は学者をやめられない」を収録。

G439
完本 中国再考
―領域・民族・文化―
葛兆光
辻康吾監訳
永田小絵訳

「中国」とは一体何か? 複雑な歴史がもたらした国家アイデンティティの特殊性と基本構造を考察し、現代の国際問題を考えるための視座を提供する。

2022.7

岩波現代文庫[学術]

G440
私が進化生物学者になった理由
長谷川眞理子

ドリトル先生の大好きな少女がいかにして進化生物学者になったのか。通説の誤りに気づき、独自の道を切り拓いた人生の歩みを語る。巻末に参考文献一覧付き。

G441
愛について
—アイデンティティと欲望の政治学—
竹村和子

物語を攪乱し、語りえぬものに声を与える。精緻な理論でフェミニズム批評をリードしつづけた著者の代表作、待望の文庫化。〈解説〉新田啓子

G442
宝塚
—変容を続ける「日本モダニズム」—
川崎賢子

百年の歴史を誇る宝塚歌劇団。その魅力を掘り下げ、宝塚の新世紀を展望する。底本を大幅に増補・改訂した宝塚論の決定版。

G443
新版 ナショナリズムの狭間から
—「慰安婦」問題とフェミニズムの課題—
山下英愛

性差別的な社会構造における女性人権問題として、現代の性暴力被害につづく側面を持つ「慰安婦」問題理解の手がかりとなる一冊。

G444
夢・神話・物語と日本人
—エラノス会議講演録—
河合隼雄
河合俊雄訳

河合隼雄が、日本の夢・神話・物語などをもとに日本人の心性を解き明かした講演の記録。著者の代表作に結実する思想のエッセンスが凝縮した一冊。〈解説〉河合俊雄

2022. 7

岩波現代文庫[学術]

G445-446
ねじ曲げられた桜(上・下)
―美意識と軍国主義―

大貫恵美子

桜の意味の変遷と学徒特攻隊員の日記分析を通して、日本国家と国民の間に起きた「相互誤認」を証明する。〈解説〉佐藤卓己

G447
正義への責任

アイリス・マリオン・ヤング
岡野八代
池田直子 訳

自助努力が強要される政治の下で、人びとが正義を求めてつながり合う可能性を問う。ヌスバウムによる序文も収録。〈解説〉土屋和代

G448-449
ヨーロッパ覇権以前(上・下)
―もうひとつの世界システム―

J.L.アブー＝ルゴド
佐藤次高ほか訳

近代成立のはるか前、ユーラシア世界は既に一つのシステムをつくりあげていた。豊かな筆致で描き出されるグローバル・ヒストリー。

G450
政治思想史と理論のあいだ
―「他者」をめぐる対話―

小野紀明

政治思想史と政治的規範理論、融合し相克する二者を「他者」を軸に架橋させ、理論の全体像に迫る、政治哲学の画期的な解説書。

G451
平等と効率の福祉革命
―新しい女性の役割―

G.エスピン＝アンデルセン
大沢真理監訳

キャリアを追求する女性と、性別分業に留まる女性との間で広がる格差。福祉国家論の第一人者による、二極化の転換に向けた提言。